高校入試

中学3年分をたった7日で総復習

5科

［英語／数学／理科／社会／国語］

Gakken

もくじ
Contents

高校入試問題の掲載について

- 問題の出題意図を損なわない範囲で，問題や写真の一部を変更・省略，また，解答形式を変更したところがあります。
- 問題指示文，表記，記号などは全体の統一のため，変更したところがあります。
- 解答・解説は，各都道府県発表の解答例をもとに，編集部が作成したものです。

使い方
How to Use

各教科，1日2ページ。効率よく復習しよう！

※国語の3，4日目の学習は4ページ構成です。

Step-1 >>> | 基本を確かめる | 〉 Step-2 >>> | 実力をつける |

分野別に，基本事項《じこう》を書き込《こ》んで確認します。入試に欠かせない要点を厳選しているので，効率よく学習できます。

Step1で基本を理解したら，実戦的な問題を解いていきます。得点を**「実力分析チャート」**に記録することで，自分の苦手分野がわかります。(→P4)

入試対策に役立つ！

入試レベル問題

主に，過去の入試問題から出題しています。実際に入試を受けているつもりで，挑戦《ちょうせん》しましょう。

取り外せる！

〈別冊〉**解答と解説**：巻末に，解答と解説があります。取り外して使いましょう。

重要ポイント 直前暗記ブック

巻頭に，直前暗記ブックがついています。切り取って使いましょう。各教科の厳選した重要ポイントをまとめているので，入試直前の最終チェックにも役立ちます。

自分のニガテをチェック！

実力分析チャート

Step2の得点を記録して，苦手分野を中心に復習しよう！

記録の仕方と見方

Step2の得点を記録しましょう。自分の得意な分野，苦手な分野が一目でわかります。

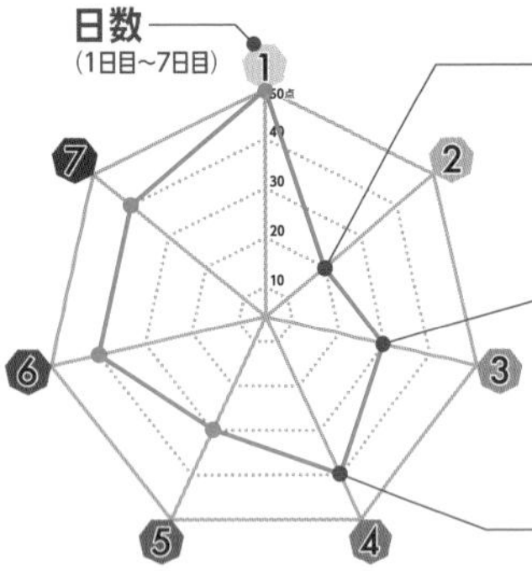

30点未満
教科書を読み，Step1をもう一度確認しましょう。

30~39点
解説をよく読み，まちがえたところを見直しましょう。

40~50点
よくできています。この調子でがんばりましょう。

英語

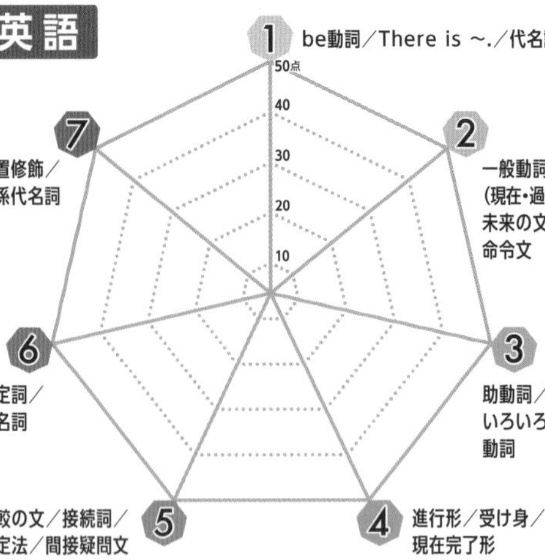

数学

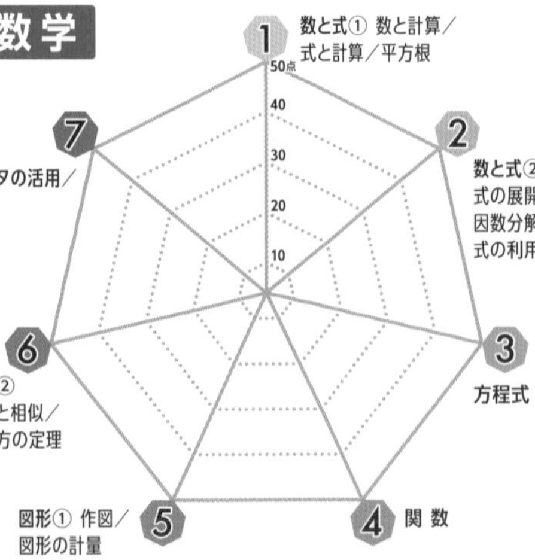

理科

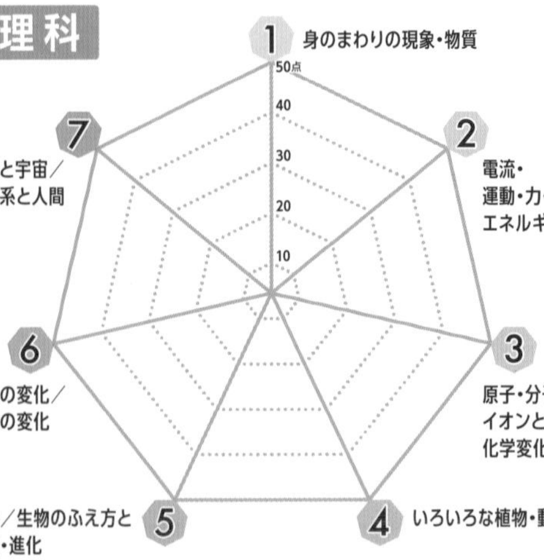

社会

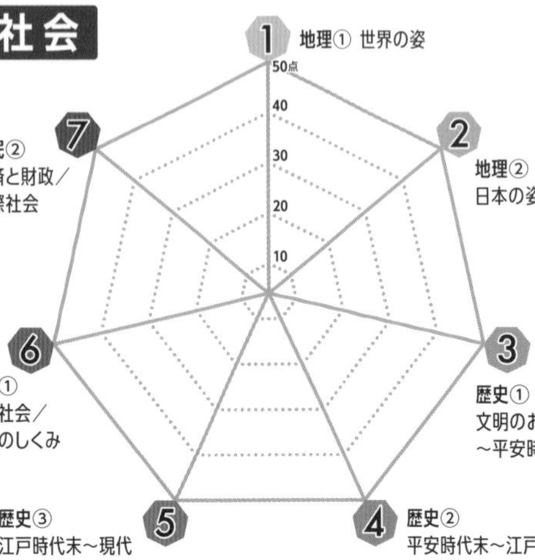

国語

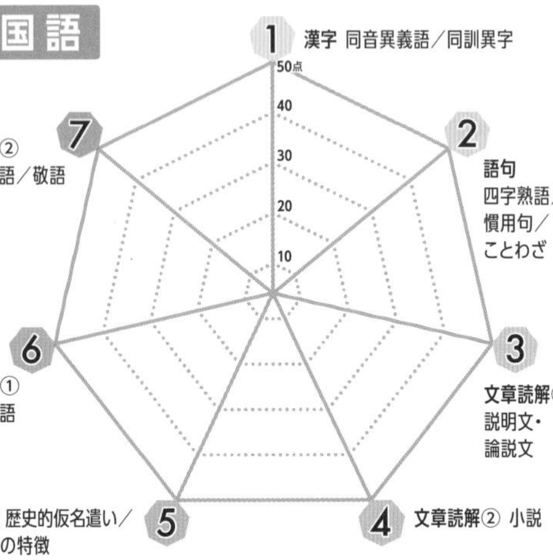

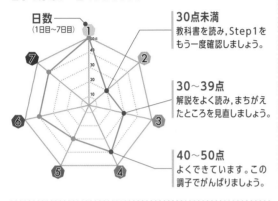

これで安心！

入試直前ガイド

こんなとき，どうする!? みんなのギモンを直前チェック！

Q 入試までの勉強法，どうすればいい？

A 本書の1日目の学習から順に取り組みましょう。そして，実力分析《ぶんせき》チャートを活用して，苦手分野を中心に復習します。わからないところは，教科書で中1・2の学習内容を見直してから，中3の学習の要点を確認するとよいでしょう。

Q 入試問題は，どのような問題が出る？

A 本書の「入試レベル問題」に挑戦《ちょうせん》しましょう。過去問に取り組むことができます。また，受験する予定の学校の過去問を解いて，出題傾向《けいこう》を確認するのもよいでしょう。

Q いよいよ入試直前，緊張《きんちょう》と不安でいっぱい。どう過ごすのがいい？

A いちばん大切なことは，入試本番の日に向けて体調を万全にしておくことです。早めに寝《ね》て体調管理を心がけましょう。

Q 入試前日の効果的な勉強法を知りたい！

A 前日に難問を解くと疲《つか》れるかもしれません。本書の「直前暗記ブック」のような要点がまとめられた参考書で，重要ポイントを確認するのが効果的です。

Q 試験中，わからない問題で頭がパニックになったらどうしよう？

A まず，目を閉じて深呼吸しましょう。そして，自分がわからない問題は，ほかの受験生も手こずっているはずだと考えましょう。試験中は落ち着くことが大切です。解ける問題から着実に解き，自分のペースを守りましょう。

☑ 試験会場へ！ 持ち物チェック

- ☐ 受験票　☐ 上履《うわば》き　☐ 交通費などのお金
- ☐ 筆記用具（HBの鉛筆《えんぴつ》5本以上，消しゴム2個，鉛筆削《けず》りなど）　☐ 定規，コンパス
- ☐ 時計（試験会場に時計がない場合があるため）　☐ ひざかけ，マフラーなどの防寒具（温度調整のため）
- ☐ カイロ　☐ 試験会場までの地図　☐ 薬（酔《よ》い止め，頭痛薬など）　☐ 弁当・飲み物
- ☐ 使い慣れた参考書　☐ ＿＿＿＿＿＿　☐ ＿＿＿＿＿＿

※持ち物は学校により異なるため，学校の指示に従いましょう。他にも，自分で必要だと思ったものがあれば，書き足しましょう。

1日目 be動詞/There is ～./代名詞

Step-1 >>> 基本を確かめる

____ に適する語を書き入れましょう。

⇒【解答】2ページ

1 be動詞(am, is, are, was, were)の文

(1) 私は15歳です。 I ____ 15 years old.

(2) 彼は昨日，家にいました。 He ____ home yesterday.

(3) 彼らは疲れていました。 They ____ tired.

2 be動詞の否定文・疑問文

(1) 私はカナダ出身ではありません。
I'm ____ from Canada.

(2) 彼女はそのとき教師ではありませんでした。
She ____ a teacher then.

(3) あなたは昨日，神戸にいましたか。— はい，いました。
____ you in Kobe yesterday? — Yes, I ____.

(4) 今日，北海道は晴れていますか。— いいえ，晴れていません。
____ it sunny in Hokkaido today?
— No, it ____.

3 There is ～.の文

(1) 机の上にえんぴつが1本あります。
There ____ a pencil on the desk.

(2) 5年前，ここに高い木がありました。
There ____ a tall tree here five years ago.

(3) 箱の中にボールがいくつかありますか。
— いいえ，ありません。
____ there any balls in the box?
— No, there ____.

4 代名詞

(1) 彼は私の弟です。 ____ is ____ brother.

(2) これは彼女のかばんですか。 Is this ____ bag?

(3) これはあなたのペンですか。— はい。それは私のものです。
Is this ____ pen? — Yes. ____ is ____.

得点アップ

be動詞の使い分け

主語	現在形	過去形
I	am	was
3人称単数	is	was
youと複数	are	were

〈主語＋be動詞〉の短縮形

I am → I'm
You are → You're
He / She is → He's / She's

〈be動詞＋not〉の短縮形

is not → isn't
are not → aren't
was not → wasn't
were not → weren't

人称代名詞の変化

	～は	～の	～を
私	I	my	me
あなた	you	your	you
彼	he	his	him
彼女	she	her	her
それ	it	its	it
私たち	we	our	us
あなたたち	you	your	you
彼(女)ら	they	their	them

「～のもの」

私のもの → mine
あなたのもの → yours
彼のもの → his
彼女のもの → hers
私たちのもの → ours
あなたたちのもの → yours
彼(女)らのもの → theirs

Step-2 >>> 実力をつける

⇨【目標時間】20分 ／【解答】2ページ

/50点

1 日本文に合うように，______に適する語を（　　）内から選んで入れなさい。【各2点】

(1) ボブと私は同じクラスです。

Bob and I ______ in the same class. (am / is / are)

(2) 私の父は昨夜，疲れていました。

My father ______ tired last night. (was / is / were)

(3) 私たちはそのとき公園にいませんでした。

We ______ in the park then. (were / aren't / weren't)

2 日本文に合うように，（　　）内の語を適する形にして入れなさい。【各2点】

(1) 私は彼らの家を訪れました。

I visited ______ house. (they)

(2) 彼女は私たちといっしょに動物園に行きました。

She went to the zoo with ______. (we)

(3) これは彼女の本ですか。— いいえ，それは私のものです。

Is this ______ book? — No, it's ______. (she / I)

(4) 机の下にボールがありました。

There ______ a ball under the desk. (be)

3 日本文に合うように，______に適する語を入れなさい。【各2点】

(1) あなたはのどがかわいていますか。— はい，かわいています。

______ you thirsty? — Yes, I ______.

(2) 私たちのクラブに男子は1人もいません。

______ are ______ any boys in our club.

(3) ジョーは30分前，ここにいました。

Joe ______ here thirty minutes ago.

4 日本文を英語にしなさい。【各6点】

(1) 彼らは私たちの友達です。　友達：friend

______

(2) あなたは昨日，忙しかったですか。

______

(3) 彼は今朝，遅刻しませんでした。　遅刻する：be late

______

(4) この近くに図書館はありますか。　この近くに：near here　図書館：library

______

To the next day

英語
数学
理科
社会
国語

2日目 一般動詞(現在・過去)/未来の文/命令文

Step-1 >>> 基本を確かめる

______ に適する語を書き入れましょう。

⇒【解答】2ページ

1 一般動詞の文

(1) 私は東京に住んでいます。 I ______ in Tokyo.

(2) 彼は大阪に住んでいます。 He ______ in Osaka.

(3) 私は2年前，大阪に住んでいました。
I ______ in Osaka two years ago.

2 一般動詞の否定文・疑問文

(1) 私はサッカーをしません。 I ______ play soccer.

(2) 私の姉はコーヒーを飲みません。
My sister ______ drink coffee.

(3) 彼女はテニスをしますか。— はい，します。
______ she play tennis? — Yes, she ______.

(4) あなたは彼に電話しましたか。— いいえ，しませんでした。
______ you call him? — No, I ______.

3 未来の文

(1) 私は明日，本を買うつもりです。
I'm ______ to buy some books tomorrow.

(2) 今日の午後，雨が降るでしょう。
It ______ rain this afternoon.

(3) あなたたちは今夜，テレビを見るつもりですか。
— はい，そのつもりです。
______ you ______ to watch TV tonight?
— Yes, we ______.

4 命令文

(1) 手を洗いなさい。 ______ your hands.

(2) ここで野球をしてはいけません。
______ play baseball here.

(3) 散歩に行きましょう。
______ go for a walk.

得点アップ

一般動詞の現在形・過去形

主語	現在形	過去形
I, you, 複数	play	played
3人称単数	plays	

過去形のつくり方

ふつう
play → played
そのほか
live → lived
study → studied
stop → stopped
不規則変化
make → made

一般動詞の否定文・疑問文

do[does, did] を使い，動詞は原形。

He didn't watch TV.
（watch：原形）
(彼はテレビを見ませんでした。)

「～でしょう」の文

He will come soon.
(彼はすぐに来るでしょう。)
He won't[=will not] come today.
(彼は今日は来ないでしょう。)

命令文

Look at that.
(あれを見なさい。)
Be quiet.
(静かにしなさい。)
Don't run.
(走ってはいけません。)
Let's study.
(勉強しましょう。)

Step-2 >>> 実力をつける

⇒【目標時間】20分 ／【解答】2ページ

/50点

1 日本文に合うように，＿＿＿に適する語を（　　）内から選んで入れなさい。【各2点】

(1) 私の父は銀行で働いています。

My father ________ in a bank.　(work / works / worked)

(2) 私は昨夜，テレビを見ませんでした。

I ________ watch TV last night.　(wasn't / don't / didn't)

(3) 私たちは来週，京都を訪れる予定です。

We're ________ to visit Kyoto next week.　(going / will / are)

2 日本文に合うように，＿＿＿に適する語を入れなさい。【各2点】

(1) サラはネコが好きですが，彼女の妹は好きではありません。

Sarah ________ cats, but her sister ________.

(2) あなたは朝食を食べましたか。— いいえ，時間がありませんでした。

________ you have breakfast? — No, I ________ have time.

(3) 私たちは今日，テニスをするつもりはありません。

We ________ ________ to play tennis today.

3 日本文に合うように，（　　）内の語（句）を並べかえなさい。【各4点】

(1) 彼は自転車には乗りません。　(doesn't / he / a bike / ride).

____

(2) 昼食にピザを食べましょう。　(pizza / let's / lunch / eat / for).

____

(3) 私は今日，家にいます。　I (home / will / today / stay).

I ________________________________.

4 日本文を英語にしなさい。【各5点】

(1) 彼には妹が１人います。　妹：sister

____

(2) あなたは昨日，教室をそうじしましたか。　そうじする：clean

____

(3) 学校に遅刻してはいけません。　～に遅刻する：be late for ～

____

(4) あなたは次の土曜日，何をするつもりですか。

____

Good work

3日目 助動詞／いろいろな動詞

Step-1 >>> 基本を確かめる

＿＿＿に適する語を書き入れましょう。

⟹【解答】3 ページ

1 助動詞の文

(1) 私は上手に踊れます。 I ＿＿＿＿ dance well.

(2) 彼は上手に泳げません。 He ＿＿＿＿ swim well.

(3) 私が今夜，彼に電話します。 I ＿＿＿＿ call him tonight.

(4) これを使ってもいいですか。 ＿＿＿＿ I use this?

(5) 彼らは静かにしていなければなりません。
They ＿＿＿＿ be quiet.

(6) この川で泳いではいけません。
You must ＿＿＿＿ swim in this river.

(7) この本を読んだほうがいいですよ。
You ＿＿＿＿ read this book.

(8) 少し待ってくれますか。— いいですよ。
＿＿＿＿ you wait a minute? — Sure.

2 have to ～とdon't have to ～の文

(1) 彼は宿題をしなければなりません。
He has ＿＿＿＿ do his homework.

(2) 彼女は放課後，ここで勉強しなければなりませんか。
＿＿＿＿ she ＿＿＿＿ to study here after school?

(3) 私は明日，早く起きる必要はありません。
I ＿＿＿＿ have to get up early tomorrow.

3 いろいろな動詞（look, give, call）

(1) 彼は疲れているように見えます。 He ＿＿＿＿ tired.

(2) それはとてもおもしろそうに聞こえます。
That ＿＿＿＿ very interesting.

(3) 私は彼に本をあげました。 I ＿＿＿＿ him a book.

(4) 私をアキと呼んでください。 Please ＿＿＿＿ me Aki.

(5) この本はあなたたちを幸せにしてくれるでしょう。
This book will ＿＿＿＿ ＿＿＿＿ happy.

(6) 私にもう一度やらせてください。 ＿＿＿＿ me try again.

得点アップ

いろいろな助動詞

can	～できる
will	～する，～だろう
may	～してもよい
must	～しなければならない
should	～したほうがいい

must not ～の文

「～してはいけない」という禁止の意味を表す。短縮形はmustn't。

Can I ～? と Can you ～?

Can I ～?：～してもいいですか（許可を求めるときの言い方）

Can you ～?：～してくれますか（頼むときの言い方）

※CanをCouldにするとていねいな表現になる。

have to ～の文

主語が3人称単数の現在の文ではhas to ～に，過去の文ではhad to ～になる。

否定文のdon't[doesn't] have to ～は「～する必要はない」という意味になる。

〈動詞＋人＋物〉

give	(人)に(物)を与える
tell	(人)に(物)を言う
show	(人)に(物)を見せる
send	(人)に(物)を送る

「AをBと呼ぶ」などの文

I call him Ken.
（私は彼をケンと呼びます。）

I made him sad.
（私は彼を悲しくさせました。）

I'll help him clean the room.
（私は彼が部屋をそうじするのを手伝います。）

Step-2 >>> 実力をつける

⇒【目標時間】20分 ／【解答】3ページ

/50点

1 日本文に合うように，____に適する語を(　　)内から選んで入れなさい。【各2点】

(1) あなたはもう家に帰ったほうがいいです。

You ________ go home now. (may / should / could)

(2) おじは私に自転車を買ってくれました。

My uncle ________ me a bike. (caught / bought / brought)

(3) 質問してもいいですか。

________ I ask a question? (May / Must / Will)

2 日本文に合うように，____に適する語を入れなさい。【各2点】

(1) あなたは彼を悲しませてはいけません。

You ________ ________ him sad.

(2) 彼は明日，ここに来るでしょうか。— いいえ，来ないでしょう。

________ he come here tomorrow? — No, he ________.

(3) 私は何時にそこに行かなければなりませんか。

What time ________ I ________ to go there?

3 日本文に合うように，(　　)内の語(句)を並べかえなさい。【各4点】

(1) 彼は私に手紙を何通か送ってくれました。 (some / me / he / letters / sent).

____

(2) 駅への道を教えてもらえますか。 (the way / could / me / tell / you) to the station?

____________________________________ to the station?

(3) 私は彼が夕食を作るのを手伝います。 (him / dinner / I'll / cook / help).

____

4 日本文を英語にしなさい。【各5点】

(1) あなたは完ぺきな英語を話す必要はありません。　完ぺきな：perfect

____

(2) そのニュースは私たちを幸せにしました。　ニュース：news

____

(3) あなたは彼女に花をあげるほうがいいです。　花：some flowers

____

(4) この辞書を使ってもいいですか。　辞書：dictionary

____

英語
数学
理科
社会
国語

To the next day

4日目 進行形／受け身／現在完了形

Step-1 >>> 基本を確かめる

______ に適する語を書き入れましょう。

⟹【解答】3 ページ

1 進行形の文

(1) 私はテニスをしています。 I'm ______ tennis.

(2) 彼は走っていませんでした。 He was ______ ______.

(3) あなたたちは1時間前，泳いでいましたか。
— はい，泳いでいました。
______ you ______ an hour ago?
— Yes, we ______.

2 受け身の文

(1) この公園は毎週そうじされます。
This park ______ ______ every week.

(2) 私はパーティーに招待されていません。
I'm ______ ______ to the party.

(3) この写真は彼女によって撮られましたか。
— いいえ，撮られませんでした。
______ this picture ______ by her?
— No, it ______.

3 現在完了形の文

(1) 私はここに5年間住んでいます。
I ______ ______ here for five years.

(2) 彼は今朝からずっとその本を読んでいます。
He has ______ ______ the book since this morning.

(3) 私は一度も彼女に会ったことがありません。
I've ______ ______ her.

(4) あなたは日本に来てどれくらいになりますか。(あなたはどれくらい日本にいるのですか。) — 6か月です。
How long ______ you ______ in Japan?
— For six months.

(5) 彼女は何回フランスに行ったことがありますか。
— 3回行ったことがあります。
How many times ______ she ______ to France?
— She's been there three ______.

得点アップ

-ing形のつくり方

ふつう
play → playing
そのほか
make → making
run → running

主な不規則動詞の過去分詞①

build(建てる) — built
write(書く) — written
speak(話す) — spoken
take(取る) — taken
know(知っている) — known

現在完了形の文

〈have＋過去分詞〉の形で
①「ずっと～している」
②「～したことがある」
③「～したところだ」
の意味を表す。
現在完了進行形の〈have been＋-ing形〉は「ずっと～している」の意味で，動作が現在も続いていることを表す。

現在完了形の否定文・疑問文

〈否定文〉
He has not been to Nara before.
(彼は以前，奈良に行ったことがありません。)
〈疑問文〉
Has he been to Nara before?
(彼は以前，奈良に行ったことがありますか。)

主な不規則動詞の過去分詞②

have(持っている) — had
do(する) — done
see(見る) — seen
hear(聞く) — heard
eat(食べる) — eaten

➡【目標時間】20分 ／【解答】3ページ

/50点

1 日本文に合うように，______ に適する語を（　　）内から選んで入れなさい。【各2点】

(1) マイクはケーキを作っています。

Mike is ______ a cake.　(make / made / making)

(2) このケーキは彼によって作られました。

This cake was ______ by him.　(make / made / making)

(3) 彼は何度もケーキを作ったことがあります。

He has ______ cake many times.　(make / made / making)

2 日本文に合うように，______ に適する語を入れなさい。【各2点】

(1) この手紙は有名な作家によって書かれました。

This letter ______ ______ by a famous writer.

(2) 彼らは公園を走っています。

They ______ ______ in the park.

(3) 彼は1時間ずっと泳いでいます。

He has ______ ______ for an hour.

3 日本文に合うように，（　　）内の語を並べかえなさい。【各4点】

(1) この家はいつ建てられましたか。　When (house / was / this / built)?

When ______________________________?

(2) 私はまだ宿題を終えていません。　I (yet / finished / homework / haven't / my).

I ______________________________.

(3) 今までにハワイに行ったことがありますか。　(have / to / ever / you / been) Hawaii?

______________________________ Hawaii?

4 日本文を英語にしなさい。【各5点】

(1) あなたは何をさがしていますか。　～をさがす：look for ～

____

(2) その部屋は明日そうじされるでしょう。　そうじする：clean

____

(3) この前の日曜日からずっと雨が降っています。

____

(4) 私は彼女と知り合って1年になります。

____

Keep it up

英語
数学
理科
社会
国語

5日目 比較の文／接続詞／仮定法／間接疑問文

Step-1 >>> 基本を確かめる

_____に適する語を書き入れましょう。

⟹【解答】4ページ

1 比較級・最上級・as ～ as …の文

(1) 私は健より年上です。 I'm _____ than Ken.

(2) この本はあれよりおもしろいです。
This book is _____ interesting than that one.

(3) 富士山は日本でいちばん高い山です。
Mt. Fuji is the _____ mountain in Japan.

(4) この歌は私たちのクラスでいちばん人気があります。
This song is the _____ popular in our class.

(5) 私は父と同じくらいの背の高さです。
I'm as _____ _____ my father.

(6) トムと健では，どちらがより上手に歌えますか。
Who can sing _____, Tom _____ Ken?

(7) あなたは四季の中でどの季節がいちばん好きですか。
Which season do you like the _____ of the four?

2 接続詞／仮定法

(1) 私が起きたとき，雨が降っていました。
It was raining _____ I got up.

(2) もし土曜日が晴れならテニスをしましょう。
Let's play tennis _____ it's sunny on Saturday.

(3) (金持ちではないが)もし金持ちなら，あの車を買えるのに。
If I _____ rich, I _____ buy that car.

3 間接疑問文

(1) 私はこれが何か知っています。
I know what _____.

(2) あなたは彼女が何色を好きか知っていますか。
Do you know what color _____?

(3) 私はなぜ彼がそこへ行ったのか知りたいです。
I want to know _____ he _____ there.

得点アップ

比較級・最上級のつくり方

ふつう	
old → older, oldest	
そのほか	
large → larger, largest	
easy → easier, easiest	
big → bigger, biggest	
つづりの長い語	
famous → more famous, most famous	
不規則変化	
good / well	→ better, best
many / much	→ more, most

not as ～ as …の文

as ～ as …(…と同じくらい～)の否定文 not as ～ as …は「…ほど～でない」の意味。

接続詞

when	～するとき
if	もし～ならば
because	なぜなら～だから

仮定法

現在の事実に反することを仮定するときは，動詞・助動詞の過去形を使って仮定法の文にする。

If I were you, I would go out.
(もし私があなただったら，外出するのになあ。)

間接疑問文

間接疑問文は，疑問詞のあとの語順に注意。

Who is she?
I know who she is.
主語＋動詞
(私は彼女がだれか知っています。)

Step-2 >>> 実力をつける

⇒【目標時間】20分 ／【解答】4ページ

/50点

1 日本文に合うように，______に適する語を（　　）内から選んで入れなさい。【各2点】

(1) これはこの町でいちばん古い建物です。
This is the ______ building in this town.　(old / older / oldest)

(2) この風船はサッカーボールと同じくらいの大きさです。
This balloon is as ______ as a soccer ball.　(big / bigger / biggest)

(3) 私が遅刻したので，彼女は怒っていました。
She was angry ______ I was late.　(if / because / but)

2 日本文に合うように，______に適する語を入れなさい。【各2点】

(1) 彼女は青より緑が好きです。
She likes green ______ ______ blue.

(2) 明日が雨なら私は家にいます。
I'll stay home ______ it ______ rainy tomorrow.

(3) 今何時か教えてくれませんか。
Can you tell me what time ______ ______ now?

3 日本文に合うように，（　　）内の語を並べかえなさい。【各4点】

(1) 数学は英語より難しいですか。(more / math / difficult / is / than) English?
______ English?

(2) 私が外に出たとき，雪が降っていました。(was / when / went / it / I / snowing) out.
______ out.

(3) これはあなたのほど高価ではありません。(as / as / isn't / yours / this / expensive).
______

4 日本文を英語にしなさい。【各5点】

(1) マーク(Mark)は5人の中でいちばん背が高いです。
______

(2) もし私があなたなら，彼らとサッカーをするのになあ。
______

(3) 私はブラウン先生(Mr. Brown)がどこにいるのか知りたいです。
______

(4) あなたは何の教科がいちばん好きですか。　教科：subject
______

To the next day

6日目 不定詞／動名詞

Step-1 >>> 基本を確かめる

______ に適する語を書き入れましょう。

⇒【解答】4ページ

1 不定詞の３用法と動名詞

(1) 私は勉強するためにときどき図書館に行きます。

I sometimes go to the library ______ ______.

(2) 私たちはそれを聞いて幸せです。

We are happy ______ ______ that.

(3) 何か飲むものがほしいのですが。

I'd like something ______ ______.

(4) 私はテニスがしたい。

I want ______ ______ tennis.

(5) 彼らはよく走ることを楽しみます。

They often enjoy ______.

(6) 私は踊るのが得意です。

I'm good at ______.

2 いろいろな不定詞の文

(1) 彼はカレーの料理のしかたがわかりません。

He doesn't know ______ ______ cook curry.

(2) 次に何をすればよいか私に教えてください。

Please tell me ______ ______ do next.

(3) 私たちはあなたに手伝ってほしいのです。

We ______ you ______ help us.

(4) 私は彼に部屋をそうじするように言いました。

I ______ him ______ clean his room.

(5) この本を読むことは難しいです。

It's ______ ______ read this book.

(6) ここで泳ぐには寒すぎます。

It's ______ cold ______ swim here.

(7) 早起きすることはあなたにとって簡単ですか。

______ it easy ______ you ______ get up early?

得点アップ

よく使う〈動詞＋to ～〉

want to ～　～したい
like to ～　～するのが好きだ
try to ～　～しようとする
begin[start] to ～　～し始める

よく使う〈動詞＋～ing〉

enjoy ～ing　～することを楽しむ
finish ～ing　～し終える
stop ～ing　～するのをやめる

よく使う〈疑問詞＋to ～〉

how to ～　～のしかた
what to ～　何を～すればいいか
where to ～　どこへ～すればいいか

よく使う〈動詞＋人＋to ～〉

tell *him* to ～　*彼*に～するように言う
ask *him* to ～　*彼*に～するように頼む
want *him* to ～　*彼*に～してもらいたい

よく使う〈It's … to ～〉など

It's easy to ～.　～することは簡単だ。
It's difficult to ～.　～することは難しい。
It's important to ～.　～することは重要だ。
too ... to ～　～するには…すぎる／…すぎて～できない

⇒【目標時間】20分 ／【解答】4ページ

／50点

1 日本文に合うように，______ に適する語（句）を（　　）内から選んで入れなさい。

【各2点】

(1) 彼らはテニスをするために公園に行きました。

They went to the park to ______ tennis. （ play / played / playing ）

(2) 彼は車を売ることに決めました。

He decided ______ his car. （ selling / sold / to sell ）

(3) 彼らは先生を見たとき，話すのをやめました。

They stopped ______ when they saw the teacher. （ talk / talking / to talk ）

2 日本文に合うように，______ に適する語を入れなさい。

【各2点】

(1) 何か飲むものはいかがですか。

Would you like something ______ ______?

(2) 私が彼にあなたに折り返し電話するように言います。

I'll ______ him ______ call you back.

(3) この箱は重すぎて運べません。

This box is ______ heavy ______ carry.

3 日本文に合うように，（　　）内の語を並べかえなさい。

【各4点】

(1) 電話をしてくれてありがとう。（ me / you / calling / thank / for ）.

______

(2) どこへ行けばいいか私に教えてください。 Please (me / to / tell / go / where).

Please ______.

(3) お互いを理解することは大切です。 It's (other / to / important / each / understand).

It's ______.

4 日本文を英語にしなさい。

【各5点】

(1) あなたは将来，何になりたいですか。　　将来：in the future

______

(2) 私たちは夕食後テレビを見て楽しみました。

______

(3) 彼女にとって英語を話すことは簡単です。

______

(4) 私は図書館への行き方がわかりません。

______

英語
数学
理科
社会
国語

Almost there!

7日目 後置修飾／関係代名詞

Step-1 >>> 基本を確かめる

____に適する語を書き入れましょう。

⟹【解答】5ページ

1 「～している［された］〈人・物〉」

(1) あなたはアンと話している男の子を知っていますか。

Do you know the boy ________ with Ann?

(2) 向こうで走っている男の子はジャックです。

The boy ________ over there ________ Jack.

(3) これは私の父によって撮られた写真です。

This is the picture ________ by my father.

(4) 日本で作られたカメラは世界中で人気があります。

The cameras ________ in Japan ________ popular all over the world.

2 「…が～する〈人・物〉」

(1) これは彼女が私にくれた本です。

This is the book ________ ________ me.

(2) 私がそこで会った人たちはとても友好的でした。

The people I ________ there ________ very friendly.

(3) 彼が話している男の子はジャックです。

The boy ________ ________ talking with is Jack.

3 関係代名詞

(1) 私はピアノを上手に弾ける男の子を知っています。

I know a boy ________ can play the piano well.

(2) これは東京駅に行くバスですか。

Is this the bus ________ ________ to Tokyo Station?

(3) こちらは昨日，あなたが話した女の子ですか。

Is this the girl ________ you talked with yesterday?

(4) 先週，彼が買ったかばんは高かった。

The bag ________ he bought last week ________ expensive.

得点アップ

「～している〈人・物〉」

[the boy] playing tennis

（テニスをしている男の子）

現在分詞（動詞のing形）を使って名詞を後ろから修飾することができる。

「～された〈人・物〉」

[a picture] taken in Hawaii

（ハワイで撮られた写真）

過去分詞（受け身で使う動詞の形）を使って名詞を後ろから修飾することができる。

「…が～する〈人・物〉」

[a picture] I took in Hawaii

（私がハワイで撮った写真）

関係代名詞who

[the boy] who speaks French

（フランス語を話す男の子）

修飾する名詞（先行詞）が「人」で，あとに動詞が続くとき，関係代名詞はwhoを使う。

関係代名詞which

[the bus] which goes to Kyoto

（京都へ行くバス）

修飾する名詞（先行詞）が「物や動物」のとき，関係代名詞はwhichを使う。

関係代名詞that

who, whichのかわりにthatを使うことができる。

[the boy] that speaks French

[the bus] that goes to Kyoto

また，あとに〈主語＋動詞〉が続くときにもthatを使う。

Step-2 >>> 実力をつける

→【目標時間】20分 ／【解答】5ページ

/50点

1 日本文に合うように，＿＿＿に適する語を（　　）内から選んで入れなさい。【各2点】

(1) あの車の上で眠っているねこを見て。

Look at the cat ＿＿＿＿＿＿ on that car.　(sleep / slept / sleeping)

(2) あなたはジュンちゃんと呼ばれている男の子を知っていますか。

Do you know a boy ＿＿＿＿＿＿ Jun-chan?　(call / called / calling)

(3) 彼らは建てられて130年になる家を訪れました。

They visited a house ＿＿＿＿＿＿ is 130 years old.　(which / who / it)

(4) 彼女が私の祖母の世話をしてくれた看護師さんです。

She is the nurse ＿＿＿＿＿＿ took care of my grandmother.　(which / who / she)

2 日本文に合うように，＿＿＿に適する語を入れなさい。【各2点】

(1) あなたは今までに英語で書かれたEメールを受け取ったことがありますか。

Have you ever received an email ＿＿＿＿＿＿ in English?

(2) 向こうでサッカーをしている男の子たちは私の友達です。

The boys ＿＿＿＿＿＿ soccer over there ＿＿＿＿＿＿ my friends.

3 日本文に合うように，（　　）内の語（句）を並べかえなさい。【各4点】

(1) これは500年以上前に建てられた寺です。

This (was / is / which / a temple / over / built) 500 years ago.

This ＿＿＿＿＿＿＿＿＿＿＿＿＿＿＿＿＿＿＿＿ 500 years ago.

(2) あなたはだれかフランス語が話せる人を知っていますか。

Do you (can / who / know / speak / anyone / French)?

Do you ＿＿＿＿＿＿＿＿＿＿＿＿＿＿＿＿＿＿＿＿＿＿?

4 日本文を英語にしなさい。【各7点】

(1) これは私のおじが私にくれた自転車です。

＿＿＿＿＿＿＿＿＿＿＿＿＿＿＿＿＿＿＿＿＿＿＿＿＿＿

(2) 太郎(Taro)の隣にすわっている女の子はルーシー(Lucy)です。　～の隣に：next to ～

＿＿＿＿＿＿＿＿＿＿＿＿＿＿＿＿＿＿＿＿＿＿＿＿＿＿

(3) 私は毎朝ここで犬を散歩させる男の人を知っています。　散歩させる：walk

＿＿＿＿＿＿＿＿＿＿＿＿＿＿＿＿＿＿＿＿＿＿＿＿＿＿

(4) 私たちはボブ(Bob)が料理したカレーライスを食べました。　カレーライス：curry and rice

＿＿＿＿＿＿＿＿＿＿＿＿＿＿＿＿＿＿＿＿＿＿＿＿＿＿

Finally, to the entrance exam questions!

英語

入試レベル問題 第1回

［制限時間］30分
［解 答］6ページ

／100点

1 次の英文の（　　）内から最も適するものを選び，記号で答えなさい。 【各5点】

(1) It's a Japanese traditional soup dish for New Year's Day. We (ア give　イ call　ウ try　エ show) it *ozoni*. ［山口県］［　　　　］

(2) *A:* What time do you usually get up?

B: I usually get up at seven o'clock, but I got up at six this morning.

A: Oh, (ア are　イ were　ウ does　エ did) you? I got up at six, too.

［岩手県］［　　　　］

(3) *A:* Look at the man over there! He's playing basketball very well.

B: Right. He's so cool! I wish I (ア will　イ can　ウ could　エ should) play like him.

［熊本県］［　　　　］

(4) *A:* Do you know where we'll practice singing?

B: No. I'll ask our teacher and (ア show　イ let　ウ tell　エ want) you know later.

［熊本県］［　　　　］

2 （　　）内の語を並べかえて，英文を完成させなさい。 【各6点】

(1) *A:* Yasuo sings very well, right?

B: Yes, but I think you can sing better.

A: Really? (as / as / cannot / I / sing / well) Yasuo.

B: You can do it! I heard that you practiced singing after school. ［富山県］

________________________________ Yasuo.

(2) *Tracy:* Look at the shrine in this book. It looks great!

Hiroshi: This is a very famous shrine in Japan.

Tracy: Do you (built / it / know / was / when)?

Hiroshi: About six hundred years ago. ［岐阜県］

Do you ________________________________?

(3) *A:* What (you / looking / have / been) for since this morning?

B: My dictionary. My father bought it for me. ［愛媛県］

What ________________________ for since this morning?

(4) There are (around / from / hunger / many / suffer / people / who) the world. ［滋賀県］

There are ______________________________ the world.

3 次は，中学生の真子《まこ》が英語の授業で発表するために書いた原稿の一部です。英文中の＿＿＿には，下の**ア**～**エ**の４つの英文が入ります。意味がとおる文章になるように**ア**～**エ**の英文を並べかえて，記号で答えなさい。 ［熊本県］【16点】

真子が書いた原稿の一部

I have an Indonesian friend, and she told me an interesting story. Today, I will tell you about it. Do you know *Nyepi*? It means "a day of keeping quiet" in Indonesian and it is a new year holiday in Bali. ＿＿＿＿＿＿ You may think it is boring to spend the whole day at home like this, but she told me that she usually enjoys reading books until it gets dark and enjoys looking at beautiful stars at night.

（注） Indonesian ＝ インドネシア人の，インドネシア語　*Nyepi* ＝ ニュピ
Bali ＝ バリ島（インドネシアの島）　turn on ～ ＝ ～をつける　the whole day ＝ 丸１日

ア People there also cannot watch TV or turn on the lights at home.
イ For example, they cannot work and go out for shopping or eating.
ウ On this holiday, all the people in Bali have to spend a quiet life.
エ So, stores and restaurants in Bali are all closed.

［　　→　　→　　→　　］

4 次の日本文を英語にしなさい。 【各８点】

(1) １つ質問してもいいですか。 ［大阪府］

＿＿＿＿＿＿＿＿＿＿＿＿＿＿＿＿

(2) あなたたちは何について話しているのですか。 ［愛媛県］

＿＿＿＿＿＿＿＿＿＿＿＿＿＿＿＿

5 あなたは，オーストラリアから来た外国人指導助手（ALT）の Mr. Green と話しています。あとの①～③のとき，あなたならどのように英語で表しますか。それぞれ６語以上の英文を書きなさい。 ［三重県］【各８点】

① 日本の文化に興味があるかたずねるとき。

＿＿＿＿＿＿＿＿＿＿＿＿＿＿＿＿

② 日本には訪れる場所がたくさんあると伝えるとき。

＿＿＿＿＿＿＿＿＿＿＿＿＿＿＿＿

③ オーストラリアで撮った写真を見せてほしいと伝えるとき。

＿＿＿＿＿＿＿＿＿＿＿＿＿＿＿＿

英語

入試レベル問題 第2回

［制限時間］30分
［解 答］7ページ

／100点

1

次の英文中の[(1)]から[(6)]に入る語として，下の(1)から(6)のア～エのうち，それぞれ最も適切なものを選び，記号で答えなさい。 ［栃木県・改］【各4点】

Hi, [(1)] are you, Emma? I haven't [(2)] you for a long time.
A few weeks ago, I learned how to write *hiragana* in a Japanese class. It was really difficult, but [(3)] Japanese was a lot of fun. I wrote my name in *hiragana* [(4)] the first time. My teacher, Ms. Watanabe, said to me, "You did a good job! To keep practicing is [(5)]." Her words [(6)] me happy. I want to learn Japanese more.

(1)	ア how	イ who	ウ when	エ why	[ ]
(2)	ア see	イ seen	ウ seeing	エ saw	[ ]
(3)	ア learn	イ learning	ウ learned	エ learns	[ ]
(4)	ア by	イ to	ウ with	エ for	[ ]
(5)	ア famous	イ weak	ウ important	エ terrible	[ ]
(6)	ア made	イ gave	ウ took	エ called	[ ]

2

次の会話文を読んで，会話文の下の【質問】に対する答えとして最も適当なものを，あとのア～エの中から1つ選び，記号で答えなさい。 ［佐賀県］【20点】

Mana : What are you going to do next weekend? Do you have any plans?
Sean : Yes. I'm going to go fishing with my family.
Mana : Oh, that sounds good!
Sean : Why don't you come with us?
Mana : Really? I want to, but I have to ask my parents first.
Sean : I see. I hope they will say "OK"!
Mana : I hope so, too. I will let you know later.
Sean : All right.

【質問】 What is Mana going to do next?

ア She is going to go fishing with her family.
イ She is going to say "OK" to her parents.
ウ She is going to tell Sean to come with her.
エ She is going to ask her parents. [ ]

3 次の２つの電子メール(email)は里穂(Riho)さんと留学生のビクトリア(Victoria)さんとのやりとりです。これらの電子メールの内容からわかることを，下の**ア**～**エ**から１つ選び，記号で答えなさい。

［富山県］【20点】

Hi Victoria,

I heard that you went to the doctor today. Are you OK?

Today, in English class, the teacher talked about the presentation. We have to make groups of three or four people and choose a country as a topic. In today's class, Michiko and I talked about making a group together. Can you join us?

Riho

Hi Riho,

Thank you for your email. I felt sick this morning but I feel better now.

Sure! I will join you. Michiko also told me about the presentation on the phone. She wants to choose China. If we are going to talk about China, how about showing pictures of famous places? I have a book with a lot of pictures taken in China.

I will go to school tomorrow. Let's talk more about it then.

Victoria

ア Victoria and Michiko were not at school today because they felt sick.

イ Both Riho and Michiko sent an email to Victoria to tell her about the presentation.

ウ Each group will talk about a country in the presentation in English class.

エ Riho has a book that has a lot of pictures taken in China.　　［　　　］

4 あなたの将来の夢について，〔条件〕に従い，Dannyに伝わるように，下線部に３文以上の英文を書いて，**メール**を完成させなさい。

〔条件〕 １文目は，あなたの将来の夢はどのようなものかを，My dreamに続けて書きなさい。
２文目以降は，具体的に２文以上で書きなさい。

［埼玉県］【①12点，②24点】

Hi, Danny. How are you? Thank you for your interesting email.

① My dream ＿＿＿＿＿＿＿＿＿＿＿＿＿＿＿＿＿＿＿＿

② ＿＿＿＿＿＿＿＿＿＿＿＿＿＿＿＿＿＿＿＿＿＿＿＿

＿＿＿＿＿＿＿＿＿＿＿＿＿＿＿＿＿＿＿＿＿＿＿＿＿＿

＿＿＿＿＿＿＿＿＿＿＿＿＿＿＿＿＿＿＿＿＿＿＿＿＿＿

See you!

1日目 数と式① 数と計算／式と計算／平方根

Step-1 >>> 基本を確かめる

＿＿にあてはまる数や式，記号を書き入れましょう。

⟹【解答】8ページ

1 数と計算

(1) $8+(-15)=8$ ①＿＿＿＿ $=$ ②＿＿＿＿

(2) $-24\div\left(-\dfrac{3}{8}\right)=-24\times\Big($ ①＿＿＿＿ $\Big)=$ ②＿＿＿＿

(3) $9+5\times(-7)=9+($ ①＿＿＿＿ $)=$ ②＿＿＿＿

(4) $(-3)^2\div(2-5)=$ ①＿＿＿＿ $\div($ ②＿＿＿＿ $)=$ ③＿＿＿＿

2 式と計算

(1) $3(2x-5y)-4(3x+y)=$ ①＿＿＿＿ $-15y-12x-$ ②＿＿＿＿

$=$ ③＿＿＿＿

(2) $(-2a)^2\times3b=$ ＿＿＿＿

(3) $6a^2b^3\div\dfrac{3}{4}ab=$ ＿＿＿＿

(4) $6x+8y=24$ を x について解くと，

$6x=$ ①＿＿＿＿ $+24$ ←$8y$ を移項する。

$x=$ ②＿＿＿＿ ←両辺を6でわる。

3 平方根

(1) 3と $2\sqrt{3}$ の大小を不等号を使って表すと，

$3=\sqrt{9}$，$2\sqrt{3}=$ ①＿＿＿＿ だから，3 ②＿＿＿＿ $2\sqrt{3}$

(2) $4<\sqrt{n}<5$ にあてはまる自然数 n の値をすべて求めると，

①＿＿＿＿ $<n<$ ②＿＿＿＿ より， ←それぞれの数を2乗する。

$n=$ ③＿＿＿＿

(3) $\dfrac{5}{2\sqrt{10}}$ の分母を有理化すると，

$\dfrac{5}{2\sqrt{10}}=\dfrac{5\times①＿＿}{2\sqrt{10}\times②＿＿}=$ ③＿＿＿＿

(4) $\sqrt{3}\times\sqrt{15}=$ ＿＿＿＿

(5) $\sqrt{54}+\sqrt{24}=3\sqrt{6}+$ ①＿＿＿＿ ←$a\sqrt{b}$ の形に直す。

$=$ ②＿＿＿＿

(6) $\sqrt{50}-\dfrac{8}{\sqrt{2}}=$ ①＿＿＿＿ $-$ ②＿＿＿＿ $=$ ③＿＿＿＿

↑ $\dfrac{8\times\sqrt{2}}{\sqrt{2}\times\sqrt{2}}=\dfrac{8\sqrt{2}}{2}$

得点アップ

かっこのはずし方

$+(+■)\to+■$，$-(+■)\to-■$

$+(-■)\to-■$，$-(-■)\to+■$

四則の混じった計算

四則の混じった計算は，かっこの中・累乗→乗除→加減の順に計算する。

数×(多項式)の加減

分配法則を使ってかっこをはずし，同類項をまとめる。

$3(2x-5y)-4(3x+y)$

$=3\times2x-3\times5y-4\times3x-4\times y$

等式の変形

等式をある文字について解くときは，解く文字以外を数とみて，1次方程式を解く(→28ページ)ように式を変形する。

根号のついた数の変形

a，b が正の数のとき，

◎$\sqrt{\ }$ の外の数を $\sqrt{\ }$ の中へ

$a\sqrt{b}=\sqrt{a^2b}$

◎$\sqrt{\ }$ の中の数を $\sqrt{\ }$ の外へ

$\sqrt{a^2b}=a\sqrt{b}$

平方根の大小

a，b が正の数のとき，

$a<b$ ならば，$\sqrt{a}<\sqrt{b}$

分母の有理化

$\dfrac{a}{\sqrt{b}}=\dfrac{a\times\sqrt{b}}{\sqrt{b}\times\sqrt{b}}=\dfrac{a\sqrt{b}}{b}$

根号のついた数の計算

a，b が正の数のとき，

乗法 $\sqrt{a}\times\sqrt{b}=\sqrt{a\times b}$

除法 $\sqrt{a}\div\sqrt{b}=\sqrt{\dfrac{a}{b}}$

加法 $■\sqrt{a}+●\sqrt{a}=(■+●)\sqrt{a}$

減法 $■\sqrt{a}-●\sqrt{a}=(■-●)\sqrt{a}$

Step-2 >>> | 実力をつける |

⇒【目標時間】20分 ／【解答】8ページ

/50点

1 次の計算をしなさい。

【各2点】

(1) $3-(-7)+(-9)$

(　　　　　　)

(2) $\dfrac{8}{3}\times(-6)$

(　　　　　　)

(3) $(-12)\div4-3\times(-5)$

(　　　　　　)

(4) $(-4)^2-10\div\dfrac{2}{5}$

(　　　　　　)

2 次の計算をしなさい。

【各2点】

(1) $-5(2-x)-(3x+7)$

(　　　　　　)

(2) $15ab^2\times\left(-\dfrac{2}{3}b\right)$

(　　　　　　)

(3) $8x\times(-6xy^3)\div(-xy)^2$

(　　　　　　)

(4) $\dfrac{a+b}{2}-\dfrac{2a+9b}{5}$

(　　　　　　)

3 次の問いに答えなさい。

【各6点】

(1) $x=-2$, $y=\dfrac{2}{3}$ のとき，$2(3x-y)-5(x+2y)$の値を求めなさい。

(　　　　　　)

(2) $S=\dfrac{1}{2}(a+b)h$ を a について解きなさい。

(　　　　　　)

(3) $\sqrt{\dfrac{504}{a}}$ が自然数となるような自然数 a のうち，最も小さい値を求めなさい。

(　　　　　　)

4 次の計算をしなさい。

【各4点】

(1) $\sqrt{50}-\sqrt{18}+\sqrt{32}$

(　　　　　　)

(2) $\dfrac{18}{\sqrt{27}}+\sqrt{12}$

(　　　　　　)

(3) $\sqrt{3}\times3\sqrt{6}-\dfrac{12}{\sqrt{2}}$

(　　　　　　)

(4) $\sqrt{5}(\sqrt{2}-3\sqrt{5})-\sqrt{40}$

(　　　　　　)

To the next day

2日目 数と式② 式の展開／因数分解／式の利用

Step-1 >>> 基本を確かめる

＿＿にあてはまる数や式を書き入れましょう。

⟹【解答】8ページ

1 式の展開

(1) $(a+5b)(2a-3b)=2a^2$ ①＿＿＿ $+10ab$ ②＿＿＿

=③＿＿＿

(2) $(x+4)(x+3)=x^2+(4+$ ①＿＿＿ $)x+$ ②＿＿＿

=③＿＿＿

(3) $(x+6)^2=$ ＿＿＿　(4) $(a-5)^2=$ ＿＿＿

(5) $(x+7)(x-7)=$ ＿＿＿

(6) $(\sqrt{3}+4)(\sqrt{3}-4)=($ ①＿＿＿ $)^2-$ ②＿＿＿ $^2=$ ③＿＿＿

2 因数分解

(1) $3x^2y-12xy+9y^2=$ ①＿＿＿ $(x^2-$ ②＿＿＿ $+$ ③＿＿＿ $)$

(2) $x^2+7x+10=x^2+(2+$ ①＿＿＿ $)x+2\times$ ②＿＿＿

=③＿＿＿

(3) $a^2+8a+16=$ ＿＿＿

(4) $y^2-18y+81=$ ＿＿＿

(5) $x^2-36=$ ＿＿＿

3 式の利用

(1) はじめは分速70 mで x 分，途中から分速60 mで y 分歩いたとき，歩いた道のりは ①＿＿＿ +②＿＿＿ (m)と表せます。

↑分速70 mで歩いた道のり　↑分速60 mで歩いた道のり

(2) A市の昨年の人口は，男性 x 人，女性 y 人で，今年は昨年と比べると男性が1%増え，女性が3%減りました。

今年の人口は，$\dfrac{①\text{＿＿＿}}{100}x+$ ②＿＿＿ (人)と表せます。

↑今年の男性の人数　↑今年の女性の人数

(3) $a=\dfrac{2}{3}$ のとき，$(a+3)(a-5)-(a+2)^2$ の値を求めると，

$(a+3)(a-5)-(a+2)^2$

=①＿＿＿ $-($ ②＿＿＿ $)$ ← 乗法公式を利用して展開する。

=③＿＿＿ ← かっこをはずして同類項をまとめる。

$=-6\times$ ④＿＿＿ $-19=$ ⑤＿＿＿

↑ a の値を代入する。

得点アップ↗

式の展開

$(a+b)(c+d)=\overset{①}{ac}+\overset{②}{ad}+\overset{③}{bc}+\overset{④}{bd}$

乗法公式と因数分解の公式

乗法公式 →

$(x+a)(x+b)=x^2+(a+b)x+ab$

$(x+a)^2=x^2+2ax+a^2$

$(x-a)^2=x^2-2ax+a^2$

$(x+a)(x-a)=x^2-a^2$

← 因数分解

◎ 根号がついた式は，$\sqrt{\ }$ のついた数を1つの文字とみて，乗法公式を利用する。

共通因数をくくり出す

次のように，多項式の中に共通因数が残っていては，因数分解したことにならない。

~~$3(x^2y-4xy+3y^2)$~~

~~$y(3x^2-12x+9y)$~~

基本的な数量の関係

◎ 代金＝単価×個数

例 1個50円のみかん x 個の代金

→ $50\times x=50x$(円)

◎ 道のり＝速さ×時間

例 時速40 kmで，x 時間走ったときに進む道のり

→ $40\times x=40x$(km)

◎割合の表し方

$x\%\to\dfrac{x}{100}$，y 割 $\to\dfrac{y}{10}$

例 a gの10%は，$\dfrac{a}{10}$ g

b 円の3割は，$\dfrac{3b}{10}$ 円

整数の表し方（n は整数）

◎偶数→ $2n$，奇数→ $2n+1$

◎連続する3つの整数

→ n，$n+1$，$n+2$

⇒【目標時間】20分 ／【解答】8ページ

/50点

1 次の計算をしなさい。

【各 3 点】

(1) $(3x+2)(5x-6)$

(2) $(a-7)(a+2)$

(3) $(2x-5)^2$

(4) $(x+3)^2-(x-2)(x-9)$

(5) $(\sqrt{5}-\sqrt{2})^2$

(6) $(\sqrt{6}+5)(\sqrt{6}-3)+\sqrt{54}$

2 次の式を因数分解しなさい。

【各 3 点】

(1) $x^2+7x-18$

(2) $4x^2-25y^2$

(3) $4ab^2+24ab+36a$

(4) $(x+6)(x-4)+16$

3 次の問いに答えなさい。

【各 4 点】

(1) $x=2-\sqrt{3}$ のとき，x^2-4x+4 の値を求めなさい。

(2) 500 円のくつ下と，x 円の 3 割引きの帽子を買ったときの代金の合計を表す式を，x を使って表しなさい。

(3) 100 km の道のりを，行きは時速 x km，帰りは時速 y km で進むと，かかった時間は帰りのほうが長くなりました。この数量の関係を不等式で表しなさい。

4 連続する 3 つの整数について，最も大きい数の 2 乗から最も小さい数の 2 乗をひいた差は，真ん中の数の 4 倍であることを証明しなさい。

【8 点】

（証明）

英語
数学
理科
社会
国語

Good work

3日目 方程式

Step-1 >>> 基本を確かめる

____にあてはまる数や式を書き入れましょう。

⟹【解答】9ページ

1 1次方程式

(1) $5x-6=2x+3$

$5x$ ①____ $=3$ ②____ ← -6 を右辺に，$2x$ を左辺に移項する。

$3x=$ ③____ ← $ax=b$ の形に整理する。

$x=$ ④____ ← 両辺を 3 でわる。

(2) $0.3x-1.5=0.2x+1$

$3x-$ ①____ $=2x+$ ②____ ← 両辺に 10 をかけて，係数を整数に直す。

$x=$ ③____

2 連立方程式

(1)
$$\begin{cases} 7x+y=-5 & \cdots\cdots① \\ 3x+2y=1 & \cdots\cdots② \end{cases}$$

①×2　①____

②　$-)\ 3x+2y=1$

②____ $=-11$

$x=-1$

$x=-1$ を①に代入して，

③____ $+y=-5$

$y=$ ④____

答　$x=-1$，$y=2$

(2)
$$\begin{cases} y=x-3 & \cdots\cdots① \\ 2x-3y=3 & \cdots\cdots② \end{cases}$$

①を②に代入して，$2x-3(x-3)=3$，$x=$ ①____

①に $x=$ ②____ を代入して，$y=$ ③____ $-3=$ ④____

答　$x=6$，$y=3$

3 2次方程式

(1) $(x+2)^2=3$

$x+2=$ ①____ ← 3 の平方根を求める。

$x=$ ②____ ← $+2$ を移項する。

(2) $x^2-2x-24=0$

$(x+$ ①____ $)(x-$ ②____ $)=0$ ← 左辺を因数分解する。

$x=$ ③____，$x=$ ④____ ← $AB=0$ ならば，$A=0$ または $B=0$

(3) $5x^2+3x-1=0$

$x=\dfrac{-3\pm\sqrt{(①____)^2-4\times(②____)\times(③____)}}{2\times5}$

$=\dfrac{-3\pm\sqrt{9+④____}}{10}=\dfrac{-3\pm\sqrt{⑤____}}{10}$

得点アップ

移項

移項するときは，符号を変える。

いろいろな 1 次方程式の解き方

◎ 係数に小数をふくむ

両辺に 10，100，…をかけて，係数を整数にする。

◎ 係数に分数をふくむ

両辺に分母の最小公倍数をかけて，係数を整数にする。

例　$\frac{1}{3}x+1=\frac{1}{4}x+\frac{2}{3}$

$\left(\frac{1}{3}x+1\right)\times12=\left(\frac{1}{4}x+\frac{2}{3}\right)\times12$

$4x+12=3x+8$

$x=-4$

連立方程式の解き方

◎ 加減法

1 つの文字の係数の絶対値をそろえて，左辺どうし，右辺どうしをたしたりひいたりして，1 つの文字を消去する。

◎ 代入法

一方の式を，$x=$ ～や $y=$ ～の形に変形して，これを他方の式に代入し，1 つの文字を消去する。

2 次方程式の解き方

◎ 平方根の考え方を利用

$(x+a)^2=b \rightarrow x=-a\pm\sqrt{b}$

＊正の数 b の平方根は，$+\sqrt{b}$ と $-\sqrt{b}$ の 2 つある。

◎ 因数分解の利用

(2 次式)$=0$ の形に整理し，左辺を因数分解して，$AB=0$ ならば $A=0$ または $B=0$ の考え方を利用する。

◎ 解の公式の利用

$ax^2+bx+c=0$ $(a\neq0)$ の解は，

$$x=\frac{-b\pm\sqrt{b^2-4ac}}{2a}$$

Step-2 >>> 実力をつける

⇨【目標時間】20分 ／【解答】9ページ

/50点

1 次の方程式や比例式を解きなさい。 【各3点】

(1) $10x-3=7x+15$

(　　　　　　　)

(2) $-0.75x+2.7=x-0.8$

(　　　　　　　)

(3) $\dfrac{x-1}{2}=\dfrac{x+2}{5}$

(　　　　　　　)

(4) $x:3=(x+5):6$

(　　　　　　　)

2 次の連立方程式を解きなさい。 【各3点】

(1) $\begin{cases} 5x-3y=-12 \\ 7x+4y=-25 \end{cases}$

(　　　　　　　)

(2) $\begin{cases} 0.3x-0.2y=0.7 \\ 2x+5y=-8 \end{cases}$

(　　　　　　　)

3 次の2次方程式を解きなさい。 【各4点】

(1) $x^2+5x-14=0$

(　　　　　　　)

(2) $(x-1)(x-3)=5$

(　　　　　　　)

4 次の問いに答えなさい。 【各8点】

(1) x についての2次方程式 $x^2-x+a=0$ の1つの解が -3 であるとき，もう1つの解を求めなさい。

(　　　　　　　)

(2) クラスの全員からクラス会の費用を集めるのに，1人450円ずつ集めると600円不足し，1人500円ずつ集めると1000円余ります。クラスの人数を求めなさい。

(　　　　　　　)

(3) A地点からB地点を通ってC地点まで行く道のりは115 kmです。自動車で午前9時ちょうどに出発して，AB間を時速40 kmで進みました。B地点で15分休憩してBC間を時速60 kmで進んだところ，C地点には午前11時30分に着きました。A地点からB地点までの道のりを求めなさい。

(　　　　　　　)

4日目 関数

Step-1 >>> 基本を確かめる

＿＿ にあてはまる数や式を書き入れましょう。

⟹【解答】10ページ

1 比例・反比例

(1) y は x に比例し，$x=3$ のとき $y=-6$ である。

比例定数を a とすると，$y=ax$ とおけるから，

① ＿＿ $=a\times$② ＿＿，$a=$③ ＿＿　式は $y=$④ ＿＿

(2) y は x に反比例し，$x=-3$ のとき $y=6$ である。

比例定数を a とすると，$y=\dfrac{a}{x}$ とおけるから，

① ＿＿ $=\dfrac{a}{②\ ＿＿}$，$a=$③ ＿＿　式は $y=$④ ＿＿

2 1次関数

(1) 1次関数 $y=2x-3$ について，変化の割合は ① ＿＿

x の増加量が3のときの y の増加量は，② ＿＿ ×③ ＿＿ ＝④ ＿＿

（②↑変化の割合　③↑x の増加量）

(2) 右の直線は，2点$(-3,$ ① ＿＿$)$，$($② ＿＿$,\ 2)$を通る。

この直線の式を $y=ax+b$ とおき，2点の座標を代入して，
$\begin{cases} ③\ ＿＿ =-3a+b \\ ④\ ＿＿ =a+b \end{cases}$ を解くと，

$a=\dfrac{3}{2}$，$b=\dfrac{1}{2}$　式は $y=$⑤ ＿＿

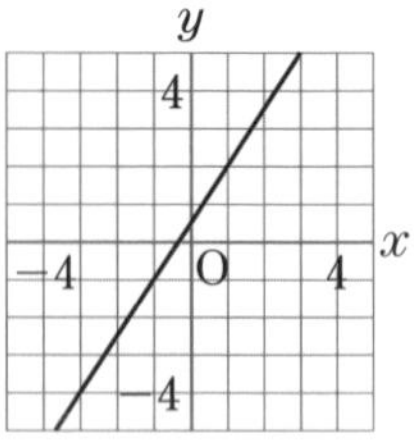

3 2乗に比例する関数

(1) y は x の2乗に比例し，$x=3$ のとき $y=18$ である。

比例定数を a とすると，$y=ax^2$ とおけるから，

① ＿＿ $=a\times$② ＿＿^{2}，$a=$③ ＿＿　式は，$y=$④ ＿＿

(2) 関数 $y=-x^2$ で，x の変域が $-3\leqq x\leqq 2$ のとき，

右のグラフから，

$x=$① ＿＿ のとき，y は最小値 ② ＿＿

$x=$③ ＿＿ のとき，y は最大値 ④ ＿＿

よって，y の変域は ⑤ ＿＿ $\leqq y\leqq$ ⑥ ＿＿

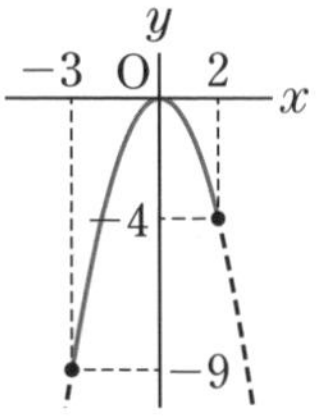

(3) 関数 $y=2x^2$ で，x の値が1から3まで増加するときの変化の割合は，

$\dfrac{2\times①\ ＿＿^2-2\times②\ ＿＿^2}{3-1}=\dfrac{③\ ＿＿}{2}=$④ ＿＿　←一定ではない。

得点アップ

比例・反比例の式

◎ y が x に比例するとき，式は

$y=ax$（a：比例定数）

◎ y が x に反比例するとき，式は

$y=\dfrac{a}{x}$ ←比例定数

比例・反比例のグラフ

◎ 比例のグラフは，原点を通る直線。

◎ 反比例のグラフは，双曲線。

1次関数の式

y が x の1次関数であるとき，

式は，$y=ax+b$（ax：x に比例する部分，b：定数）

1次関数の変化の割合

変化の割合$=\dfrac{y\text{ の増加量}}{x\text{ の増加量}}$

1次関数 $y=ax+b$ の変化の割合は一定で，a の値に等しい。

1次関数 $y=ax+b$ のグラフ

傾きが a で，切片が b の直線。

2乗に比例する関数の式

y が x の2乗に比例するとき，

式は，$y=ax^2$（a：比例定数）

関数 $y=ax^2$ のグラフ

原点を通り，y 軸について対称な放物線になる。

$a>0$　　$a<0$

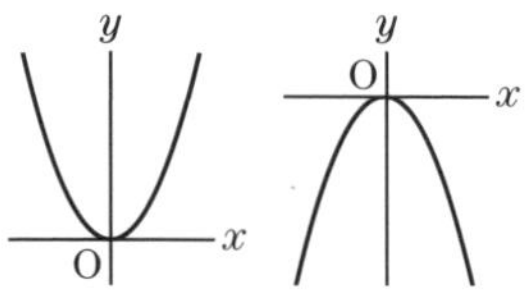

関数 $y=ax^2$ の変化の割合

関数 $y=ax^2$ の変化の割合は，一定ではない。

⇒【目標時間】20分 ／【解答】10ページ　　／50点

1 **右の図で，①は比例のグラフ，②は反比例のグラフ，③は1次関数のグラフです。次の問いに答えなさい。**【各4点】

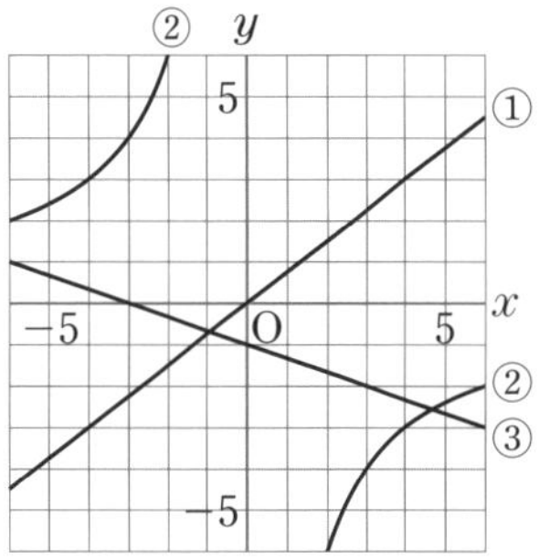

(1) ①〜③のグラフについて，y を x の式で表しなさい。

①（　　　　）　②（　　　　）

③（　　　　）

(2) ①と③のグラフの交点の座標を求めなさい。

（　　　　）

2 **次の問いに答えなさい。**【各4点】

(1) y は x に反比例し，$x=-9$ のとき $y=-4$ である。$y=12$ のときの x の値を求めなさい。

（　　　　）

(2) 直線 $y=-3x+1$ と y 軸上で交わり，点$(-3,\ -1)$を通る直線の式を求めなさい。

（　　　　）

(3) 関数 $y=ax^2$ について，x の変域が $-4 \leqq x \leqq 1$ のとき，y の変域は $0 \leqq y \leqq 48$ です。a の値を求めなさい。

（　　　　）

(4) 関数 $y=ax^2$ について，x の値が -7 から -1 まで増加するときの変化の割合が4であるとき，a の値を求めなさい。

（　　　　）

3 **右の図で，①は関数 $y=ax^2$ のグラフ，②は関数 $y=-\frac{1}{2}x+6$ のグラフです。①と②は2点A，Bで交わっており，x 座標はそれぞれ -6，4です。次の問いに答えなさい。**【各6点】

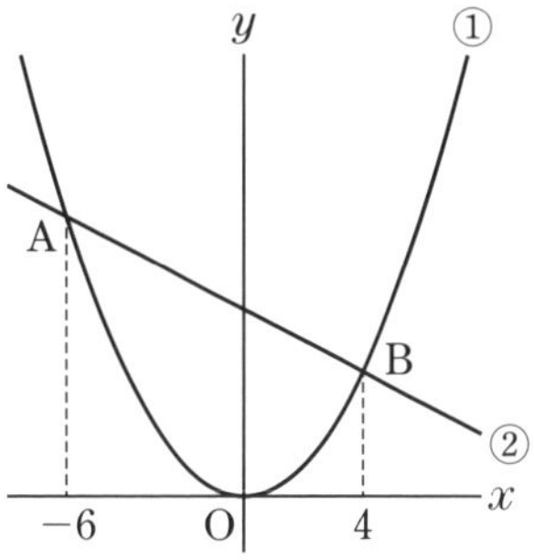

(1) a の値を求めなさい。

（　　　　）

(2) △OABの面積を求めなさい。

（　　　　）

(3) 点Oを通り，△OABの面積を2等分する直線の式を求めなさい。

（　　　　）

5日目 図形① 作図／図形の計量

Step-1 >>> 基本を確かめる

＿＿ にあてはまる数や記号，言葉を書き入れましょう。

⟹【解答】11ページ

1 作図

(1) 辺BCの垂直二等分線の作図

❶ 2点B，Cを中心として等しい ①＿＿＿ の円をかく。

❷ 2つの円の交点をD，Eとし，直線 ②＿＿＿ をひく。

・辺BCの垂直二等分線上の点は，2点 ③＿＿＿，Cからの距離が等しい。

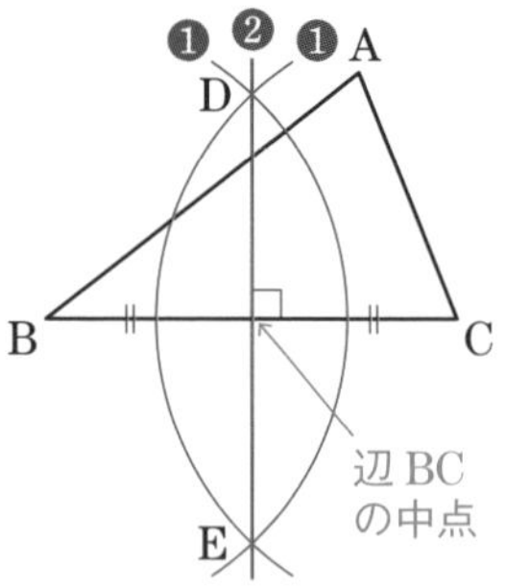

2 図形の計量

(1) 右の図のおうぎ形で，弧の長さは，

$2\pi\times$①＿＿＿$\times\frac{②___}{360}=$③＿＿＿ (cm)

面積は，$\pi\times$④＿＿＿$^2\times\frac{⑤___}{360}=$⑥＿＿＿ ($cm^2$)

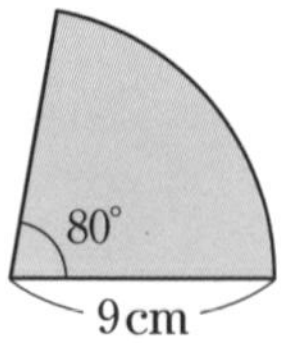

(2) 右の図の円柱で，表面積は，

$5\times(2\pi\times$①＿＿＿$)$（側面積）$+(\pi\times$②＿＿＿$^2)\times2$（底面積）← 底面は2つある。

$=$③＿＿＿ (cm^2)

体積は，$(\pi\times$④＿＿＿$^2)\times$⑤＿＿＿ $=$⑥＿＿＿ (cm^3)

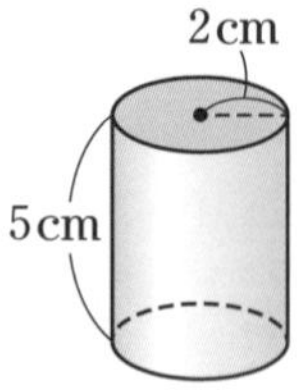

(3) 右の図で，$\ell /\!/ m$のとき，

①＿＿＿ は等しいから，$\angle x=$②＿＿＿°。

③＿＿＿ は等しいから，$\angle y=$④＿＿＿°。

三角形の外角は，それととなり合わない2つの内角の ⑤＿＿＿ に等しいから，

$\angle z=$⑥＿＿＿°$+$⑦＿＿＿°$=$⑧＿＿＿°

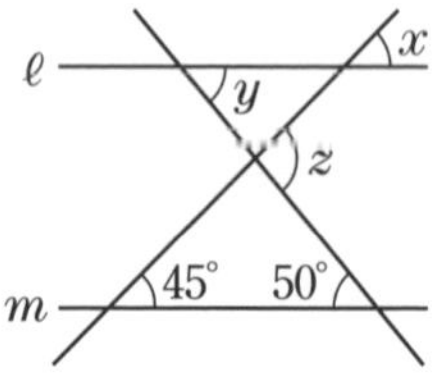

(4) 右の図で，$\overset{\frown}{BC}$に対する ①＿＿＿ は等しいから，$\angle x=$②＿＿＿°

AB＝CBだから，

∠ACB＝③＿＿＿° ← 二等辺三角形の2つの底角は等しい。

半円の弧に対する円周角は ④＿＿＿°だから，

∠BCD＝⑤＿＿＿°

したがって，$\angle y=$⑥＿＿＿°$-$⑦＿＿＿°$=$⑧＿＿＿°

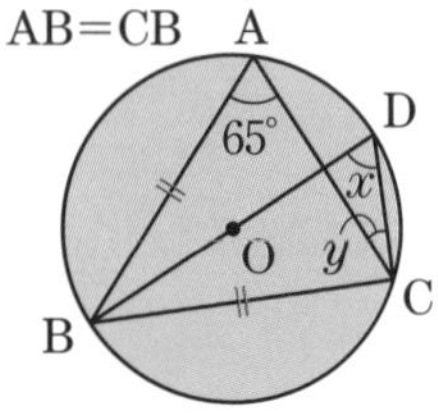

得点アップ

角の二等分線の作図

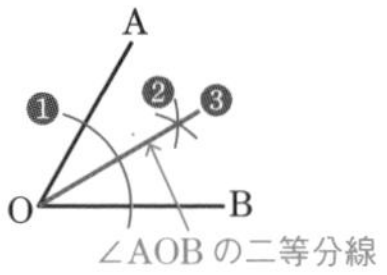

垂線の作図

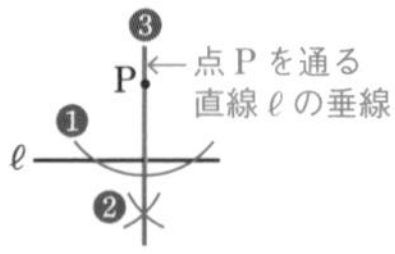

おうぎ形の弧の長さと面積

◎ 弧の長さ

$\ell=2\pi r\times\frac{a}{360}$

◎ 面積

$S=\pi r^2\times\frac{a}{360}$

または，$S=\frac{1}{2}\ell r$

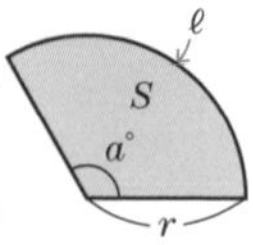

立体の体積

◎ 角柱・円柱の体積　$V=Sh$

◎ 角錐・円錐の体積　$V=\frac{1}{3}Sh$

（体積V，底面積S，高さh）

平行線と角

$\ell /\!/ m$ならば $\begin{cases}\angle a=\angle c\\ \angle b=\angle c\end{cases}$

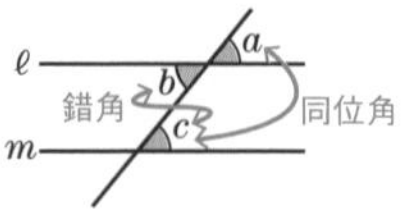

円周角の定理

1つの弧に対する円周角の大きさは一定であり，その弧に対する中心角の大きさの半分である。

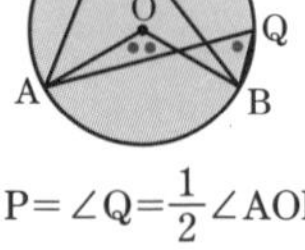

$\angle P=\angle Q=\frac{1}{2}\angle AOB$

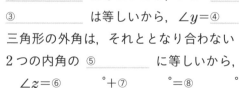

1 次の問いに答えなさい。

【各5点】

(1)　右の図で，∠APC＝105°となるような直線 CP を，直線 AB の上側に作図しなさい。

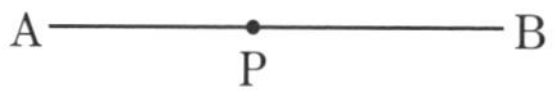

(2)　右の図のような半径 5 cm，弧の長さ 3π cm のおうぎ形の中心角の大きさを求めなさい。

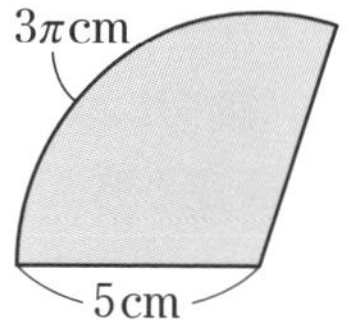

(　　　　　)

(3)　右の図の △ABC を，辺 AC を軸として 1 回転させてできる立体の表面積と体積をそれぞれ求めなさい。

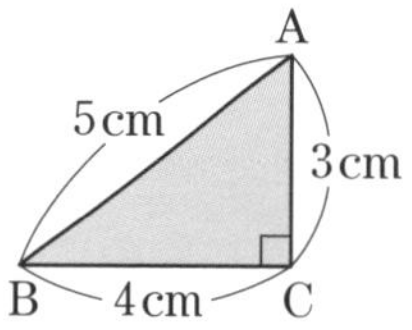

表面積 (　　　　　)

体　積 (　　　　　)

2 右の図は，1 辺 10 cm の立方体を切り取って作った三角錐です。次の問いに答えなさい。

【各5点】

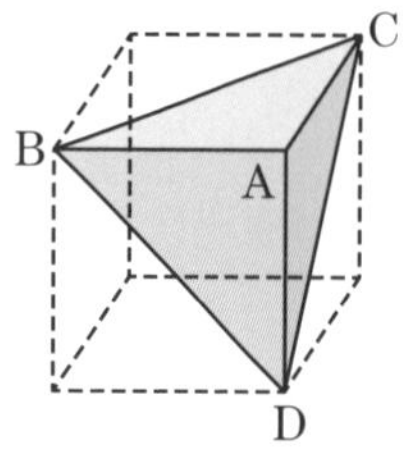

(1)　辺 BC とねじれの位置にある辺を答えなさい。

(　　　　　)

(2)　この三角錐の体積を求めなさい。

(　　　　　)

3 次の図で，∠ x の大きさを求めなさい。

【各5点】

(1)　$\ell /\!/ m$

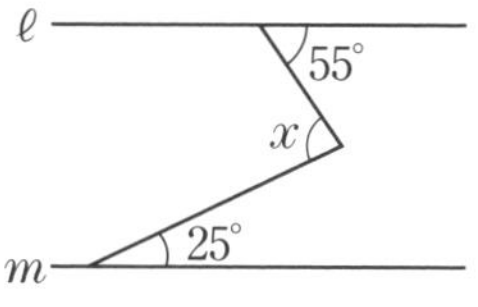

(　　　　　)

(2)　AB＝BC，AC＝AD

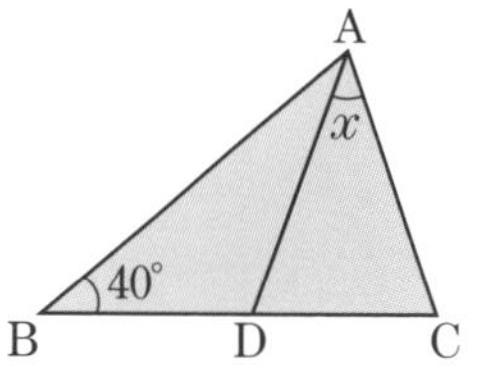

(　　　　　)

(3)

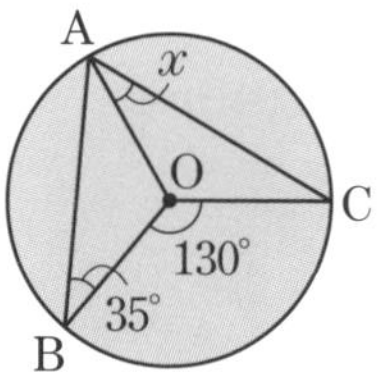

(　　　　　)

(4)　$\overset{\frown}{BC}=\overset{\frown}{CD}$

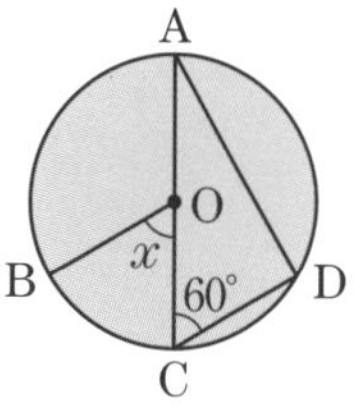

(　　　　　)

To the next day

6日目 図形② 合同と相似／三平方の定理

Step-1 >>> **基本を確かめる** ＿＿にあてはまる数や記号，言葉を書き入れましょう。 ⇒【解答】11ページ

1 合同と相似

(1) 右の図で，AB＝CD，∠BAC＝∠DCA のとき，△ABC≡△CDA であることを証明します。

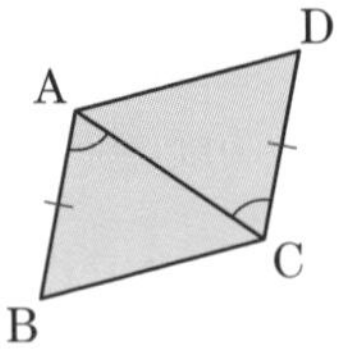

(証明) △ABC と △CDA において，

仮定から，AB＝CD ……①

∠BAC＝∠DCA ……②

①＿＿＿＿ な辺だから，AC＝②＿＿＿＿ ……③

①，②，③より，③＿＿＿＿＿＿＿＿ がそれぞれ等しいから，△ABC≡△CDA

(2) 右の図の △ABC で，

①＿＿＿＿ :(10+5)＝②＿＿＿＿ : x，x＝③＿＿＿＿

10 : ④＿＿＿＿ ＝y : ⑤＿＿＿＿，y＝⑥＿＿＿＿

(3) 右の図の △ADE と △ABC は相似で，

相似比は ①＿＿＿＿ : ②＿＿＿＿ だから，

面積比は ③＿＿＿＿ : ④＿＿＿＿

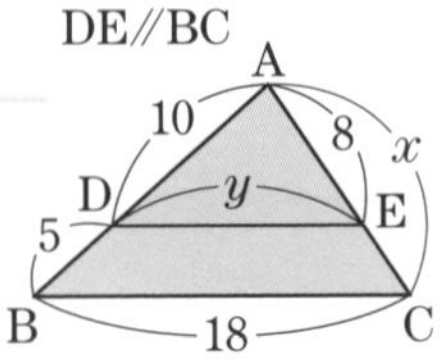

(4) 右の図の △ABC で，D，E はそれぞれ辺 BC を 3 等分，F は辺 AC を 2 等分する点です。AD と BF の交点を G としたとき，AG の長さを求めます。

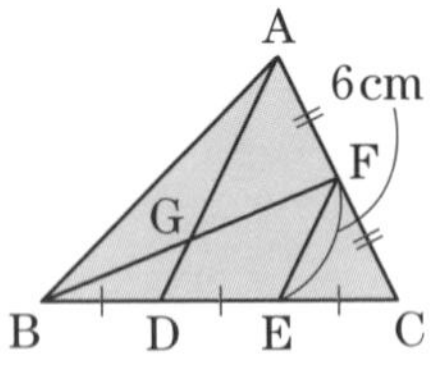

△ADC で中点連結定理より，FE＝$\frac{1}{2}$ ①＿＿＿＿，AD＝②＿＿＿＿ cm

同様に △BFE で，③＿＿＿＿ ＝$\frac{1}{2}$FE＝④＿＿＿＿ (cm)

したがって，AG＝AD－GD＝⑤＿＿＿＿ (cm)

2 三平方の定理

(1) 右の図は直角三角形で，

x^2＝①＿＿＿＿^{2}－②＿＿＿＿^{2}＝③＿＿＿＿

$x>0$ だから，x＝$\sqrt{④＿＿＿＿}$ ＝⑤＿＿＿＿ (cm)

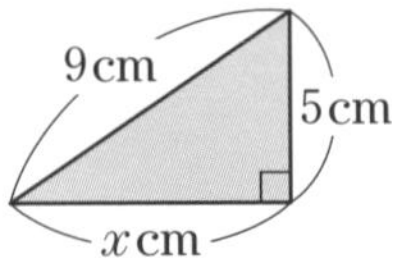

(2) 右の図の円錐で，△OAH は直角三角形だから，

OH＝$\sqrt{①＿＿＿＿^2－②＿＿＿＿^2}$＝$\sqrt{289－64}$

＝$\sqrt{③＿＿＿＿}$ ＝④＿＿＿＿ (cm)

体積は，$\frac{1}{3}\pi$×⑤＿＿＿＿^{2}×⑥＿＿＿＿ ＝⑦＿＿＿＿ (cm^3)

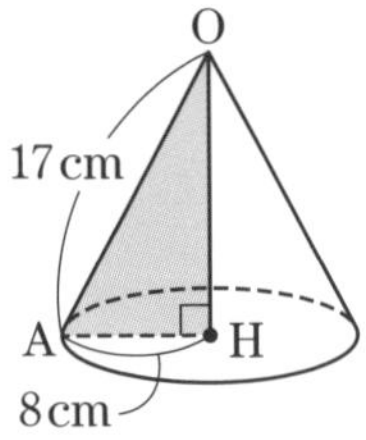

得点アップ

三角形の合同条件

① 3 組の辺がそれぞれ等しい。

② 2 組の辺とその間の角がそれぞれ等しい。

③ 1 組の辺とその両端の角がそれぞれ等しい。

三角形と比の定理

△ABC の辺 AB，AC 上の点をそれぞれ D，E とするとき，DE∥BC ならば，

① AD : AB＝AE : AC＝DE : BC

② AD : DB＝AE : EC

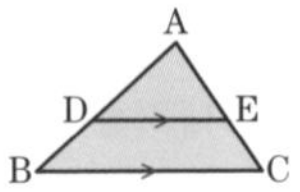

相似な図形の面積比・体積比

相似比が $m : n$

→面積比は $m^2 : n^2$

体積比は $m^3 : n^3$

中点連結定理

△ABC の 2 辺 AB，AC の中点をそれぞれ M，N とするとき，

MN∥BC，MN＝$\frac{1}{2}$BC

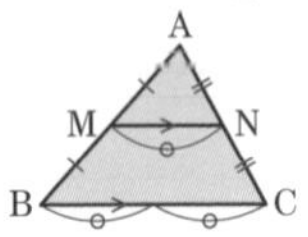

三平方の定理

直角三角形の直角をはさむ 2 辺の長さを a，b，斜辺の長さを c とすると，$a^2+b^2=c^2$

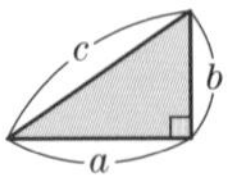

特別な直角三角形の 3 辺の比

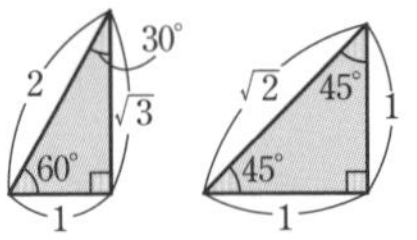

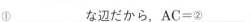

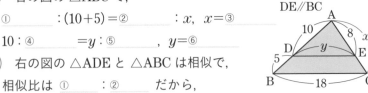

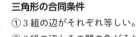

6日目

Step-2 >>> 実力をつける

⇒【目標時間】20分 ／【解答】11ページ

/50点

1 次の問いに答えなさい。

【各６点】

(1)　右の図で，AB∥DC∥EF です。AB＝5 cm，DC＝3 cm のとき，EF の長さを求めなさい。

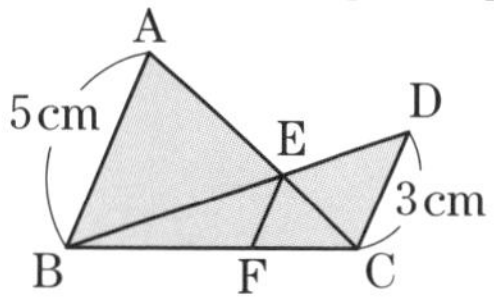

(　　　　　　　)

(2)　右の図の三角錐 O-ABC で，平面 DEF は底面 ABC に平行で，OD：DA＝2：1 です。三角錐 O-ABC の体積が $216\ \mathrm{cm}^3$ のとき，立体 DEF-ABC の体積を求めなさい。

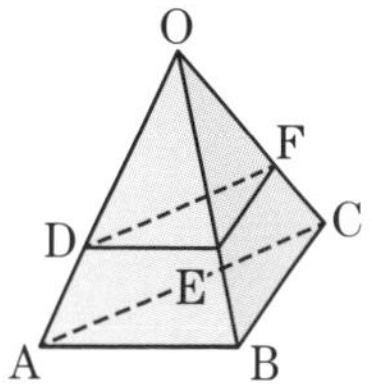

(　　　　　　　)

2 右の図のような，辺の長さがすべて 4 cm の正四角錐 A-BCDE があります。次の問いに答えなさい。

【各７点】

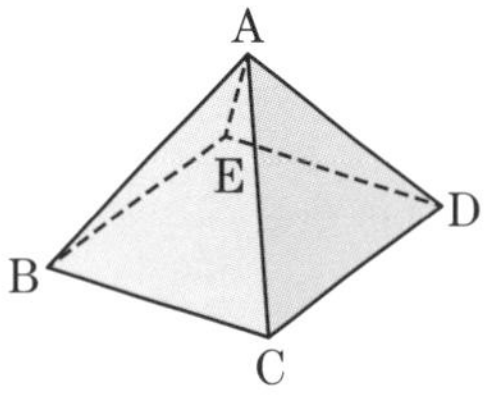

(1)　この正四角錐の体積を求めなさい。

(　　　　　　　)

(2)　この正四角錐の頂点 B から辺 AC を通って頂点 D まで糸をかけるとき，糸の最短の長さを求めなさい。

(　　　　　　　)

3 右の図のように，∠BAC＝90°の直角二等辺三角形 ABC の頂点 A を通る直線 ℓ に，頂点 B, C からそれぞれ垂線 BE, CF をひきます。このとき，△ABE≡△CAF となることを証明しなさい。

【12点】

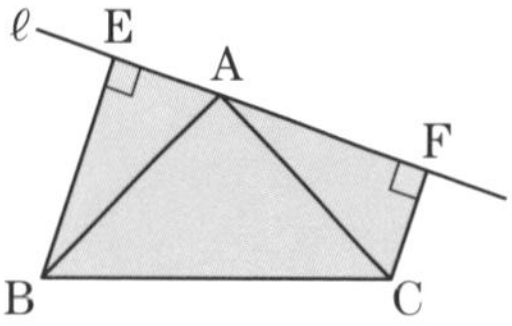

(証明)

4 右の図で，△ABC の 3 つの頂点は円 O の周上にあり，線分 AD は円 O の直径です。点 A から辺 BC に垂線 AE をひきます。このとき，△ADB∽△ACE であることを証明しなさい。

【12点】

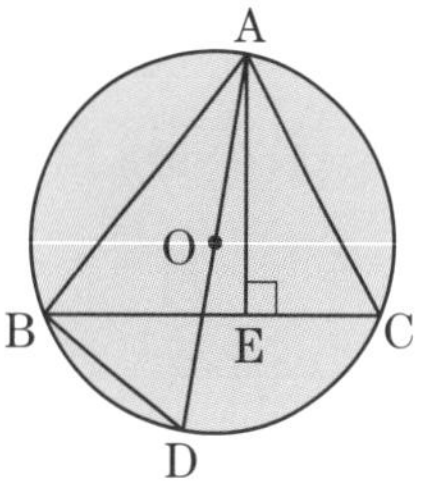

(証明)

英語
数学
理科
社会
国語

Almost there!

7日目 データの活用／確率

Step-1 >>> 基本を確かめる

＿＿にあてはまる数や図を書き入れましょう。

⟹【解答】12ページ

1 データの分析

●右の表は，生徒 20 人の 50 m 走の記録です。

50 m 走の記録

階級(秒)	度数(人)
以上　　未満	
7.0 ～ 7.5	2
7.5 ～ 8.0	4
8.0 ～ 8.5	8
8.5 ～ 9.0	3
9.0 ～ 9.5	2
9.5 ～ 10.0	1
計	20

(1)　8.5 秒以上 9.0 秒未満の階級の相対度数は，

$\dfrac{①____}{20}$ ＝② ＿＿＿＿

(2)　8.0 秒以上 8.5 秒未満の階級までの

累積度数は，2＋4＋① ＿＿＿＿ ＝② ＿＿＿＿ (人)

累積相対度数は，$\dfrac{③____}{20}$ ＝④ ＿＿＿＿

(3)　最頻値は，＿＿＿＿ 秒です。←度数が最も多い階級の階級値

●次のデータは，10 人の生徒が行った 20 点満点のゲームの結果です。

5　6　7　7　10　12　12　15　18　20　(点)

(4)　第 1 四分位数は ① ＿＿＿＿ 点，第 2 四分位数(中央値)は ② ＿＿＿＿ 点，第 3 四分位数は ③ ＿＿＿＿ 点で，四分位範囲は ④ ＿＿＿＿ 点です。

(5)　箱ひげ図に表すと，右のようになります。

2 確率

(1)　A，B 2 つのさいころを同時に投げるとき，目の出方は全部で ① ＿＿＿＿ 通りで，出た目の数の和は右の表のようになります。

A\B	1	2	3	4	5	6
1	2	3	4	5	6	7
2	3	4	5	6	7	8
3	4	5	6	7	8	9
4	5	6	7	8	9	10
5	6	7	8	9	10	11
6	7	8	9	10	11	12

和が 8 になる確率は $\dfrac{②____}{36}$

(2)　A，B，C，D の 4 人の中から 2 人の係を選ぶとき，A が選ばれる確率は $\dfrac{①____}{6}$ ＝② ＿＿＿＿

	A	B	C	D
A	＼	○	○	○
B		＼	○	○
C			＼	○
D				＼

(A,B)と(B,A)は同じ組み合わせなので，のぞく。

3 標本調査

(1)　白玉と黒玉が合わせて 500 個入っている袋から，無作為に 20 個の玉を取り出すと，その中に白玉は 9 個入っていました。

取り出した 20 個にふくまれる白玉の割合は，$\dfrac{①____}{20}$

袋の中の白玉の個数は，およそ 500×$\dfrac{②____}{20}$ ＝③ ＿＿＿＿ (個)

得点アップ

相対度数
相対度数 ＝ $\dfrac{\text{その階級の度数}}{\text{度数の合計}}$

累積度数
最初の階級からある階級までの度数の合計。

累積相対度数
最初の階級からある階級までの相対度数の合計。
求める階級の累積度数を度数の合計でわっても求められる。

箱ひげ図
最小値，第 1 四分位数，第 2 四分位数(中央値)，第 3 四分位数，最大値を図に表したもの。

四分位範囲
四分位範囲
＝ 第 3 四分位数－第 1 四分位数

起こらない確率
A の起こる確率を p とするとき，
A の起こらない確率 ＝$1-p$

例 2 つのさいころを投げて，出た目の数の和が 3 にならない確率を求める。
出た目の数の和が 3 になる確率は，左上の表より，$\dfrac{2}{36}=\dfrac{1}{18}$
3 にならない確率は，
$1-\dfrac{1}{18}=\dfrac{17}{18}$

全数調査
ある集団について何かを調べるとき，その集団全部について調べること。

標本調査
集団の全体のようすを推測するために，集団の一部について調べること。

1 **右の図は，あるクラス 40 人のハンドボール投げの記録です。次の問いに答えなさい。** 【各 7 点】

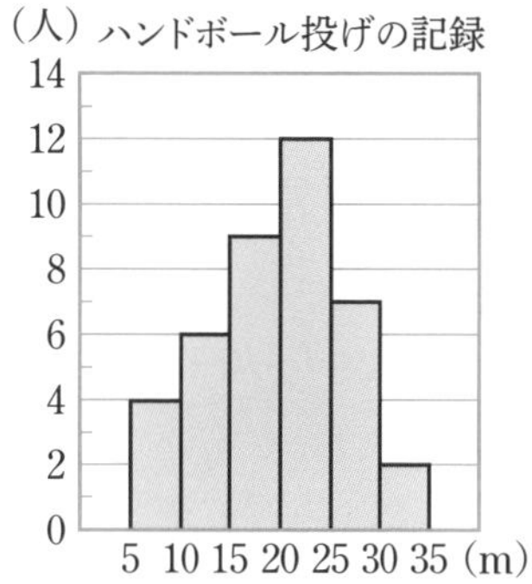

(1) 平均値を求めなさい。

（　　　　　）

(2) 記録が 25 m 以上の人の割合は全体の何％ですか。

（　　　　　）

2 **右の図は，16 人の生徒の英語と数学のテストのデータを箱ひげ図に表したものです。この箱ひげ図から読み取れることとして正しいものをすべて選び，記号で答えなさい。** 【7 点】

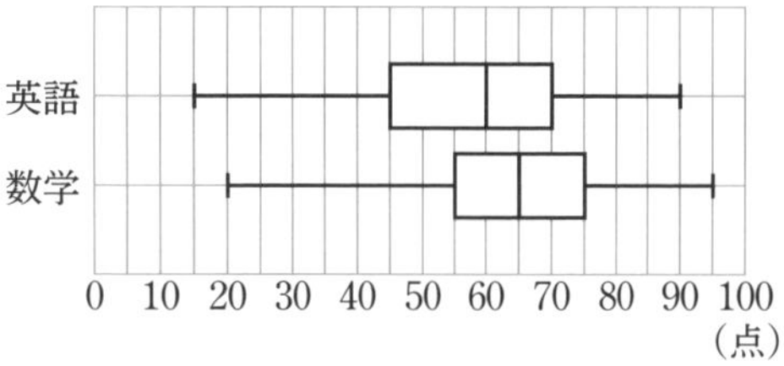

ア　範囲は英語のほうが大きい。

イ　どちらの教科にも 55 点以下の生徒が 4 人以上いる。

ウ　数学の平均点は 65 点である。

エ　英語の得点が 90 点の生徒が必ずいる。

（　　　　　）

3 **次の確率を求めなさい。** 【各 7 点】

(1) A，B 2 つのさいころを同時に投げるとき，出た目の数の積が 20 以上になる確率。

（　　　　　）

(2) 袋の中に，赤玉が 3 個，青玉が 2 個，白玉が 1 個入っています。この中から同時に 2 個の玉を取り出すとき，少なくとも 1 個は赤玉である確率。

（　　　　　）

(3) 1，2，3，4，5 の 5 枚のカードがあります。この中から 1 枚ずつ続けて 2 回ひき，ひいた順に並べて 2 けたの整数をつくるとき，できた整数が 6 の倍数になる確率。ただし，ひいたカードはもとにもどさないものとします。

（　　　　　）

4 **ある池で，魚の数を推測するために，60 匹の魚を捕まえて，印をつけて池にもどしました。その数日後に，30 匹の魚を捕まえたところ，印のついた魚が 5 匹ふくまれていました。この池には，およそ何匹の魚がいると推測されますか。** 【8 点】

（　　　　　）

入試レベル問題 第1回

［制限時間］30分
［解 答］13ページ

／100点

1 次の計算をしなさい。 〈各5点〉

(1) $12-6\div(-3)$ ［滋賀県］

［　　　　］

(2) $\dfrac{2x-5y}{3}+\dfrac{x+3y}{2}$ ［愛媛県］

［　　　　］

(3) $(a+3)(a-3)$ ［山口県］

［　　　　］

(4) $\sqrt{18}-\dfrac{4}{\sqrt{2}}$ ［富山県］

［　　　　］

2 次の問いに答えなさい。 〈各6点〉

(1) 等式 $b=\dfrac{5a+4}{7}$ を a について解きなさい。 ［大阪府］

［　　　　］

(2) 2次方程式 $x^2+5x+3=0$ を解きなさい。 ［和歌山県］

［　　　　］

(3) y は x に反比例し，$x=-9$ のとき $y=2$ です。$x=3$ のときの y の値を求めなさい。 ［兵庫県］

［　　　　］

(4) 3枚の硬貨A，B，Cを同時に投げるとき，少なくとも1枚は表が出る確率を求めなさい。ただし，どの硬貨も表，裏の出方は，同様に確からしいものとします。 ［富山県］

［　　　　］

3 次の問いに答えなさい。 〈各7点〉

(1) 右の図のように，4点A，B，C，Dが線分BCを直径とする同じ円周上にあるとき，∠ADBの大きさを求めなさい。 ［佐賀県］

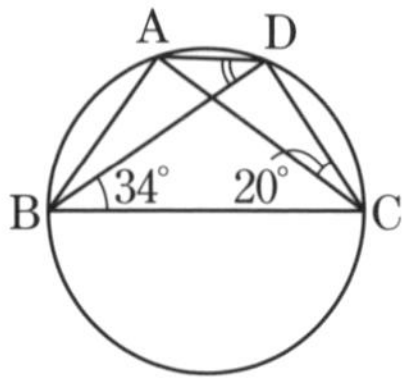

［　　　　］

(2) 右の図のように，底面がAB＝5 cm，AC＝6 cm，∠ABC＝90°の直角三角形で，高さが6 cmの三角柱があります。この三角柱の体積を求めなさい。 ［千葉県］

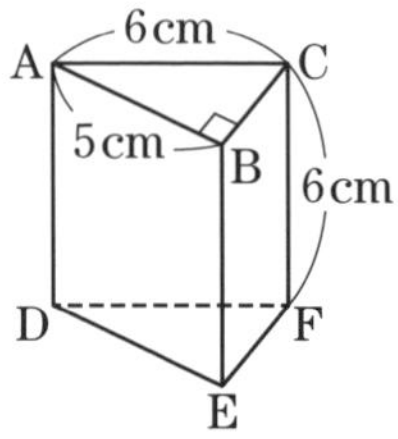

［　　　　］

4 下の資料は，ある中学校が発行した図書館だよりの一部です。この図書館だよりを読んで，9月に図書館を利用した男子と女子の人数を，それぞれ求めなさい。ただし，用いる文字が何を表すかを最初に書いてから連立方程式をつくり，答えを求める過程も書くこと。 [愛媛県]〈8点〉

> **図書館利用者数 33人 増**
>
> 図書委員会の集計によると，10月の図書館利用者数は，男女合わせて253人であり，9月の図書館利用者数と比べると，33人の増加でした。
>
> 皆さんもお気に入りの1冊を見つけに，図書館へ足を運んでみませんか？
>
> 10月の利用者数
> 9月と比べて
> 男子　21%増
> 女子　10%増

[　　　　　　　　　　　　（答）　　　　　　　　　　　　]

5 関数 $y=ax^2$ について，次の問いに答えなさい。 [山口県]〈各8点〉

(1) 関数 $y=x^2$ について，x の値が1から2まで増加したときの変化の割合は3です。x の値が -3 から -1 まで増加したときの変化の割合を求めなさい。

[　　　　　　]

(2) 図のように，関数 $y=x^2$ のグラフ上に x 座標が2となる点Aをとります。また，$a>0$ である関数 $y=ax^2$ のグラフ上に x 座標が -3 となる点Bをとります。△OABの面積が8となるとき，a の値を求めなさい。

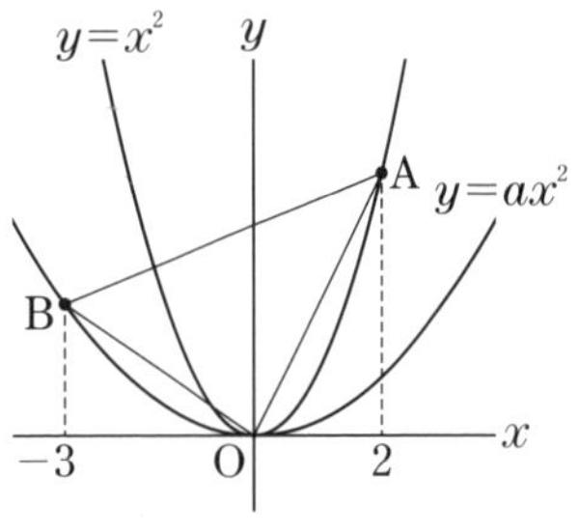

[　　　　　　]

6 右の図のような，平行四辺形ABCDがあります。辺AD上にAE：ED=1：2となる点Eをとり，辺BC上に，BE//FDとなる点Fをとります。線分ACと線分BEの交点をG，線分ACと線分FDの交点をHとします。このとき，次の問いに答えなさい。

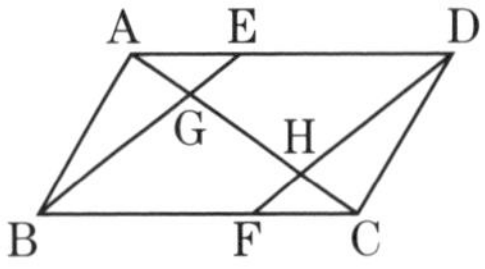

[高知県]《(1)10点，(2)8点》

(1) △ABG≡△CDHを証明しなさい。

[証明　　　　　　　　　　　　]

(2) 線分FDと線分CEの交点をIとしたとき，平行四辺形ABCDの面積は，△IHCの面積の何倍ですか。

[　　　　　　]

数学

入試レベル問題 第2回

[制限時間] 30分
[解 答] 14ページ

／100点

1 次の計算をしなさい。 〈各5点〉

(1) $2\times(-3)^2-22$ [大阪府]

[　　　　　]

(2) $(8a-5b)-\dfrac{1}{3}(6a-9b)$ [千葉県]

[　　　　　]

(3) $(8a^2b+36ab^2)\div4ab$ [静岡県]

[　　　　　]

(4) $\dfrac{\sqrt{10}}{\sqrt{2}}-(\sqrt{5}-2)^2$ [愛媛県]

[　　　　　]

2 次の問いに答えなさい。 〈各5点〉

(1) $a=7$, $b=-3$ のとき, a^2+2ab の値を求めなさい。 [北海道]

[　　　　　]

(2) 連立方程式 $\begin{cases}2x-3y=2\\ x+2y=8\end{cases}$ を解きなさい。 [沖縄県]

[　　　　　]

(3) 水 4 L が入っている加湿器があります。この加湿器を使い続けると水がなくなるまでに x 時間かかるとします。このときの, 1 時間当たりの水の減る量を y mL とします。y を x の式で表しなさい。 [静岡県]

[　　　　　]

(4) 右の図において, $\ell /\!/ m$, AC＝BC のとき, ∠ x の大きさを求めなさい。 [富山県]

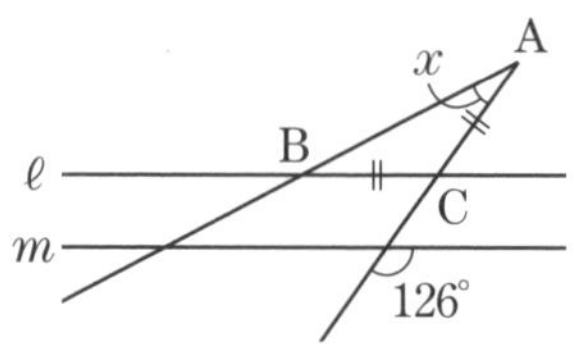

[　　　　　]

3 右の図のように, 2 つの半直線 AB, AC があり, 半直線 AB 上に点 D をとります。2 つの半直線 AB, AC の両方に接する円のうち, 点 D で半直線 AB と接する円の中心 P を, 定規とコンパスを使い, 作図によって求めなさい。なお, 作図に使った線は消さずに残しておくこと。

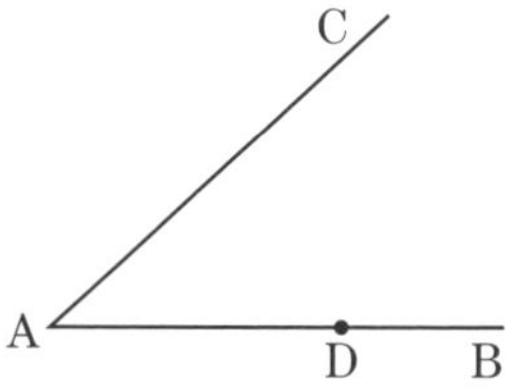

[高知県]〈6 点〉

4 次の【データ】は，ある生徒15人について，小テストを実施したときの全員の得点を，値の小さい順に並べたものです。

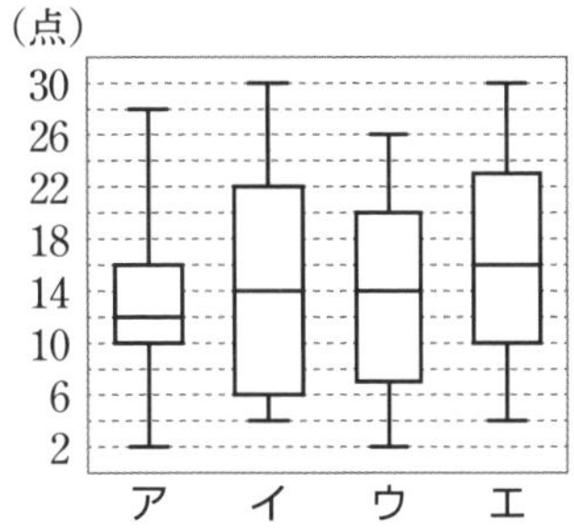

【データ】

4，6，6，6，8，10，12，14，16，18，
20，22，24，28，30（単位：点）

この【データ】を表した箱ひげ図として正しいものを，右のア〜エの中から1つ選び，記号を書きなさい。 [佐賀県]〈7点〉

[　　　　]

5 右の図は，関数 $y=\frac{1}{4}x^2$ のグラフで，点A，Bはこのグラフ上の点であり，点A，Bの x 座標はそれぞれ -6，2です。y 軸上に点Cをとり，点Aと点C，点Bと点Cをそれぞれ結びます。このとき，次の問いに答えなさい。 [高知県]〈各7点〉

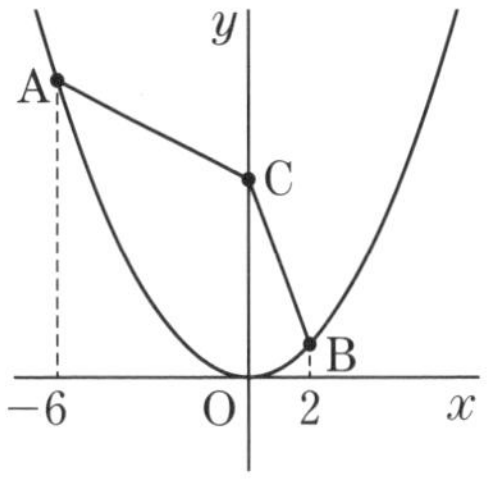

(1) 点Aの座標を求めなさい。

[　　　　]

(2) 線分ACと線分BCの長さの和AC＋CBを考えます。AC＋CBが最小となる点Cの座標を求めなさい。

[　　　　]

(3) 2点A，Bから y 軸へそれぞれ垂線をひき，y 軸との交点をそれぞれD，Eとします。ただし，点Cは線分DE上の点とします。△ACDと△CEBについて，y 軸を軸として1回転させたときにできる立体の体積をそれぞれ考えます。△ACDを1回転させてできる立体の体積が，△CEBを1回転させてできる立体の体積の7倍となるときの線分CEの長さを求めなさい。

[　　　　]

6 右の図のような，線分ABを直径とする半円Oがあります。$\overset{\frown}{AB}$ 上に点Cをとり，直線AC上に点Dを，∠ABD＝90°となるようにとります。このとき，次の問いに答えなさい。 [愛媛県]〈(1)10点，(2)各8点〉

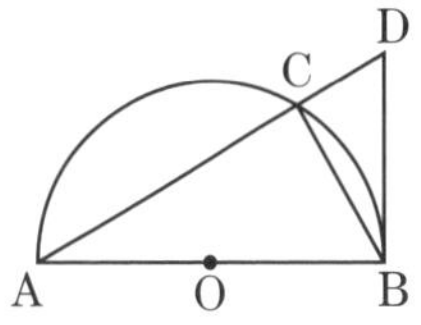

(1) △ABC ∽ △BDCであることを証明しなさい。

[証明

]

(2) AC＝3 cm，CD＝1 cmであるとき，

① 線分BCの長さを求めなさい。 [　　　　]

② 線分BDと線分CDと $\overset{\frown}{BC}$ とで囲まれた部分の面積を求めなさい。 [　　　　]

1日目 身のまわりの現象・物質

Step-1 >>> 基本を確かめる

＿＿にあてはまる記号や言葉を書き入れましょう。 ⟹【解答】15ページ

1 身のまわりの現象

(1) 光が反射《はんしゃ》するとき，入射角《にゅうしゃかく》＿＿＿反射角《はんしゃかく》となる。

(2) 光が空気中から水中に進むとき，入射角 ①＿＿＿ 屈折角《くっせつかく》となり，光が水中から空気中に進むとき，入射角 ②＿＿＿ 屈折角となる。

(3) 凸《とつ》レンズによる像で，スクリーンに映る像を ①＿＿＿＿＿，凸レンズを通して見える，実物よりも大きな像を ②＿＿＿＿＿ という。

(4) 音は，①＿＿＿＿＿ が大きいほど大きい音，②＿＿＿＿＿ が多いほど高い音になる。

(5) ばねののびは，ばねを引く力に比例する。これを＿＿＿＿＿の法則という。

(6) 1つの物体にはたらく2力がつり合っているとき，2力の大きさは ①＿＿＿＿＿，向きは ②＿＿＿＿＿ で，③＿＿＿＿＿ にある。

2 身のまわりの物質

(1) 密度《みつど》を求める式は，密度〔g/cm^3〕＝ $\dfrac{\text{物質の①＿＿＿＿〔g〕}}{\text{物質の②＿＿＿＿〔cm}^3\text{〕}}$

(2) 気体の性質

	二酸化炭素	酸素	水素	アンモニア
水へのとけ方	少しとける	③＿＿＿＿	とけにくい	非常によくとける
重さ	空気より ①＿＿＿＿	空気より少し重い	物質中で最も ④＿＿＿＿	空気より軽い
おもな性質	②＿＿＿＿を白くにごらせる	ほかの物質を燃やすはたらきがある	音を立てて燃え，水ができる	刺激臭《しげきしゅう》。水溶液《すいようえき》は ⑤＿＿＿＿性

(3) 質量パーセント濃度《のうど》〔%〕＝ $\dfrac{\text{＿＿＿＿の質量〔g〕}}{\text{溶液の質量〔g〕}}$ ×100

溶液＝溶質＋溶媒

(4) 水100gにとける物質の最大の質量を＿＿＿＿＿という。

(5) 物質が限度までとけている水溶液を＿＿＿＿＿という。

(6) 固体を水にとかし，再び結晶《けっしょう》としてとり出す操作を＿＿＿＿＿という。

(7) 固体がとけて液体になる温度を ①＿＿＿＿＿，液体が沸騰《ふっとう》して気体になる温度を ②＿＿＿＿＿ という。

(8) 液体を加熱して気体にし，その気体を冷やして再び液体にして集める操作を＿＿＿＿＿という。

得点アップ↗

鏡での光の反射

鏡で反射した光は，鏡の裏側の，鏡をはさんで光源と対称《たいしょう》の位置から出たように進む。

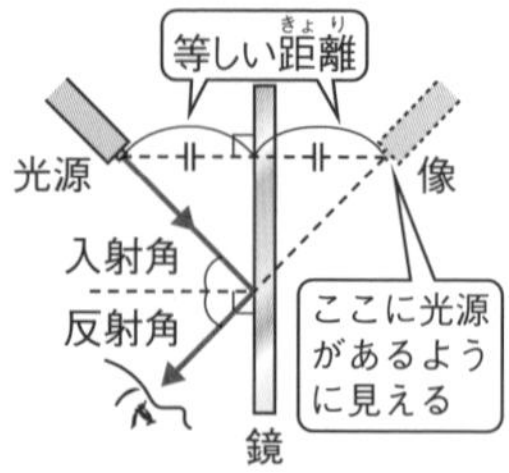

オシロスコープで見た音の波形

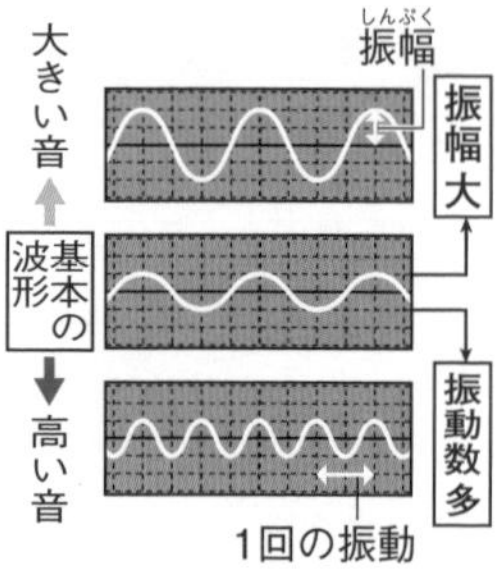

有機物と無機物

- **有機物**…炭素をふくむ物質。燃えると二酸化炭素が発生。
- **無機物**…有機物以外の物質。

気体の集め方

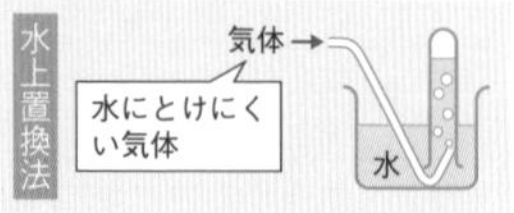

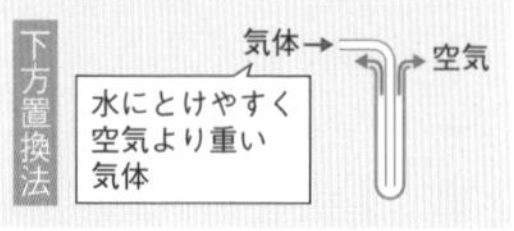

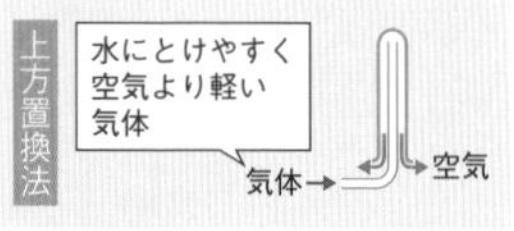

溶質《ようしつ》と溶媒《ようばい》

- **溶質**…液体にとけている物質。
- **溶媒**…物質をとかしている液体。

⇒【目標時間】20分 ／【解答】15ページ

/50点

1 右の図のような装置を用いて，凸《とつ》レンズによる像のでき方を調べました。次の問いに答えなさい。【各５点】

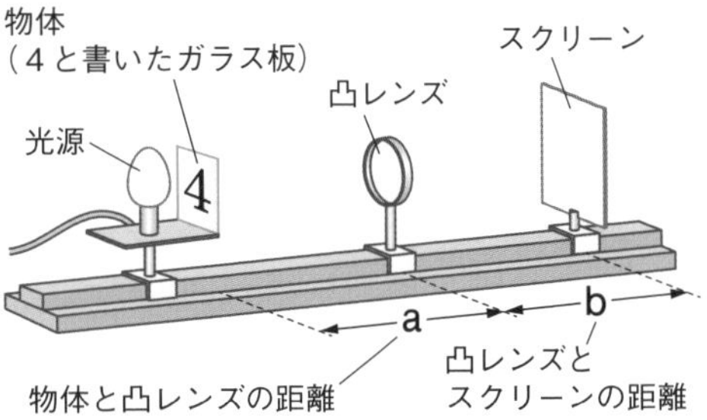

(1)　光が空気中から凸レンズに進むとき，境界面で折れ曲がります。この現象を光の何といいますか。（　　　）

(2)　**a**が 24 cm，**b**が 24 cm のとき，スクリーン上に物体と同じ大きさのはっきりした像ができました。この凸レンズの焦点距離《しょうてんきょり》は何 cm ですか。（　　　）

(3)　(2)のスクリーン上にできた像を凸レンズ側から見ると，どのように見えますか。次の**ア**～**エ**から１つ選び，記号で答えなさい。

ア 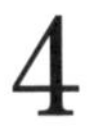　**イ** 　**ウ** 　**エ** 　（　　　）

(4)　**a**を 30 cm にしたとき，スクリーン上にはっきりとできる像の大きさは，物体と比べて大きくなりますか，小さくなりますか。（　　　）

2 右の図は，物質A～Cの溶解度《ようかいど》と水の温度の関係を示したものです。次の問いに答えなさい。【各５点】

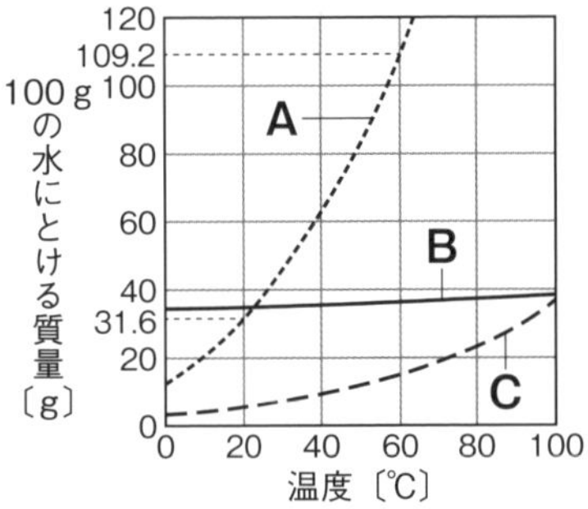

(1)　物質**A**～**C**をそれぞれ 40 ℃の水 100 g に 25 g 加えてよくかき混ぜました。このとき，完全にとけた物質の記号をすべて答えなさい。（　　　）

(2)　(1)で完全にとけた物質の水溶液の質量パーセント濃度を答えなさい。（　　　）

(3)　60 ℃の水 100 g に物質**A**を 50 g とかしたあと，水の温度を 20 ℃まで冷やすと，何 g の結晶が出てきますか。（　　　）

3 水とエタノールの混合物を，右の図のような装置で加熱し，３本の試験管A，B，Cの順に $2\,cm^3$ ずつ液体を集めました。次の問いに答えなさい。【各５点】

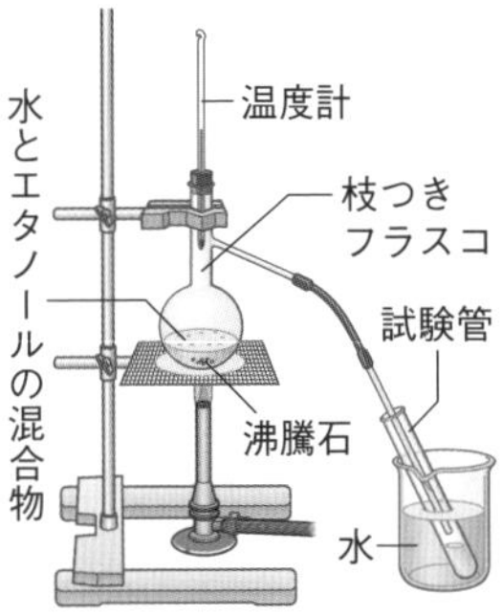

(1)　混合物を加熱するときに沸騰石《ふっとうせき》を入れるのはなぜですか。
（　　　）

(2)　**A**～**C**の試験管のうち，集めた液体に最も多くエタノールをふくむのはどれですか。記号で答えなさい。（　　　）

(3)　水とエタノールの混合物は，体積が $20\,cm^3$，質量が 19.37 g でした。混合物の密度を，四捨五入して小数第２位まで求めなさい。（　　　）

To the next day

2日目 電流・運動・力・エネルギー

Step-1 >>> 基本を確かめる

____にあてはまる記号や言葉を書き入れましょう。

⟹【解答】15ページ

1 電流

(1) 右の図で，直列回路では，

・電流…$I = I_1$ ①＿＿＿ I_2

・電圧…$V = V_1$ ②＿＿＿ V_2

(2) 右の図で，並列回路では，

・電流…$I = I_1$ ①＿＿＿ I_2

・電圧…$V = V_1$ ②＿＿＿ V_2

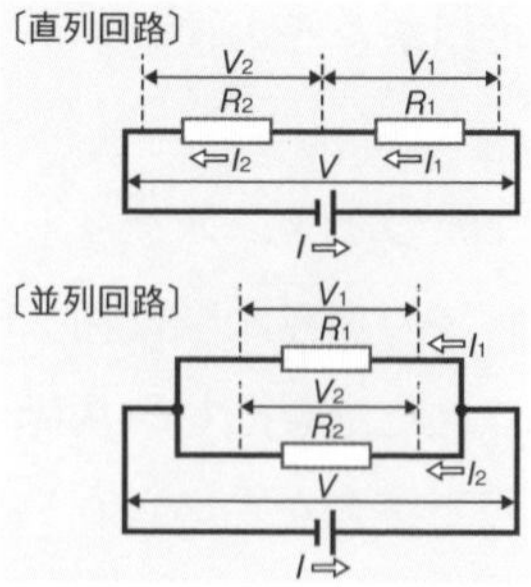

(3) オームの法則の式は，

①＿＿＿〔V〕＝②＿＿＿〔Ω〕×電流〔A〕

(4) 電力〔W〕＝＿＿＿〔V〕×電流〔A〕

(5) 電力量〔J〕＝電力〔W〕×＿＿＿〔s〕

(6) 磁界《じかい》の向きは，磁針の＿＿＿が指す向きである。

(7) 電流が磁界から受ける力の向きは，電流と＿＿＿の向きで決まる。

(8) コイルの中の磁界を変化させたとき，コイルに電圧が生じる現象を①＿＿＿といい，このとき流れる電流を②＿＿＿という。

(9) 放電管の－極から＋極へ向かう＿＿＿の流れを陰極線《いんきょくせん》という。

2 運動・力・エネルギー

(1) 静止している物体は静止を続け，運動している物体は①＿＿＿を続けることを②＿＿＿の法則という。

(2) 1つの物体がほかの物体に力を加えたとき，同時に同じ大きさで反対向きの力を受けることを＿＿＿の法則という。

(3) 圧力《あつりょく》〔Pa〕＝ $\dfrac{\text{面を垂直に押《お》す力〔N〕}}{\text{力がはたらく＿＿＿〔m}^2\text{〕}}$

(4) 水中ではたらく圧力を＿＿＿といい，水深が深いほど大きい。

(5) 水中の物体にはたらく上向きの力を＿＿＿という。

(6) 高いところにある物体がもつ①＿＿＿エネルギーと運動している物体がもつ運動エネルギーの和を②＿＿＿エネルギーという。

(7) 仕事〔J〕＝力の大きさ〔N〕×力の向きに移動した＿＿＿〔m〕

(8) 仕事率〔W〕＝ $\dfrac{\text{①＿＿＿の大きさ〔J〕}}{\text{仕事にかかった②＿＿＿〔s〕}}$

得点アップ

直列・並列回路での合成抵抗《ていこう》（左の図）

・直列回路

全体の抵抗 $R = R_1 + R_2$

・並列回路　$R < R_1$，$R < R_2$

$$\frac{1}{\text{全体の抵抗 }R} = \frac{1}{R_1} + \frac{1}{R_2}$$

電流のまわりの磁界

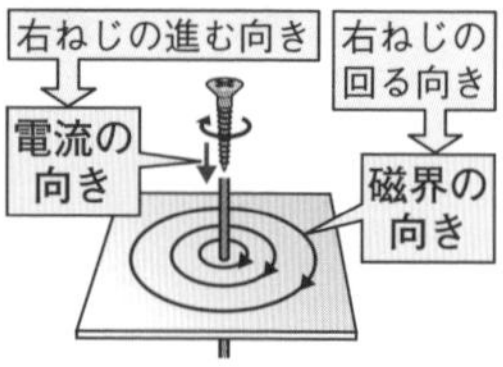

コイルの内側の磁界

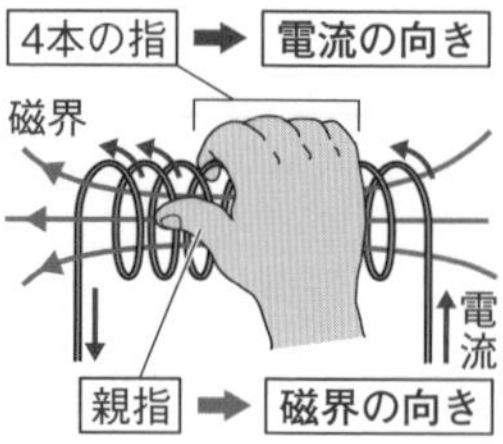

速さの求め方

速さ〔m/s〕＝ $\dfrac{\text{物体が移動した距離《きょり》〔m〕}}{\text{移動にかかった時間〔s〕}}$

斜面《しゃめん》を下る運動

重力の斜面に平行な分力がはたらき続けるため，速さはしだいに速くなる。

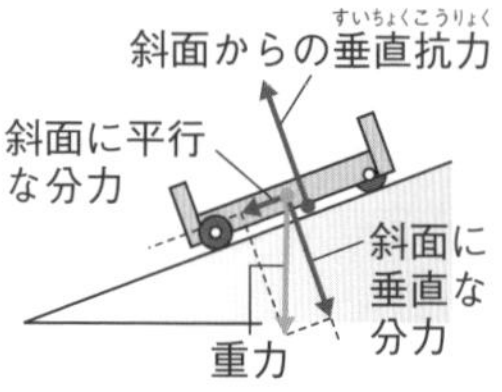

一直線上にない2力の合成

力A，Bを2辺とする平行四辺形の対角線が合力《ごうりょく》となる。

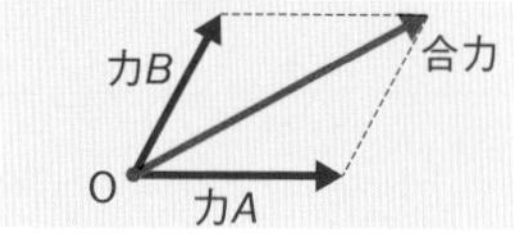

2日目　Step-2 >>> 実力をつける

⇒【目標時間】20分 ／【解答】15ページ

／50点

1　図１は，電熱線AとBの電圧と電流の関係を示したグラフです。図２，図３は，電熱線AとBを用いてつくった回路です。次の問いに答えなさい。　【各５点】

図１

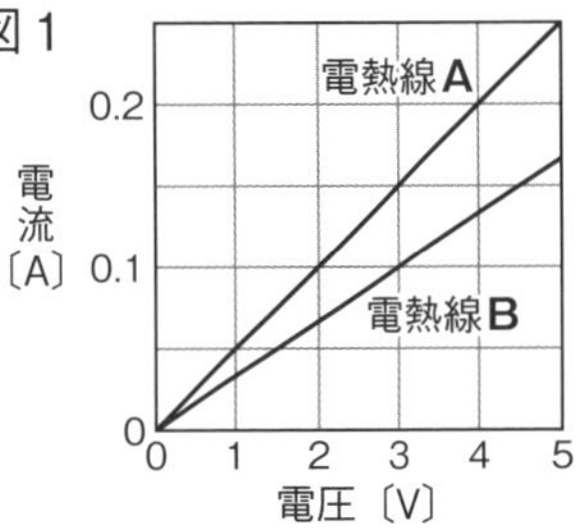

(1)　電熱線**B**の抵抗は何Ωですか。（　　　　）

(2)　図２の回路全体の抵抗は何Ωですか。（　　　　）

(3)　図２の電流計が0.12 Aを示すとき，電源の電圧は何Vですか。（　　　　）

(4)　図３の電源の電圧が9 Vのとき，電流計は何Aを示しますか。（　　　　）

(5)　図３の回路全体の抵抗は何Ωですか。（　　　　）

図２

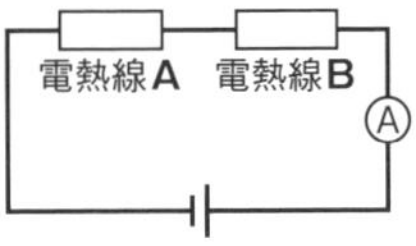

図３

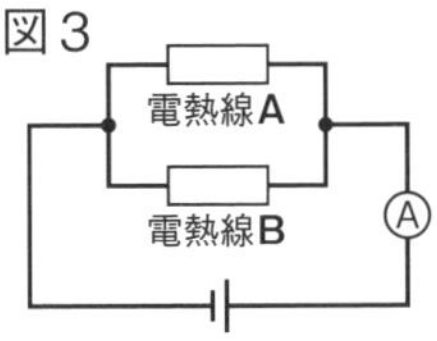

2　次の問いに答えなさい。ただし，100 gの物体にはたらく重力の大きさを1Nとします。

【各４点】

(1)　図１のように320 gの物体を水の中に入れると，ばねばかりは1.5 Nを示しました。この物体にはたらく浮力《ふりょく》は何Nですか。（　　　　）

(2)　図２のように，800 gの物体を60 cm引き上げたときの仕事の大きさは何Jですか。（　　　　）

(3)　(2)の仕事をするのに５秒かかりました。仕事率は何Wですか。（　　　　）

図１

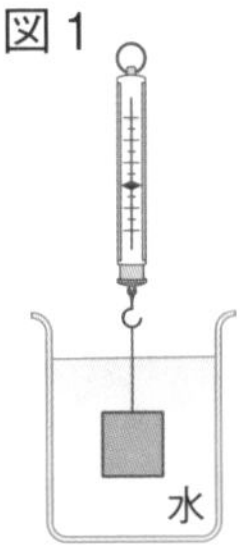

図２

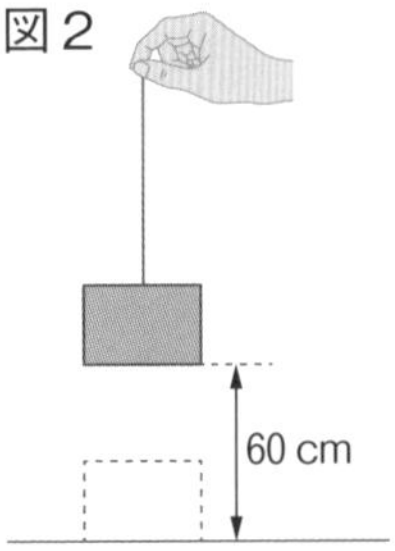

3　右の図のように，斜面上で小球を静かにはなして転がしました。次の問いに答えなさい。ただし，摩擦《まさつ》や空気の抵抗は考えないものとします。　【(1)４点，他は各３点】

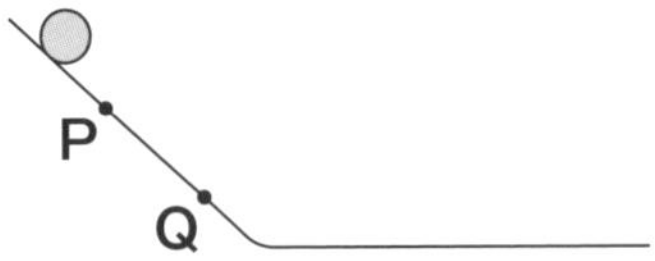

(1)　小球は，水平面上のある区間30 cmを移動するのに0.4秒かかりました。この区間での小球の平均の速さは何cm/sですか。（　　　　）

(2)　斜面上を運動している小球が**P**点から**Q**点まで移動するとき，次の①～③はどう変化しますか。**ア**～**ウ**からそれぞれ選びなさい。

①小球にはたらく斜面に平行で下向きの力の大きさ

②位置エネルギーの大きさ

③力学的エネルギーの大きさ

ア　大きくなる。　**イ**　小さくなる。　**ウ**　変化しない。

①（　　　）②（　　　）③（　　　）

Good work

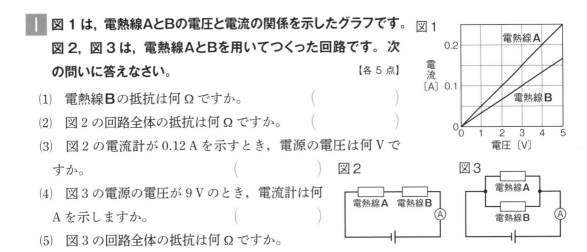

3日目 原子・分子・イオンと化学変化

Step-1 >>> 基本を確かめる

＿＿にあてはまる記号や言葉，化学式を書き入れましょう。 ⇒【解答】16ページ

1 原子・分子と化学変化

(1) 物質をつくる，それ以上分けることのできない粒子《りゅうし》を①＿＿＿＿，それらがいくつか結びついた粒子を②＿＿＿＿という。

(2) 原子の種類を＿＿＿＿という。

(3) 1種類の元素だけでできている物質を①＿＿＿＿，2種類以上の元素でできている物質を②＿＿＿＿という。

(4) 1種類の物質が，2種類以上の物質に分かれる化学変化を＿＿＿＿という。

(5) 物質が酸素と結びつく化学変化を①＿＿＿＿といい，その中でも激しく熱や光を出す反応を②＿＿＿＿という。

(6) ＿＿＿＿は酸素がうばわれる化学変化で，同時に酸化も起こる。

(7) 化学変化の前後で，物質全体の質量は変化しないことを＿＿＿＿の法則という。

(8) 化学変化に関係する物質の質量の比は，常に＿＿＿＿である。

2 イオンと化学変化

(1) 水にとかしたとき，電流が流れる物質を①＿＿＿＿，電流が流れない物質を②＿＿＿＿という。

(2) 原子が電気を帯びたものを＿＿＿＿という。

(3) 陽イオンは，電子を失って①＿＿＿＿の電気を帯びたもの，陰《いん》イオンは電子を受けとって②＿＿＿＿の電気を帯びたものである。

(4) 電解質《でんかいしつ》が水にとけて，陽イオンと陰イオンに分かれることを①＿＿＿＿という。 例 $HCl \rightarrow H^+ +$ ②＿＿＿＿

(5) 電池は化学変化を利用して，＿＿＿＿エネルギーから電気エネルギーをとり出す装置である。

(6) 水溶液《すいようえき》にしたとき，①＿＿＿＿イオン（H^+）を生じる物質を酸，②＿＿＿＿イオン（OH^-）を生じる物質をアルカリという。

(7) 酸の水素イオンとアルカリの水酸化物イオンが結びついて，水ができる反応を①＿＿＿＿という。 $H^+ + OH^- \rightarrow$ ②＿＿＿＿

(8) 酸の陰イオンとアルカリの陽イオンが結びついてできる物質を＿＿＿＿という。

得点アップ

分解の例

- 炭酸水素ナトリウム →炭酸ナトリウム＋水 ＋二酸化炭素
- 酸化銀→銀＋酸素
- 水→水素＋酸素 （陰極に水素，陽極に酸素が2：1の体積比で発生する。）

還元《かんげん》と酸化

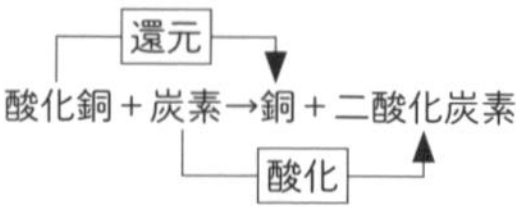

金属の酸化と質量比

- 銅：酸素：酸化銅＝4：1：5
- マグネシウム：酸素：酸化マグネシウム＝3：2：5

原子の構造

例 ヘリウム原子

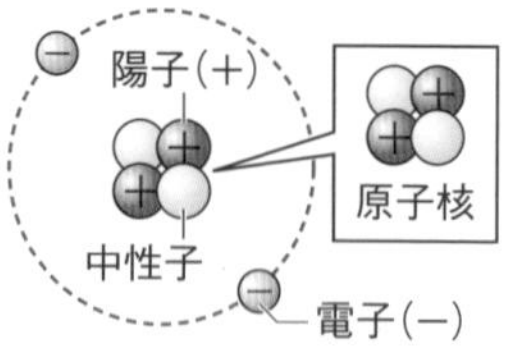

金属のイオンへのなりやすさ

マグネシウム＞亜鉛《あえん》＞銅

電池では，イオンになりやすい方の金属が－極になる。

ダニエル電池

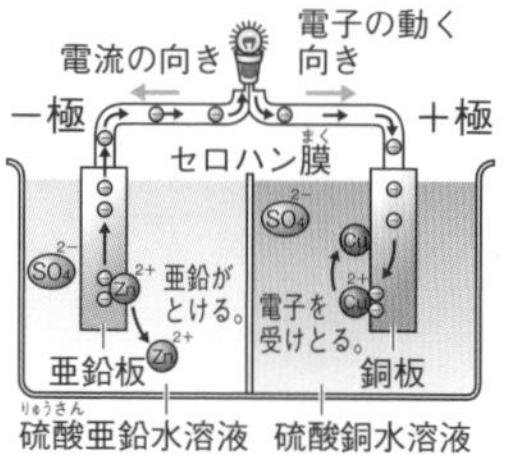

- －極…亜鉛原子が電子を2個失って亜鉛イオンになる。
- ＋極…銅イオンが電子を2個受けとり銅原子になる。

⇨【目標時間】20分 ／【解答】16ページ

／50点

1 右の図のように，炭酸水素ナトリウムを加熱したところ，気体が発生しました。反応後，加熱した試験管には白い固体が残り，試験管の口の近くの内側には液体がつきました。次の問いに答えなさい。 【各 3 点】

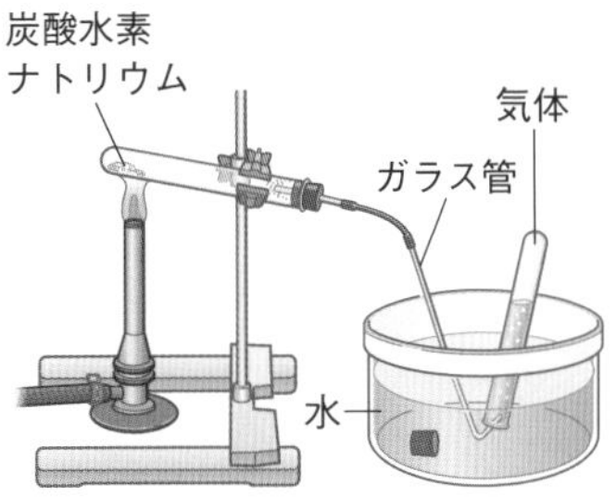

(1) 発生した気体を集めた試験管に石灰水《せっかいすい》を入れて振《ふ》ると，石灰水は白くにごりました。この気体を化学式で答えなさい。 (　　　　)

(2) 加熱した試験管についた液体に，青色の塩化コバルト紙をつけると何色に変わりますか。 (　　　　)

(3) 反応後，加熱した試験管に残った白い固体の物質名を書きなさい。 (　　　　)

(4) この実験では，加熱をやめる前に水からガラス管を出す必要があります。その理由を簡単に書きなさい。 (　　　　)

2 右の図は，銅と銅の酸化物の質量の関係をグラフに表したものです。次の問いに答えなさい。 【各 5 点】

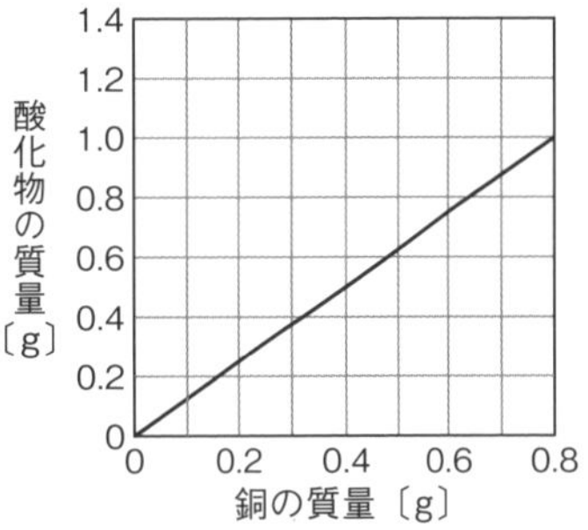

(1) 銅が酸素と結びつく化学変化を，化学反応式で書きなさい。 (　　　　)

(2) 2.4 g の銅が完全に酸素と結びついたとき，結びついた酸素と，できた酸化物の質量は何 g ですか。

酸素(　　　　) 酸化物(　　　　)

(3) 1.3 g の酸素と結びつく銅の質量は何 g ですか。 (　　　　)

3 水酸化ナトリウム水溶液 5 cm^3 をビーカーに入れ，BTB溶液を加えてから，うすい塩酸を少しずつ加えました。表はその結果を示したものです。次の問いに答えなさい。 【各 3 点】

うすい塩酸の体積〔cm^3〕	0	2	4	6	8
水溶液の色	A		緑色	B	

(1) 次の(　　)に化学式を入れて，水酸化ナトリウムの電《でん》離《り》を表す式を完成させなさい。ただし，㋐には陽イオン，㋑には陰イオンが入ります。

NaOH → ㋐(　　　　) + ㋑(　　　　)

(2) 表の **A**，**B** の水溶液の色を答えなさい。 **A**(　　　　) **B**(　　　　)

(3) 水溶液が緑色になったとき，水溶液をスライドガラス上に 1 滴《てき》とって水を蒸発させると，白い固体が残りました。この固体の物質名を答えなさい。 (　　　　)

(4) うすい塩酸を 2 cm^3 加えた水溶液にマグネシウムリボンを入れると，気体は発生しますか。 (　　　　)

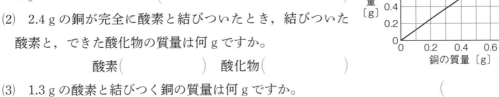

4日目 いろいろな植物・動物

Step-1 >>> 基本を確かめる

＿＿にあてはまる言葉や数を書き入れましょう。

⇒【解答】16ページ

1 生物の分類

(1) 植物の分類

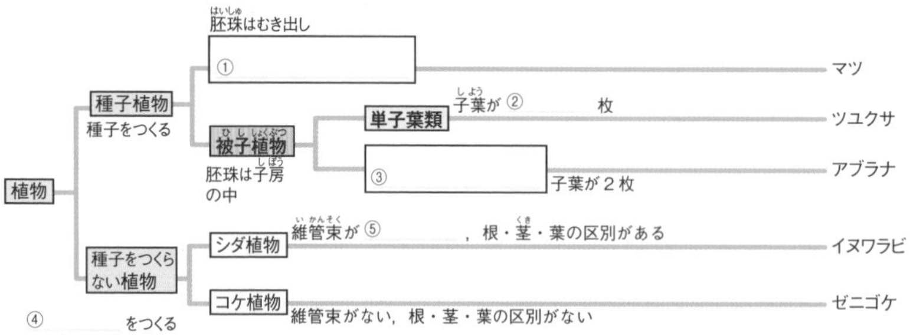

(2) 背骨のある動物を ①＿＿＿＿＿ といい，下のように分類される。

	魚類	両生類	は虫類	鳥類	哺乳類《ほにゅうるい》
呼吸	②＿＿＿	子…えら，皮膚《ひふ》 親…肺，皮膚	④＿＿＿		
うまれ方	卵生《らんせい》（殻《から》がない）		卵生（殻がある）		⑤＿＿＿
体表	③＿＿＿	しめった皮膚	うろこやこうら	羽毛	毛
例	メダカ，サケ	カエル，イモリ	ワニ，カメ	スズメ，ハト	イヌ，ヒト

2 生物のからだのつくり

(1) 細胞《さいぼう》の＿＿＿＿は，酢酸《さくさん》オルセイン溶液《ようえき》などの染色液で染まる。

(2) 植物の細胞に見られるつくりは，液胞《えきほう》，細胞膜《さいぼうまく》の外側にある ①＿＿＿＿＿，光合成を行う ②＿＿＿＿＿ である。

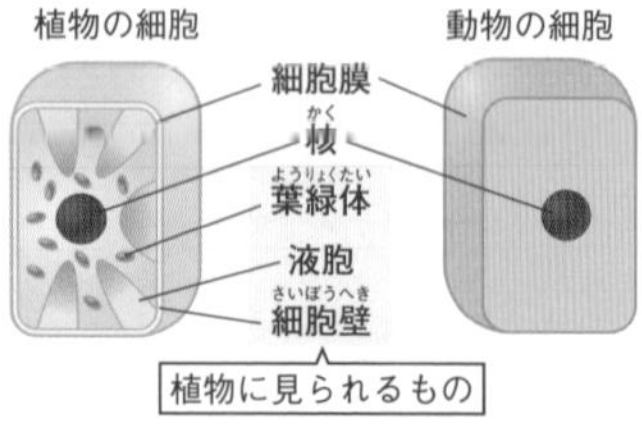

(3) 根から吸収した水や養分が通る管を ①＿＿＿＿＿，葉でできた栄養分が通る管を ②＿＿＿＿＿ という。

(4) 道管《どうかん》と師管《しかん》が集まった束を＿＿＿＿＿という。

〔茎の断面(双子葉類)〕

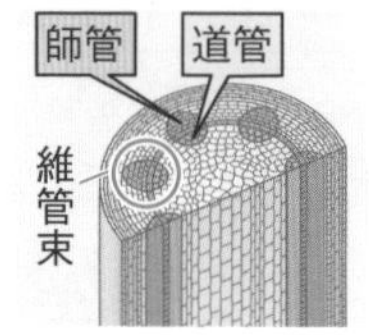

(5) 植物のからだから，水が水蒸気となって出ていくことを ①＿＿＿＿＿ といい，おもに葉の ②＿＿＿＿＿ という部分から放出する。

(6) 植物が，光を受けてデンプンなどをつくるはたらきを＿＿＿＿＿という。

〔光合成〕

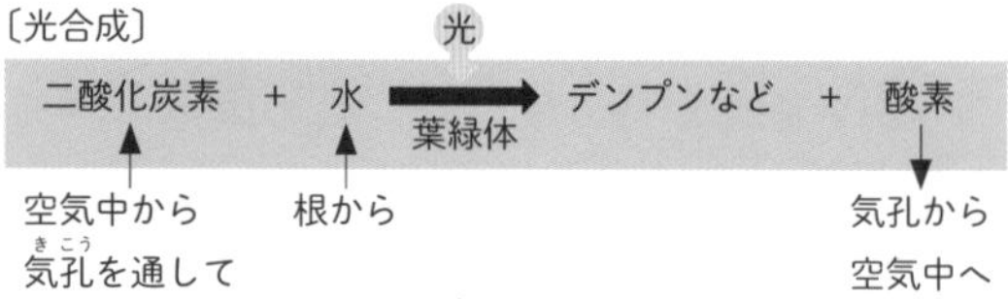

得点アップ↗

単子葉類と双子葉類

	葉脈のようす	茎の維管束	根のようす
単子葉類（子葉1枚）	平行脈	ばらばら	ひげ根
双子葉類（子葉2枚）	網状脈《もうじょうみゃく》	輪状に並ぶ	主根と側根

動物のうまれ方

- **卵生**…親が卵をうんで，卵から子がかえる。
- **胎生《たいせい》**…子は母親の体内である程度育ってからうまれる。

無脊椎動物《むせきついどうぶつ》

背骨のない動物。

- **節足動物《せっそくどうぶつ》**…からだが外骨格《がいこっかく》でおおわれ，節《ふし》がある。昆虫《こんちゅう》類，甲殻《こうかく》類など。
- **軟体動物《なんたいどうぶつ》**…内臓が外とう膜でおおわれている。

細胞質

核と細胞壁以外の部分。細胞質のいちばん外側は細胞膜。

被子植物の花のつくり

花粉がめしべの柱頭について受粉が起こると，胚珠が種子に，子房が果実になる。

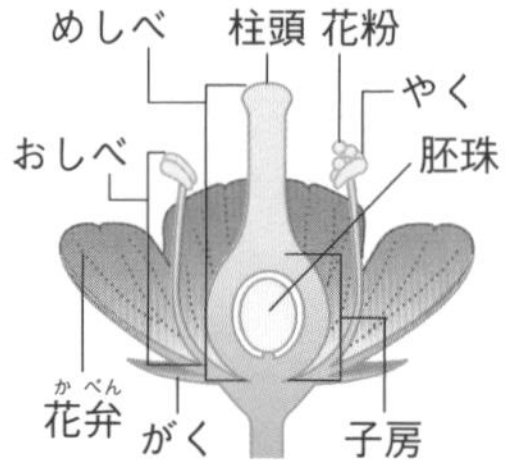

Step-2 >>> | 実力をつける |

⇒【目標時間】20分 ／【解答】16ページ

/50点

1 右の図は，7 種類の動物を分類したものです。次の問いに答えなさい。 【各 4 点】

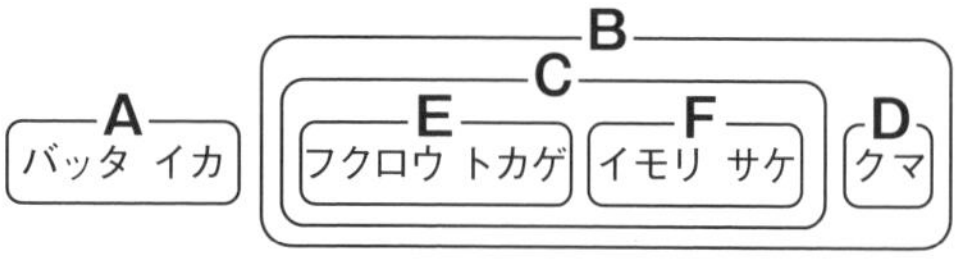

(1) 7 種類の動物を次の 2 つのグループに分類したときの観点を，次の**ア**～**エ**からそれぞれ 1 つずつ選びなさい。

ア 卵に殻があるか，ないか。　**イ** 卵生か，胎生か。

ウ 背骨があるか，ないか。　**エ** 一生えら呼吸か，肺呼吸か。

Aと**B**(　　　)　**C**と**D**(　　　)　**E**と**F**(　　　)

(2) バッタのからだをおおうかたい殻を何といいますか。 (　　　)

2 葉の枚数や大きさがほぼ同じホウセンカを用意し，図 1 のようにしてしばらく置くと，水の減少量は表のようになりました。次の問いに答えなさい。 【各 5 点】

図 1

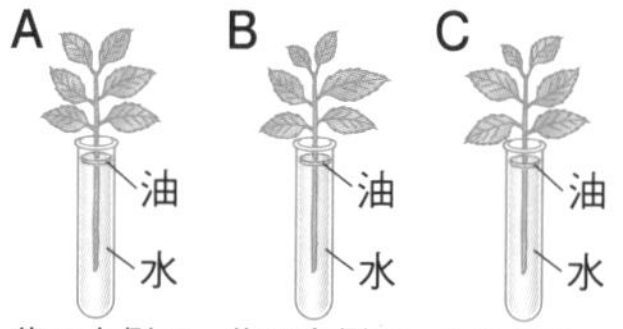

A 葉の表側にワセリンをぬる。　B 葉の裏側にワセリンをぬる。　C そのまま水にさす。

(1) 葉の表側から出ていった水蒸気の量は何 g ですか。 (　　　)

(2) この実験から，気孔は葉の表側と裏側のどちらに多くあるといえますか。(　　　)

装置	A	B	C
水の減少量〔g〕	5.0	1.7	6.2

(3) 図 2 は，ホウセンカの茎の断面の模式図です。根から吸収した水が通る管は，**ア**，**イ**のどちらですか。また，その名称《めいしょう》を答えなさい。

図 2

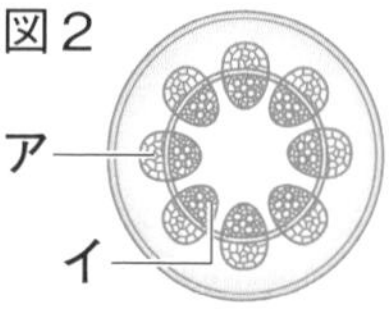

記号(　　　)　名称(　　　)

(4) ホウセンカにあてはまる特徴《とくちょう》を次の**ア**～**カ**からすべて選びなさい。

ア 種子でふえる　**イ** 胞子《ほうし》でふえる　**ウ** 胚珠が子房の中にある

エ 子房がなく，胚珠がむき出し　**オ** 主根と側根をもつ　**カ** ひげ根をもつ

(　　　)

3 右の図のように，試験管Aにタンポポの葉を入れ，試験管A，Bに息を十分にふきこんでゴム栓《せん》をしました。しばらく日光に当てたあと，試験管A，Bに石灰水《せっかいすい》を入れてよく振《ふ》りました。次の問いに答えなさい。 【各 3 点】

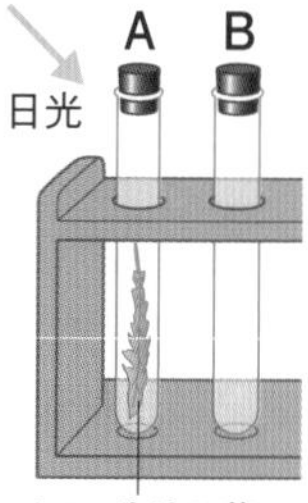

(1) 石灰水が変化しなかったのは試験管**A**，**B**のどちらですか。(　　　)

(2) 次の文の**ア**，**イ**にあてはまる言葉を書きなさい。

(1)の結果になったのは，タンポポの葉に日光が当たって(　**ア**　)が行われ，(　**イ**　)という気体が使われたためである。

ア(　　　)　**イ**(　　　)

5日目　人体/生物のふえ方と遺伝・進化

Step-1 >>> | 基本を確かめる | ＿＿にあてはまる言葉を書き入れましょう。

⟹【解答】17ページ

1　人体

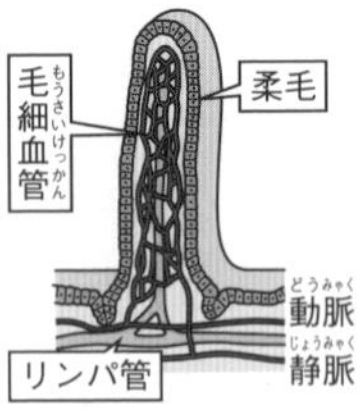

(1)　デンプンは，最終的に ① ＿＿＿＿＿＿ に分解され，小腸の壁《かべ》にある柔毛《じゅうもう》の ② ＿＿＿＿＿＿ に入る。

(2)　タンパク質は，最終的に ① ＿＿＿＿＿＿ に分解され，柔毛の ② ＿＿＿＿＿＿ に入る。

(3)　脂肪《しぼう》は，最終的に ① ＿＿＿＿＿＿ とモノグリセリドに分解され，柔毛内で再び脂肪に合成されて ② ＿＿＿＿＿＿ に入る。

(4)　肺胞《はいほう》で ① ＿＿＿＿＿＿ を血液にとり入れ，② ＿＿＿＿＿＿ を出す。

(5)　体内でできた有害なアンモニアは，① ＿＿＿＿＿＿ で無害な尿素《にょうそ》につくりかえられ，② ＿＿＿＿＿＿ で尿になり，ぼうこうから排出《はいしゅつ》される。

(6)　血液の循環《じゅんかん》は，心臓→肺→心臓と流れる ① ＿＿＿＿＿＿ と，心臓→肺以外の全身→心臓と流れる ② ＿＿＿＿＿＿ がある。

(7)　無意識に起こる反応を ＿＿＿＿＿＿ といい，反応までの時間が短い。

2　生物のふえ方と遺伝《いでん》・進化

(1)　1個の細胞《さいぼう》が2個の細胞に分かれることを ＿＿＿＿＿＿ という。

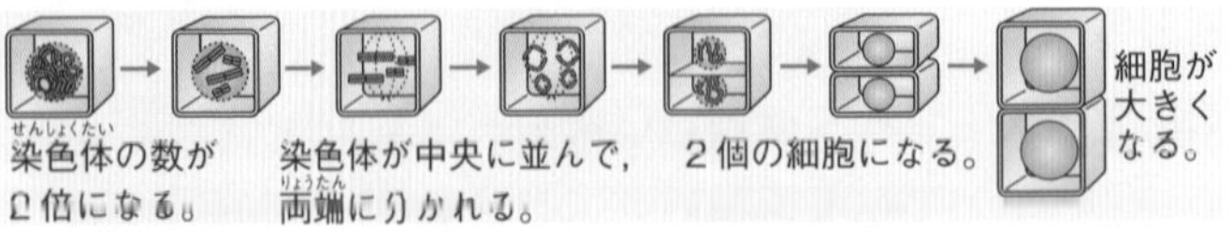

(2)　細胞分裂《さいぼうぶんれつ》のときに現れるひも状のものを ① ＿＿＿＿＿＿ といい，生物の形質を決める ② ＿＿＿＿＿＿ がふくまれている。

(3)　生殖《せいしょく》には，受精《じゅせい》しないで子をつくる ① ＿＿＿＿＿＿ と，生殖《せいしょく》細胞《さいぼう》（卵や精子など）の受精で子をつくる ② ＿＿＿＿＿＿ がある。

(4)　生殖細胞がつくられるときに見られる，染色体の数が半分になる，特別な細胞分裂を ＿＿＿＿＿＿ という。

(5)　対立形質の純系どうしを交配したとき，子に現れる形質を ① ＿＿＿＿＿＿，現れない形質を ② ＿＿＿＿＿＿ という。

(6)　減数分裂《げんすうぶんれつ》のときに，対をなす遺伝子《いでんし》が分かれて，それぞれ別の生殖細胞に入ることを ＿＿＿＿＿＿ の法則という。

(7)　外形やはたらきは異なるが，もとは同じ器官から変化してできたと考えられる器官を ＿＿＿＿＿＿ といい，進化の証拠《しょうこ》になる。

得点アップ

消化液のはたらき

だ液はデンプン，胃液はタンパク質，胆汁《たんじゅう》は脂肪，すい液はデンプン・タンパク質・脂肪，小腸の壁の消化酵素《しょうかこうそ》はデンプン・タンパク質の分解にかかわる。

血液循環の経路

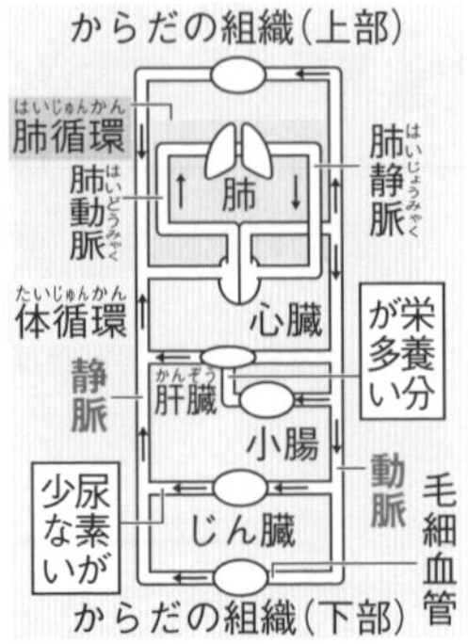

受精

雌雄《しゆう》の生殖細胞の核《かく》が合体して1つの細胞になること。

対立形質

エンドウの種子の丸としわのように，同時に現れない対をなす形質。

遺伝のしくみ（エンドウの種子）

子は自家受粉させる。

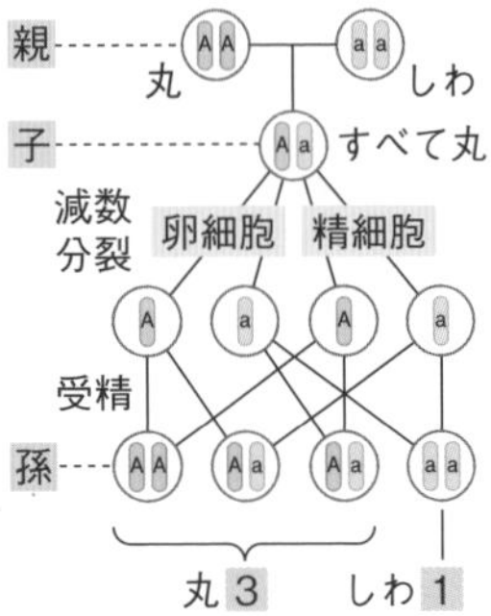

進化

長い時間の間に生物が変化すること。

⇨【目標時間】20分 ／【解答】17ページ　　/50点

1 だ液のはたらきを調べるため，試験管A～Dにデンプン溶液《ようえき》を入れ，A，Bにはだ液，C，Dには水を入れ，40℃の湯が入ったビーカーに試験管を入れて10分間あたためました。その後，A，Cにはヨウ素液を入れ，B，Dにはベネジクト液を入れて加熱して，反応を調べました。表はその結果を示したものです。次の問いに答えなさい。　【各5点，(1)(2)完答】

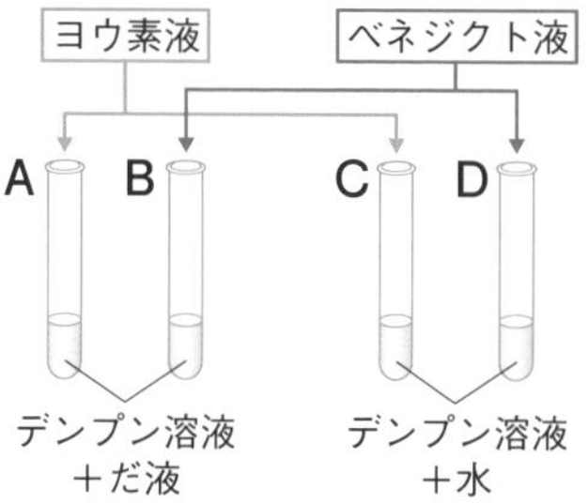

	ヨウ素液		ベネジクト液
A	変化なし	B	赤褐色《せきかっしょく》になった
C	青紫色《あおむらさきいろ》になった	D	変化なし

(1)　だ液のはたらきでデンプンがなくなったことは，試験管A～Dのどれとどれの結果を比べることでわかりますか。（　　と　　）

(2)　だ液のはたらきで麦芽糖《ばくがとう》などができたことは，試験管A～Dのどれとどれの結果を比べることでわかりますか。（　　と　　）

(3)　だ液にふくまれる消化酵素を何といいますか。（　　）

2 右の図は，ある被子植物《ひししょくぶつ》の受粉後のようすを模式的に示したものです。次の問いに答えなさい。　【各5点】

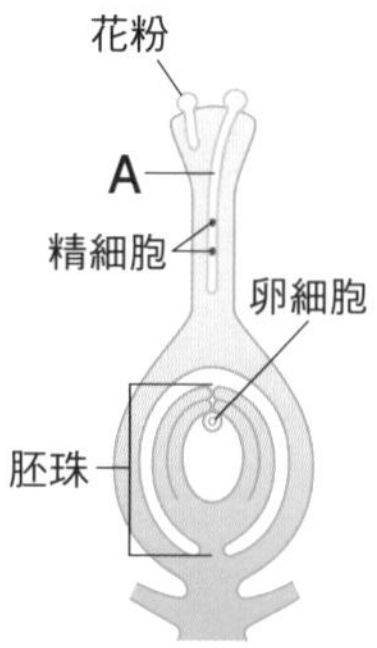

(1)　花粉からのびているAを何といいますか。（　　）

(2)　Aの中を移動する精細胞《せいさいぼう》の核と，胚珠《はいしゅ》の中にある卵細胞《らんさいぼう》の核が合体して1つの細胞になることを何といいますか。（　　）

(3)　この被子植物の体細胞に12本の染色体があるとすると，精細胞には何本の染色体がありますか。（　　）

(4)　次のア～エのうち，生殖細胞をつくらないふえ方をすべて選びなさい。

ア　ジャガイモのいもから芽が出た。　**イ**　アサガオの種子をまくと芽が出た。

ウ　ゾウリムシが2つに分かれた。　**エ**　ネコが子をうんだ。

（　　）

3 右の図のように，丸形の種子をつくるエンドウの純系と，しわ形の種子をつくるエンドウの純系をかけ合わせたところ，子の代ではすべて丸形の種子になりました。子の代の種子を自家受粉させたところ，孫の代では丸形としわ形の種子ができました。A，aは遺伝子を表しています。次の問いに答えなさい。　【各5点】

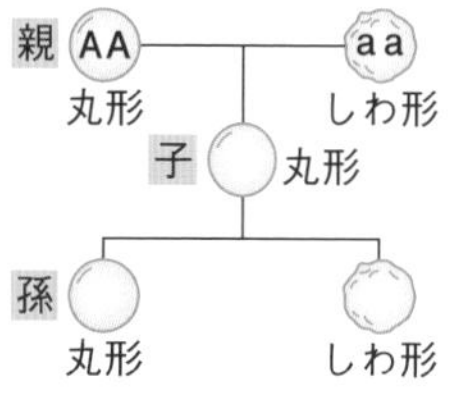

(1)　エンドウの形質において，顕性形質《けんせいけいしつ》は丸形としわ形のどちらですか。（　　）

(2)　孫の代の丸形の種子の遺伝子の組み合わせをAとaを用いてすべて書きなさい。（　　）

(3)　孫の代で320個の種子ができたとき，丸形の種子は何個ですか。（　　）

6日目 大地の変化／天気の変化

Step-1 >>> 基本を確かめる

＿＿にあてはまる言葉を書き入れましょう。

⇒【解答】17ページ

1 大地の変化

(1) 火山の形とマグマのねばりけ

火山の形	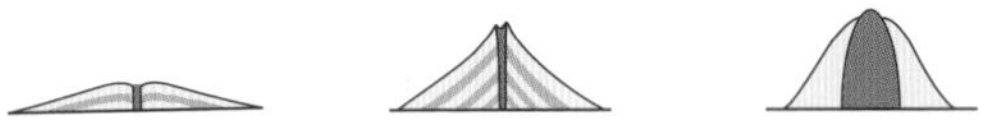		
噴火《ふんか》のようす	おだやか	←→	①＿＿＿＿
マグマのねばりけと溶岩《ようがん》の色	ねばりけ：弱い 色：②＿＿＿＿	←→ ←→	ねばりけ：強い 色：白っぽい

(2) マグマが，地表付近で急速に冷え固まった岩石を①＿＿＿＿，地下深くでゆっくり冷え固まった岩石を②＿＿＿＿という。

(3) P波が届くと起こるはじめの小さなゆれを①＿＿＿＿，S波が届くと起こるあとからくる大きなゆれを②＿＿＿＿という。

(4) 初期微動《しょきびどう》が続く時間を①＿＿＿＿といい，震源《しんげん》からの距離《きょり》が長いほど，②＿＿＿＿。

(5) 地震のゆれの大きさは①＿＿＿＿で表し，地震の規模の大きさは②＿＿＿＿で表す。

(6) 堆積物《たいせきぶつ》が押《お》し固められてできた＿＿＿＿には，れき岩，砂岩，泥岩《でいがん》，凝灰岩《ぎょうかいがん》，石灰岩《せっかいがん》，チャートなどがある。

(7) 地層《ちそう》の堆積当時の環境《かんきょう》がわかる化石を①＿＿＿＿，地層が堆積した時代がわかる化石を②＿＿＿＿という。

2 天気の変化

(1) 空気 $1\,m^3$ 中にふくむことのできる最大の水蒸気量を＿＿＿＿という。

(2) 空気中の水蒸気が凝結《ぎょうけつ》し始めるときの温度を＿＿＿＿という。

(3) 湿度《しつど》〔%〕＝ $\dfrac{\text{空気 } 1\,m^3 \text{ 中にふくまれる水蒸気量〔} g/m^3 \text{〕}}{\text{その温度での＿＿＿＿〔} g/m^3 \text{〕}}$ × 100

(4) 寒気が暖気を押し上げながら進む①＿＿＿＿前線付近では，積乱雲が発達し，強い雨が短時間降る。通過後，気温が②＿＿＿＿。

(5) 暖気が寒気の上にはい上がって進む①＿＿＿＿前線付近では，乱層雲ができ，弱い雨が長時間降る。通過後，気温が②＿＿＿＿。

(6) 日本付近の天気は，＿＿＿＿の影響《えいきょう》で西から東に移り変わる。

(7) 冬は，シベリア高気圧が発達し，＿＿＿＿の気圧配置になる。

得点アップ

火成岩のつくり

・**火山岩**…石基《せっき》の中に斑晶《はんしょう》という大きな鉱物《こうぶつ》が散らばる**斑状《はんじょう》組織《そしき》**。

・**深成岩**…ほぼ同じ大きさの鉱物が組み合わさる**等粒状組織《とうりゅうじょうそしき》**。

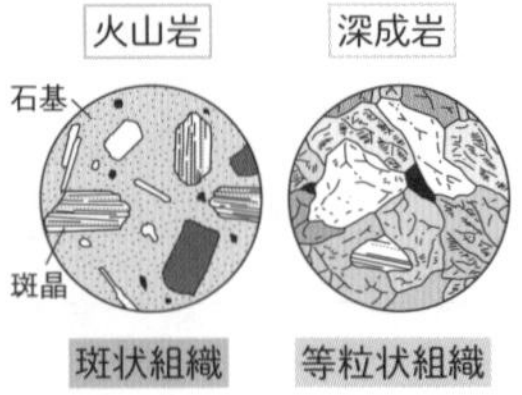

地層の変形

・**断層《だんそう》**…大きな力が加わって地層がずれたもの。

・**しゅう曲**…地層が曲がった状態をしゅう曲という。

天気図記号

風向は風がふいてくる方位を表す。

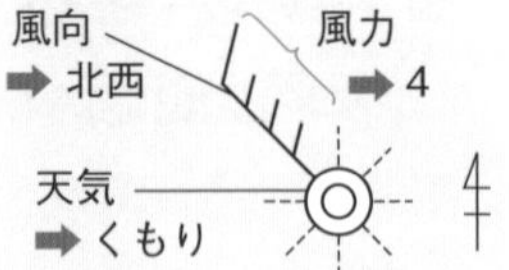

大気圧《たいきあつ》（気圧）

大気にはたらく重力によって生じる圧力。1気圧＝約1013 hPa

低気圧と高気圧（北半球）

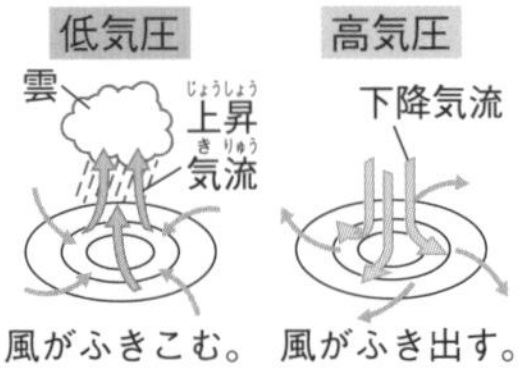

前線の記号

⇒【目標時間】20分 ／【解答】17ページ

/50点

1

図1は，あるがけに見られた地層のようすを柱状に表した図です。次の問いに答えなさい。ただし，この地域の地層には上下の逆転は見られませんでした。　【各4点】

図1

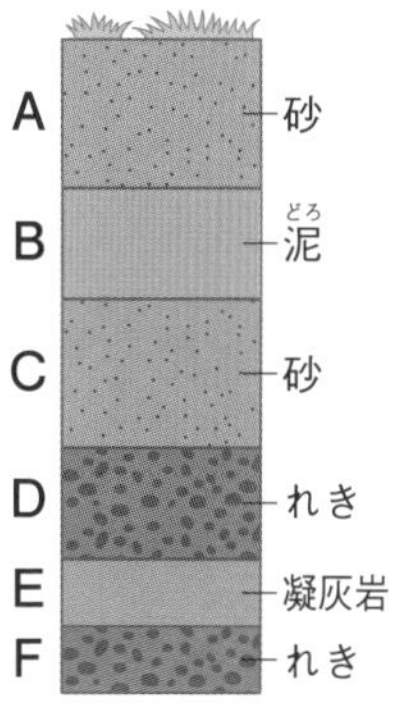

(1)　図1の**C**層からアンモナイトの化石が見つかりました。**C**層が堆積したと考えられる地質年代を次の**ア**～**ウ**から選びなさい。

ア　古生代　　**イ**　中生代　　**ウ**　新生代　（　　　　）

(2)　この地域の付近で過去に火山活動があったことがわかるのは，図1のどの層ですか。記号で答えなさい。　（　　　　）

(3)　図1の**B**層～**D**層が堆積したとき，この地域は海岸からの距離がしだいに近くなりましたか，遠くなりましたか。　（　　　　）

図2

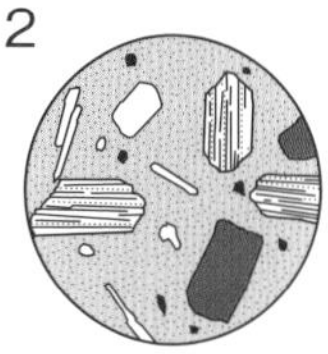

(4)　図2は，火成岩をルーペで観察してスケッチしたものです。この岩石のつくりを何といいますか。　（　　　　）

(5)　図2の岩石は白っぽい色をしていました。この岩石をつくったマグマのねばりけは強いですか，弱いですか。　（　　　　）

2

室温15℃の部屋で，金属製のコップにくみ置きの水を入れ，右の図のように冷たい水を少しずつ入れてかき混ぜると，水温が10℃のときコップの表面がくもりました。表は，気温と飽《ほう》和《わ》水蒸《すいじょう》気《き》量《りょう》の関係を表したものです。次の問いに答えなさい。　【各5点】

気温〔℃〕	0	5	10	15	20	25
飽和水蒸気量〔g/m^3〕	4.8	6.8	9.4	12.8	17.3	23.1

(1)　コップの表面がくもり始める温度を何といいますか。　（　　　　）

(2)　この部屋の湿度は何％ですか。小数第1位を四捨五入して整数で答えなさい。　（　　　　）

3

右の図は，前線をともなう低気圧を示したものです。次の問いに答えなさい。　【各5点】

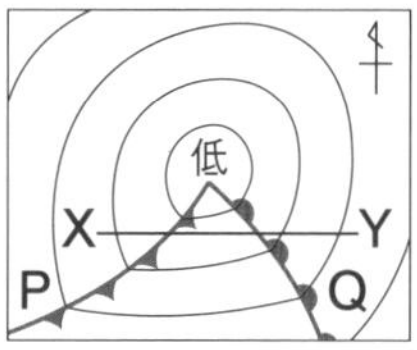

(1)　**P**と**Q**の前線の名前を答えなさい。

P（　　　　）　**Q**（　　　　）

(2)　前線を**X**－**Y**で切ったときの断面のようすを次の**ア**～**エ**から選びなさい。

（　　　　）

(3)　低気圧の中心付近の空気の流れは，上昇気流ですか，下降気流ですか。（　　　　）

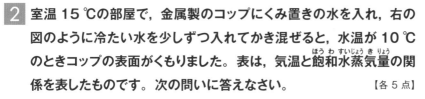

7日目 地球と宇宙／生態系と人間

Step-1 >>> 基本を確かめる

＿＿にあてはまる言葉や数を書き入れましょう。

⟹【解答】18ページ

1 地球と宇宙

(1) 1日のうちで，太陽や星が真南にくることを ①＿＿＿＿＿ といい，そのときの高度を ②＿＿＿＿＿＿ という。

(2) 地球の自転による，天体の1日の見かけの動きを ＿＿＿＿＿＿ という。

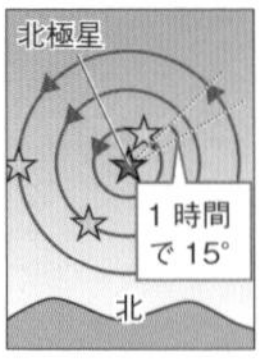

(3) 星は1時間で ①＿＿＿＿ °，東から西へ動く。北の空では，②＿＿＿＿＿ を中心に反時計回りに回る。

(4) 地球の公転による，天体の1年の見かけの動きを ＿＿＿＿＿＿ という。

(5) 同じ時刻に見える星座の位置は，1日に約1°ずつ，1か月に約 ＿＿＿＿ °，東から西へ動く。

(6) 天球上の太陽の通り道を ＿＿＿＿＿ という。

(7) 地球が ＿＿＿＿＿ を公転面に垂直な方向から23.4°傾《かたむ》けたまま公転しているため，太陽の南中高度《なんちゅうこうど》や昼の長さが変わり，季節の変化が生じる。

(8) 太陽－月－地球の順に並んだとき，太陽が月にかくされる現象を ①＿＿＿＿＿，太陽－地球－月の順に並んだとき，月が地球の影《かげ》に入る現象を ②＿＿＿＿＿ という。

(9) 明け方，①＿＿＿＿ の空に見える金星を明けの明星《みょうじょう》といい，夕方，②＿＿＿＿ の空に見える金星をよいの明星という。

(10) 太陽とそのまわりを公転する天体の集まりを ＿＿＿＿＿＿ という。

(11) 太陽は，自ら光を出す ＿＿＿＿＿ という天体である。

(12) 太陽のまわりを公転する8つの天体を ＿＿＿＿＿ という。

水星，金星，地球，火星，木星，土星，天王星，海王星

2 生態系と人間

(1) 生物と環境《かんきょう》を1つのまとまりとしたものを ＿＿＿＿＿＿ という。

(2) 生物どうしの「食べる・食べられる」の関係を ①＿＿＿＿＿＿＿ という。

生産者	光合成によって，無機物から ②＿＿＿＿＿ をつくる生物。植物。
③	ほかの生物を食べて栄養分をとり入れる生物。草食動物，肉食動物。
④	生物の死がいや排出物《はいしゅつぶつ》などの有機物を無機物に分解する生物。土の中の小動物，菌類《きんるい》・細菌類《さいきんるい》。

得点アップ

地球の自転

地球は地軸《ちじく》を中心に1日に1回，西から東へ自転する。

星の1日の動き（東・南・西）

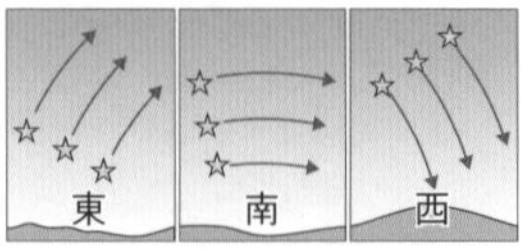

太陽の日周運動の変化

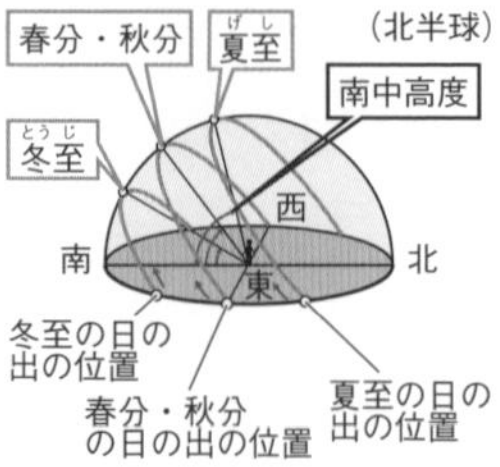

月の満ち欠け

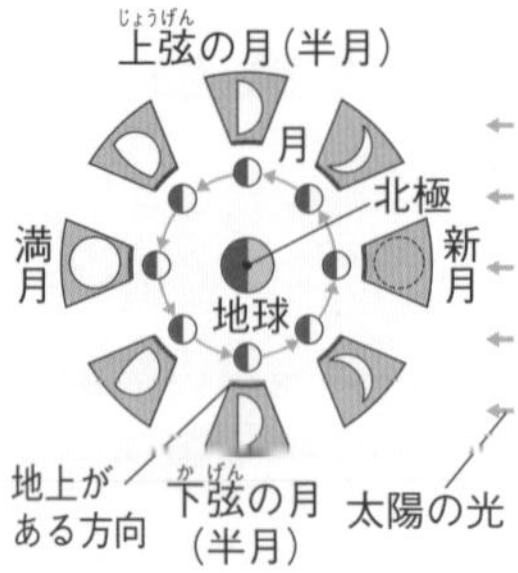

金星の見え方

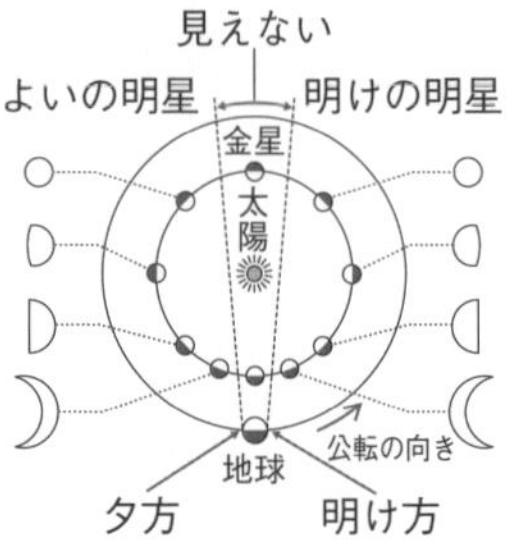

炭素の循環《じゅんかん》

炭素は，二酸化炭素と有機物の形で，生物の呼吸，生産者の光合成，食物連鎖《しょくもつれんさ》を通して循環している。

⇒【目標時間】20分 ／【解答】18ページ

/50点

1 右の図は，ある日の 19 時と 22 時に星の動きを観察してスケッチしたものです。Pの星は動きませんでした。次の問いに答えなさい。

【各 5 点】

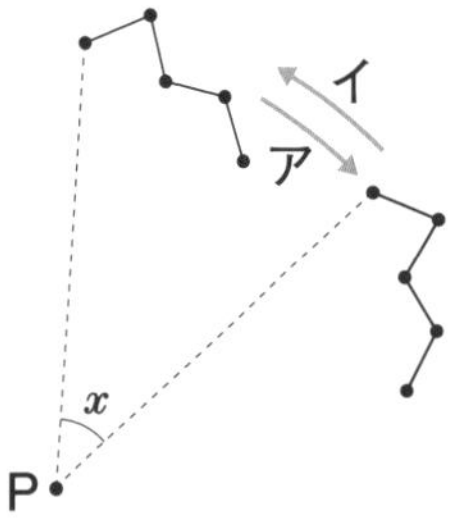

(1) 図は，どの方位の空を観察したものですか。（　　　）

(2) Pの星は何ですか。（　　　）

(3) 星はア，イのどちらに動きましたか。（　　　）

(4) 角 x は何度ですか。（　　　）

2 図 1 は，日本のある地点で，ある日の太陽の動きを観察したものです。図 2 は，地球が太陽のまわりを公転しているようすと星座の位置関係を表したもので，ア～エは，春分・夏至・秋分・冬至の日のいずれかの地球の位置を表しています。次の問いに答えなさい。

【各 4 点】

図 1

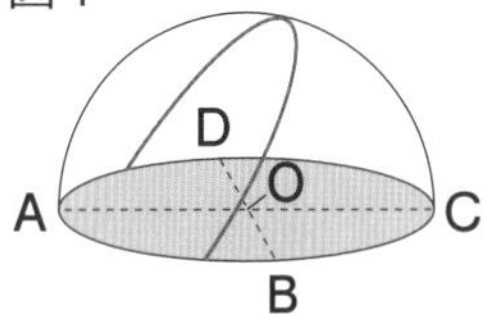

図 2

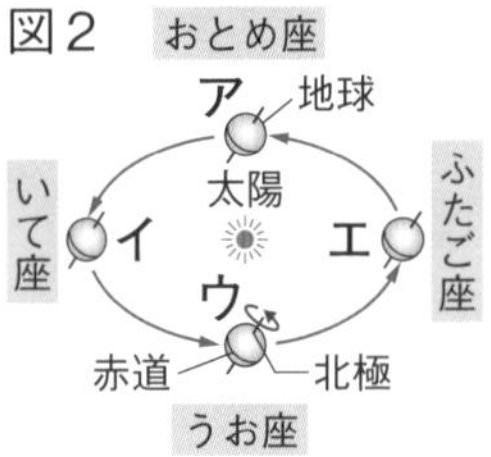

(1) 図 1 で，Oから見て，東の方位はA～Dのどれですか。（　　　）

(2) 図 1 の太陽の動きを観察したのは，地球が図 2 のア～エのいずれかの位置にあるときでした。どの位置のときか，記号で答えなさい。（　　　）

(3) 地球が図 2 のエの位置にあるとき，真夜中に南中《なんちゅう》する星座はどれですか。（　　　）

3 右の図は，太陽，金星，地球の位置関係を模式的に示したものです。次の問いに答えなさい。

【各 3 点】

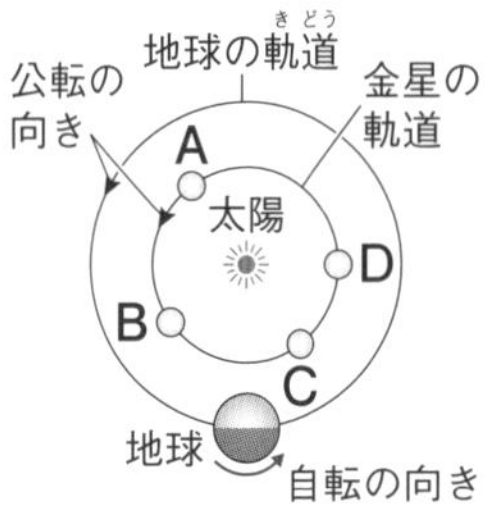

(1) 夕方，西の空に見える金星はどれですか。A～Dからすべて選び，記号で答えなさい。（　　　）

(2) (1)の金星は何とよばれますか。（　　　）

(3) 地球から見て，最も金星が欠けて見えるのは，A～Dのどれですか。（　　　）

4 右の図は，ある地域の，食物連鎖による生物の数量関係を示したものです。次の問いに答えなさい。

【各 3 点】

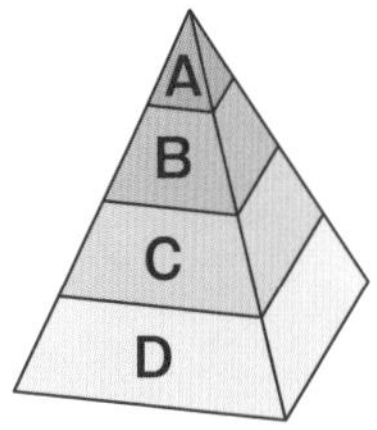

(1) A～Dのうち，生産者にあたるのはどれですか。（　　　）

(2) Cの生物が一時的に増加すると，BとDの生物の数はそれぞれどうなりますか。　B（　　　）　D（　　　）

Finally, to the entrance exam questions!

理科

入試レベル問題 第1回

[制限時間] 30分
[解 答] 18ページ

／100点

1 図は，ヒトの血液の循環《じゅんかん》を模式的に示したものであり，a～hは血管を表し，矢印 → は血液が流れる向きを表しています。また，W～Zは，肝臓《かんぞう》，小腸，じん臓，肺のいずれかの器官を表しています。あとの問いに答えなさい。 [三重県]（各8点）

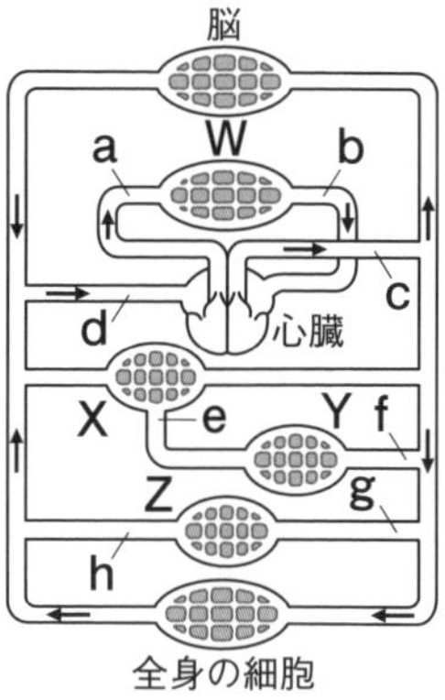

(1) 図で，ブドウ糖やアミノ酸などは器官Yで吸収されて毛細血管《もうさいけっかん》に入り，血管eを通って器官Xに運ばれます。器官Xは何か，次のア～エから最も適当なものを1つ選び，その記号を書きなさい。

ア 肝臓　イ 小腸　ウ じん臓　エ 肺　[　　　]

(2) 尿素《にょうそ》の割合が最も低い血液が流れている血管はどれか，図のa～hから最も適当なものを1つ選び，その記号を書きなさい。 [　　　]

(3) 動脈血が流れている血管はどれか，図のa～dから適当なものをすべて選び，その記号を書きなさい。 [　　　]

2 気象観測について，次の問いに答えなさい。 [佐賀県]（各8点）

図1

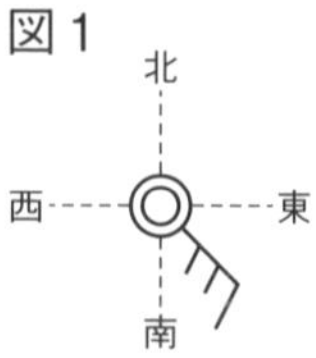

(1) 図1の天気図記号で表している天気と風向をそれぞれ書きなさい。

天気 [　　　　　] 風向 [　　　　　]

(2) 図2は，ある地点での4月13日0時から4月15日15時にかけての気温，湿度《しつど》，気圧の変化の記録です。寒冷前線が通過していると考えられる時間として最も適当なものを，あとのア～エの中から1つ選び，記号を書きなさい。

図2

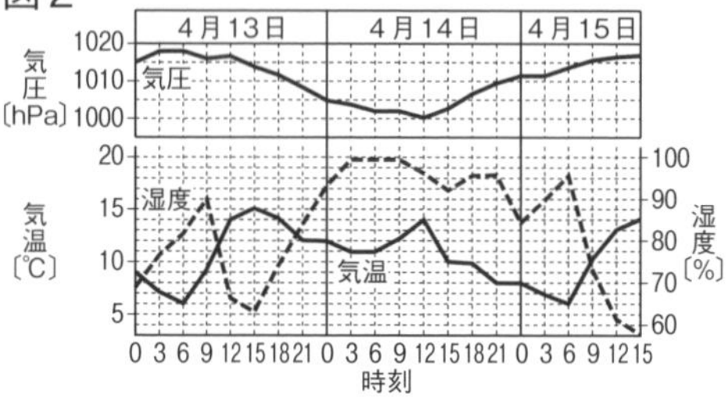

ア 4月13日9時～4月13日12時
イ 4月13日15時～4月13日18時
ウ 4月14日12時～4月14日15時
エ 4月15日6時～4月15日9時 [　　　]

3 次の実験について，あとの問いに答えなさい。

［滋賀県］（(1)は８点，他は各９点）

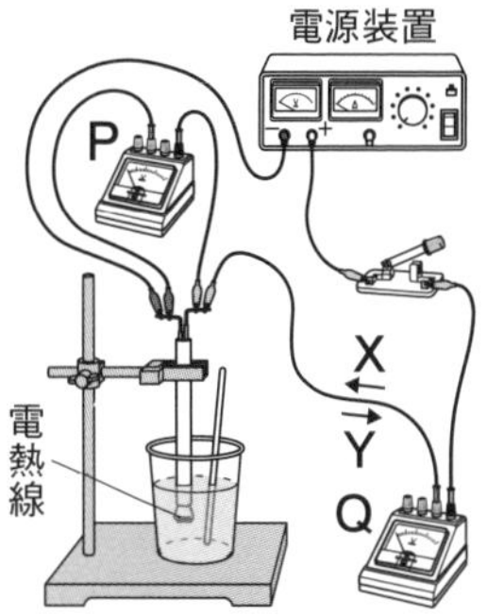

〈方法〉① 抵抗《ていこう》が 4.0 Ωの電熱線Aを使って右の図のような回路をつくる。発泡《はっぽう》ポリスチレンのコップには，室温と同じ温度の水 100 g を入れる。

② 電熱線Aに 6.0 V の電圧を加える。

③ ガラス棒でゆっくりかき混ぜながら，１分ごとに５分間，水温を測定する。

④ 電熱線Aを抵抗が 6.0 Ωの電熱線Bにかえて，同様の実験を行う。

電流を流した時間〔分〕		0	1	2	3	4	5
水温〔℃〕	電熱線A	20.0	21.2	22.4	23.6	24.8	26.0
	電熱線B	20.0	20.8	21.6	22.4	23.2	24.0

〈結果〉右上の表は実験の結果をまとめたものである。

(1) 実験の図について，電圧計の位置，および，電流の向きは，どのようになりますか。正しい組み合わせを右のアからエまでの中から１つ選びなさい。

	ア	イ	ウ	エ
電圧計の位置	P	P	Q	Q
電流の向き	X	Y	X	Y

［　　　］

(2) 電熱線Aが消費した電力は何Wですか。求めなさい。 ［　　　］

(3) 電熱線Bに 6.0 V の電圧を加えて，８分間電流を流したとき，室温と同じ温度の水 100 g は何℃になりますか。求めなさい。また，そのときに電熱線Bが消費した電力量は何 J ですか。求めなさい。 水温［　　　］ 電力量［　　　］

4 右の図のように，亜鉛《あえん》板と銅板を用いて，ダニエル電池を作製し，しばらくモーターを回転させました。その後，亜鉛板を取り出して観察すると，亜鉛板の表面はぼろぼろになっていました。次の問いに答えなさい。

［長崎県］（(1)は９点，(2)は８点）

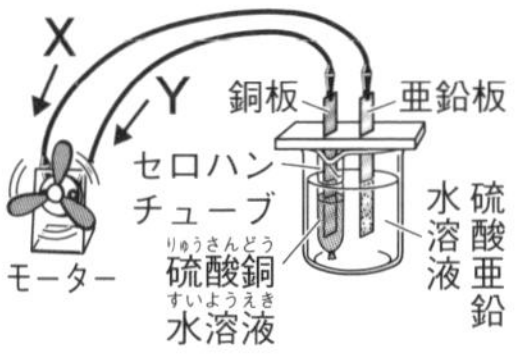

(1) 下線部の亜鉛板の表面で起こった変化を，例のように化学式と電子 e^- を使って反応式で表しなさい。 ［　　　］

例 $2H^+ + 2e^- \rightarrow H_2$

(2) 図の電池の＋極と電流の向きの組み合わせとして最も適当なものは，次のどれですか。

ア 亜鉛板・X　イ 亜鉛板・Y　ウ 銅板・X　エ 銅板・Y ［　　　］

理科

入試レベル問題 第2回

［制限時間］30分
［解 答］19ページ

／100点

1 次の問いに答えなさい。 （各15点）

(1) 図1のように，ポリプロピレンの小片を，水とエタノールにそれぞれ入れ，ポリプロピレンの小片の浮《う》き沈《しず》みを調べる実験を行いました。下の□内は，この実験についてまとめた内容の一部です。文中の〔　　〕にあてはまる内容を，簡潔に書きなさい。 ［福岡県］

図1

> ポリプロピレンの小片は，水に入れると浮き，エタノールに入れると沈んだ。このように，ポリプロピレンの小片の浮き沈みにちがいが見られたのは，ポリプロピレンの密度《みつど》が，〔　　　〕からである。

［　　　　　　　　　　　　　　　　　　　　］

(2) 図2のように，少量のエタノールを入れたポリエチレンぶくろの口を閉じ，熱い湯をかけたところ，ふくろがふくらみました。ふくろがふくらんだ理由として，最も適当なものはどれですか。

ア エタノール分子の質量が大きくなった。 ［鹿児島県］

イ エタノール分子の大きさが大きくなった。

ウ エタノール分子どうしの間隔《かんかく》が広くなった。

エ エタノール分子が別の物質の分子に変化した。

図2

［　　　　］

2 右の表は，ある場所で起きた震《しん》源《げん》が浅い地震の記録のうち，観測地点A～Cの記録をまとめたものです。この地震において，震源からの距離《きょり》が90 kmの地点で初期微動《しょきびどう》の始まった時刻は10時10分27秒でした。震源からの距離が90 kmの地点で主要動の始まった時刻として適切なのは，下のア～エのうちではどれですか。ただし，地震の揺《ゆ》れを伝える2種類の波は，それぞれ一定の速さで伝わるものとします。

観測地点	震源からの距離	初期微動の始まった時刻	主要動の始まった時刻
A	36 km	10時10分18秒	10時10分20秒
B	54 km	10時10分21秒	10時10分24秒
C	108 km	10時10分30秒	10時10分36秒

ア 10時10分28秒　**イ** 10時10分30秒 ［21年 東京都］（16点）

ウ 10時10分31秒　**エ** 10時10分32秒

［　　　　］

3 タマネギの根の先端《せんたん》を用いて体細胞分裂《たいさいぼうぶんれつ》を観察しました。右の図は，そのスケッチです。あとの問いに答えなさい。

［岐阜県］（(1)完答，各 14 点）

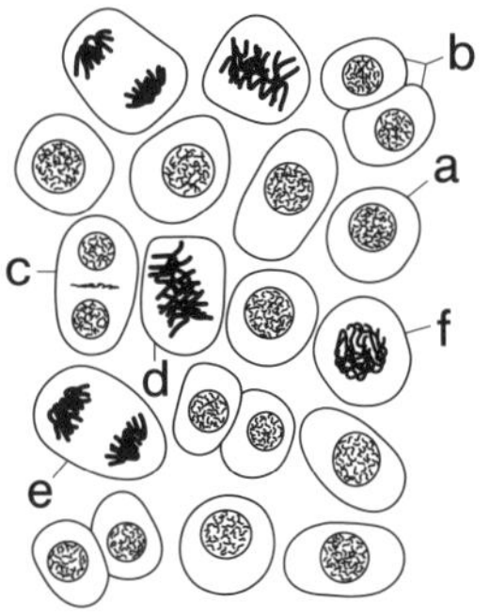

(1) 図の a ～ f は，体細胞分裂の過程で見られる異なった段階の細胞を示しています。a をはじまりとして，b ～ f を体細胞分裂の順に並べ，符号で書きなさい。

［a→　　→　　→　　→　　→　　］

(2) タマネギの根で見られる体細胞分裂について，正しく述べている文はどれですか。ア～エから１つ選び，符号で書きなさい。

ア　体細胞分裂は，タマネギの根のどの部分を用いても観察することができる。

イ　体細胞分裂が行われて細胞の数がふえるとともに，それぞれの細胞が大きくなることで，タマネギの根は成長する。

ウ　体細胞分裂した直後の細胞の大きさは，体細胞分裂する直前の大きさと比べて約２倍の大きさである。

エ　体細胞分裂した細胞の染色体《せんしょくたい》の数は，体細胞分裂する前の細胞の染色体の数と比べて半分である。

［　　　］

4 電流と磁界《じかい》の関係について，次の問いに答えなさい。

［兵庫県］（各 13 点）

(1) 厚紙の中央にまっすぐな導線を差しこみ，そのまわりにN極が黒くぬられた磁針を図１のように置きました。電流を a→b の向きに流したときの磁針がさす向きとして適切なものを，次のア～エから１つ選んで，その符号を書きなさい。

図１

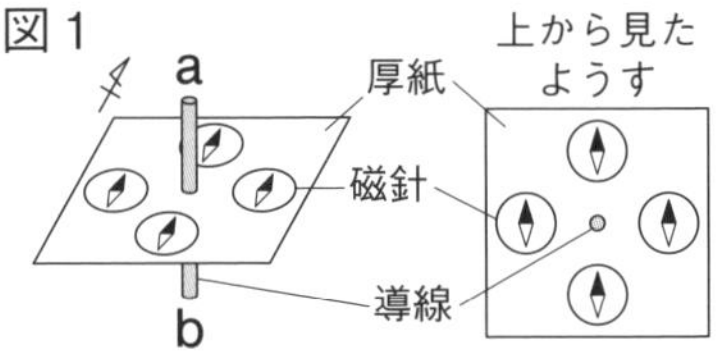

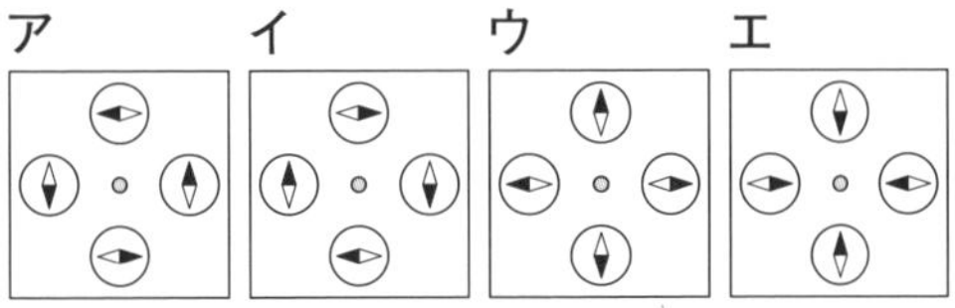

［　　　］

(2) U字形磁石の間に通した導線に，電流を a→b の向きに流すと，図２の矢印の向きに導線が動きました。図３において，電流を b→a の向きに流したとき，導線はどの向きに動きますか。適切なものを，図３のア～エから１つ選んで，その符号を書きなさい。

［　　　］

図２

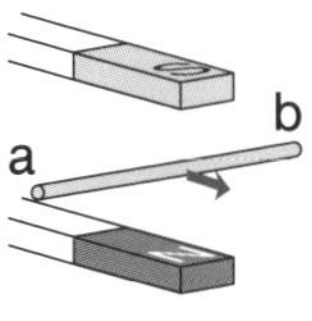

図３

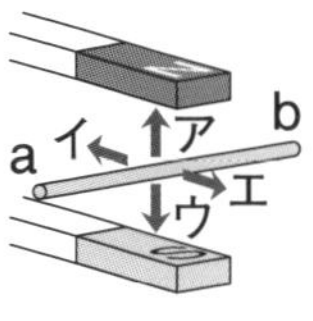

1日目 地理① 世界の姿

Step-1 >>> 基本を確かめる

＿＿＿＿にあてはまる言葉を書き入れましょう。

⟹【解答】20ページ

1 世界の姿

(1) 6大陸のうち最大の大陸は ①＿＿＿＿＿＿ 大陸，3大洋のうち最大の海洋は ②＿＿＿＿＿ である。

(2) 0度の経線《けいせん》を ①＿＿＿＿＿＿，0度の緯線《いせん》を ②＿＿＿＿ という。

2 世界各地の人々の生活と環境《かんきょう》

(1) 冷帯（亜《あ》寒帯）の地域には，＿＿＿＿＿ と呼ばれる針葉樹林が広がっている。

(2) 乾燥《かんそう》した地域では，草や水を求めて，移動しながら家畜《かちく》を飼育する ＿＿＿＿＿ が行われてきた。

3 世界の諸地域

(1) 東・東南・南アジアの気候は，夏と冬で風向きが逆になる ＿＿＿＿＿＿＿＿ の影響《えいきょう》を受けている。

(2) ペルシア湾《わん》岸は鉱産資源の ＿＿＿＿ の産出量が多い。

(3) ヨーロッパは，暖流の北大西洋海流の上を吹《ふ》く ＿＿＿＿＿ の影響で，緯度が高いわりに気候は温暖である。

(4) ヨーロッパでは，地域統合を進めるため1993年に ＿＿＿＿＿＿＿＿＿＿＿＿ が成立した。

(5) コートジボワールなどギニア湾岸の国々では，チョコレートの原料となる ＿＿＿＿＿＿ の栽培《さいばい》がさかんである。

(6) アフリカでは，多くの国が特定の農産物や鉱産資源の輸出に頼《たよ》る ＿＿＿＿＿＿＿＿ 経済になっており，国の経済が不安定である。

(7) アメリカ合衆国では，＿＿＿＿＿＿＿ と呼ばれるスペイン語を話す人々の割合が増えている。

(8) アメリカ合衆国では，北緯《ほくい》37度より南の ＿＿＿＿＿＿ と呼ばれる地域で先端《せんたん》技術産業が発達し，工業の中心地になっている。

(9) 南アメリカ州の赤道付近には，流域面積が世界最大の ＿＿＿＿＿ 川が流れている。

(10) オーストラリアの先住民を ＿＿＿＿＿＿ という。

得点アップ

さまざまな地図

緯線と経線が直角に交わる地図

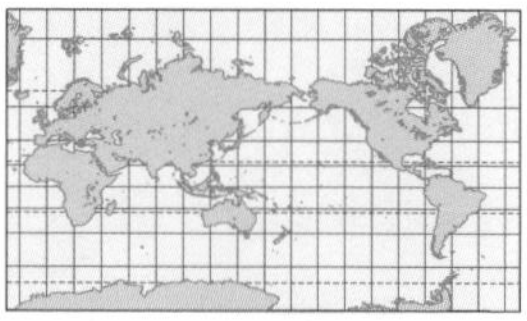

中心からの距離と方位が正しい地図

面積が正しい地図

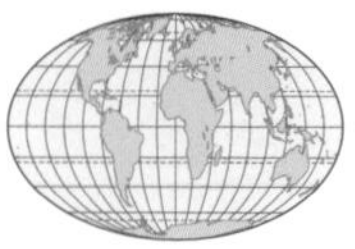

5つの気候帯

熱帯	1年中高温で，季節による変化が小さい。
乾燥帯	降水量が少ない。ステップ（草原）や砂漠《さばく》が広がる。
温帯	四季があり，温暖。
冷帯（亜寒帯）	短い夏と寒さが厳しい冬。針葉樹林（タイガ）が広がる。
寒帯	1年中低温。雪と氷に覆《おお》われる。

世界の主な宗教分布

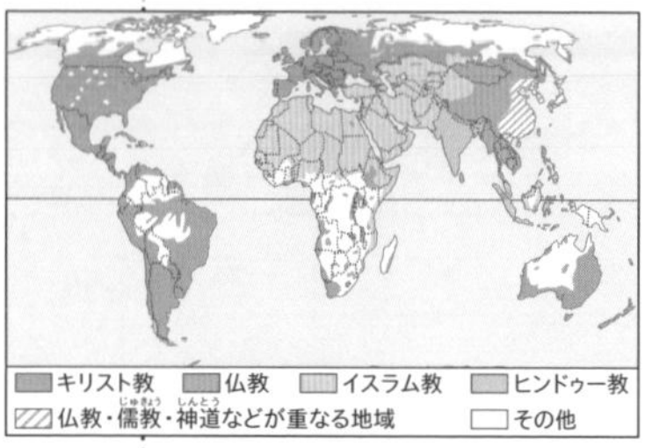

主な農産物・鉱産資源の生産量

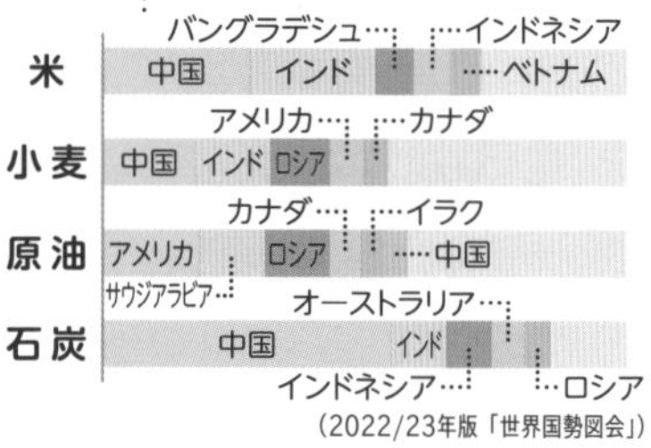

（2022/23年版「世界国勢図会」）

Step-2 >>> 実力をつける

⇒【目標時間】20分 ／【解答】20ページ

/50点

1 世界の姿について，次の問いに答えなさい。 【(3) 10点，他は各6点】

(1) 地図中のAの国の説明にあてはまるものを次のア～エから1つ選び，記号で答えなさい。

ア 西半球に位置している。

イ 大西洋に面している。

ウ 首都には世界最小の国がある。

エ オセアニア州に含《ふく》まれる。

(　　　)

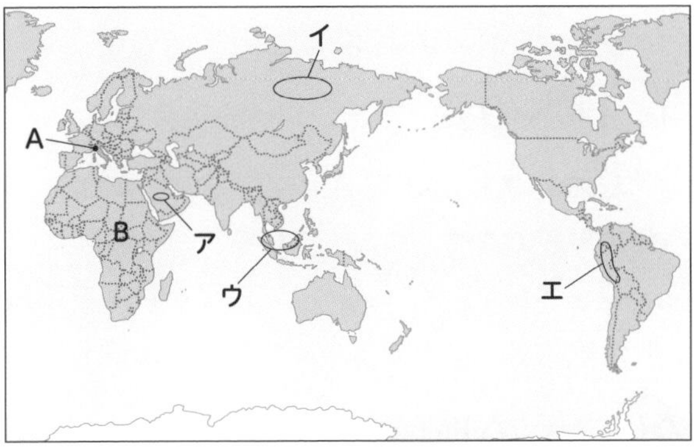

(2) 右の写真は，ある地域の人々の暮らしの様子です。このような暮らしがみられる地域を，地図中のア～エから1つ選び，記号で答えなさい。 (　　　)

(Cynet Photo)

(3) 地図中のBの大陸で直線的な国境が多くみられる理由を，書き出しに続けて「利用」の語句を用いて簡潔に書きなさい。

「かつてヨーロッパ諸国がこの大陸を分割支配したときに，

(　　　　　　　　　　　　　　　　　　　　)から。」

2 世界の諸地域について，次の問いに答えなさい。 【(2) 10点，他は各6点】

(1) 地図中のXを何山脈といいますか。 (　　　)山脈

(2) 地図中のYの国では天然ゴムをプランテーションと呼ばれる農園で栽培してきました。プランテーションとはどのような農園か，書き出しに続けて簡潔に書きなさい。

「プランテーションとは，輸出用の作物を(

)である。」

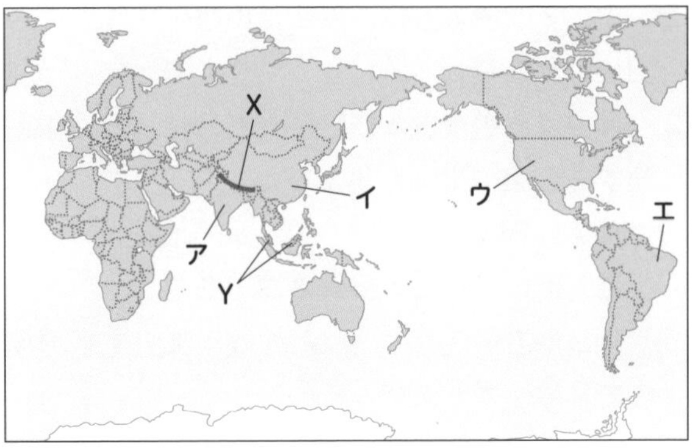

(3) 次のA，Bの説明があてはまる国を，地図中のア～エからそれぞれ1つずつ選び，記号で答えなさい。

A 国民の約8割がヒンドゥー教を信仰《しんこう》し，近年はICT関連産業が急成長している。

B 適地適作で企《き》業《ぎょう》的な農業が行われており，「世界の食料庫」と呼ばれている。

A(　　　)　B(　　　)

2日目　地理② 日本の姿

Step-1 >>> 基本を確かめる

＿＿＿にあてはまる言葉を書き入れましょう。

⟹【解答】20ページ

1 日本の姿

(1) 日本列島は，北海道《ほっかいどう》，＿＿＿＿＿，四国《しこく》，九州《きゅうしゅう》と，その周辺の島々からなっている。

(2) ロシアが＿＿＿＿＿，韓国《かんこく》が竹島《たけしま》を不法に占拠《せんきょ》し，中国《ちゅうごく》などが尖閣《せんかく》諸島の領有権を主張している。

2 日本の地域的特色

(1) 日本列島の中央部には，飛驒《ひだ》山脈・木曽《きそ》山脈・赤石《あかいし》山脈からなる＿＿＿＿＿がある。

(2) 国や地方自治体では，災害予測や避難《ひなん》経路などをまとめた＿＿＿＿＿を作成している。

(3) 日本の主な工業地帯・地域は，関東地方から九州北部の臨海部にかけてのびる＿＿＿＿＿に集中している。

3 日本の諸地域

(1) 九州南部には，＿＿＿＿＿台地と呼ばれる火山活動の噴出物《ふんしゅつぶつ》が積もってできた土地が広がっている。

(2) 中国《ちゅうごく》・四国地方は，さらに山陰《さんいん》・＿＿＿＿＿・南四国の3つの地域に分けられる。

(3) 岡山県倉敷《くらしき》市の水島《みずしま》地区などには，石油精製工場を中心に，関連する企業《きぎょう》や工場が集まった＿＿＿＿＿が形成されている。

(4) 滋賀県には，日本最大の湖である＿＿＿＿＿がある。

(5) 近畿《きんき》地方の＿＿＿＿＿山地は，吉野《よしの》すぎや尾鷲《おわせ》ひのきなどが有名で林業がさかんである。

(6) 中部《ちゅうぶ》地方には，出荷額が日本最大の工業地帯である＿＿＿＿＿工業地帯がある。

(7) 関東《かんとう》平野は，火山灰が堆積《たいせき》してできた＿＿＿＿＿と呼ばれる赤土に覆《おお》われている。

(8) 東北《とうほく》地方の三陸《さんりく》海岸南部には，入り江と岬《みさき》が入り組んだ＿＿＿＿＿海岸がみられる。

(9) 北海道では，自然との関わり方を学びながら観光も楽しむ＿＿＿＿＿という取り組みが行われている。

得点アップ

日本の気候区分

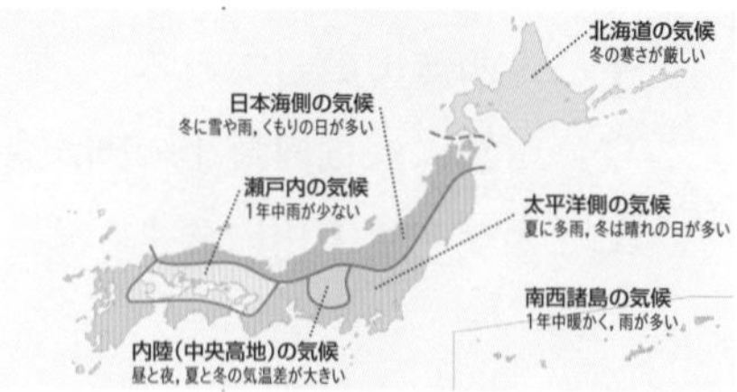

日本の人口ピラミッド

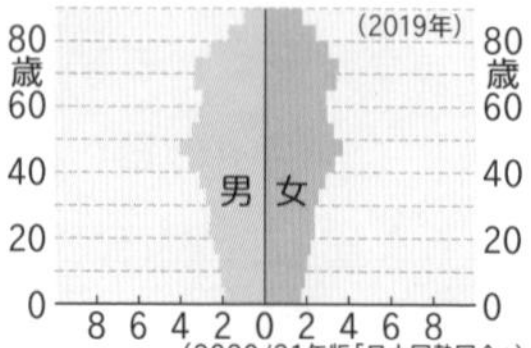

(2020/21年版「日本国勢図会」)

漁業種類別漁獲量と輸入量の変化

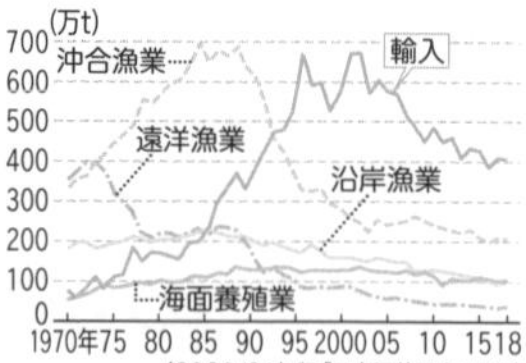

(2020/21年版「日本国勢図会」ほか)

時差について

経度差15度につき1時間の時差が生じる。日本の標準時子午線は兵庫《ひょうご》県明石《あかし》市を通る東経135度の経線《けいせん》。日付変更線を西から東に越《こ》えるときは日付を1日遅《おく》らせ，東から西に越えるときは1日進める。

主な地図記号

⇒【目標時間】20分 ／【解答】20ページ

／50点

1 日本の姿や地域的特色について，次の問いに答えなさい。

【(3) 10点，他は各5点】

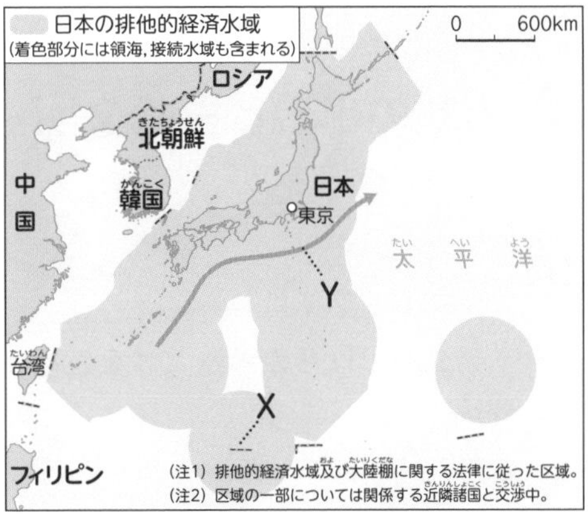

(注1) 排他的経済水域及《およ》び大陸棚《たいりくだな》に関する法律に従った区域。
(注2) 区域の一部については関係する近隣諸国《きんりんしょこく》と交渉《こうしょう》中。

(1) 地図中の**X**は日本の南端《なんたん》の島です。**X**の島の名前を次の**ア**～**エ**から１つ選び，記号で答えなさい。

ア 択捉島《えとろふとう》　　**イ** 南鳥島《みなみとりしま》
ウ 与那国島《よなぐにじま》　　**エ** 沖ノ鳥島《おきのとりしま》

（　　）

(2) 地図中の**Y**はある海流を示しています。**Y**の海流を何といいますか。

（　　）

(3) 地図には日本の排他《はいた》的経済水域が示されています。沿岸国は排他的経済水域にどのような権利をもっているか，書き出しに続けて簡潔に書きなさい。

「水域内の（　　）権利。」

(4) 右のグラフはエネルギー資源として利用されている，ある鉱産資源の日本の輸入先です。この鉱産資源を次の**ア**～**エ**から１つ選び，記号で答えなさい。

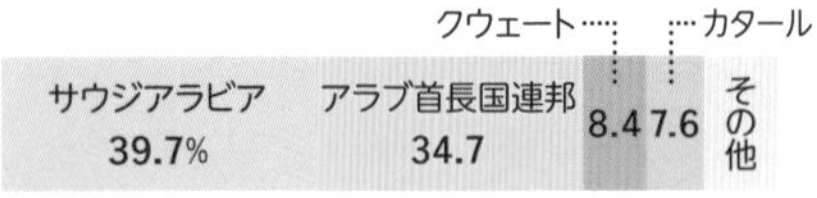

(2021年)　(2022/23年版「日本国勢図会」)

ア 原油　　**イ** 石炭　　**ウ** 鉄鉱石　　**エ** 銅

（　　）

2 日本の諸地域について，次の問いに答えなさい。

【(2) 10点，他は各5点】

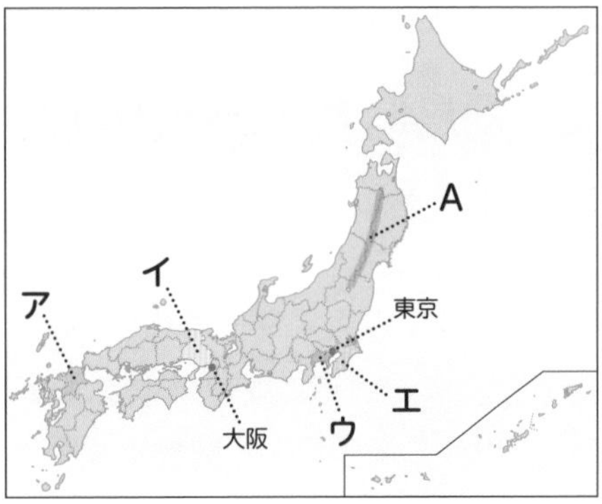

(1) 地図中の**A**を何山脈といいますか。

（　　）山脈

(2) 地図中の東京や大阪の周辺では近郊《きんこう》農業がさかんです。近郊農業とはどのような農業か，書き出しに続けて簡潔に書きなさい。

「都市の消費者向けに，（　　）農業。」

(3) 右のグラフは，ある農産物の生産量割合を示しています。この農産物を，次の**ア**～**エ**から１つ選び，記号で答えなさい。

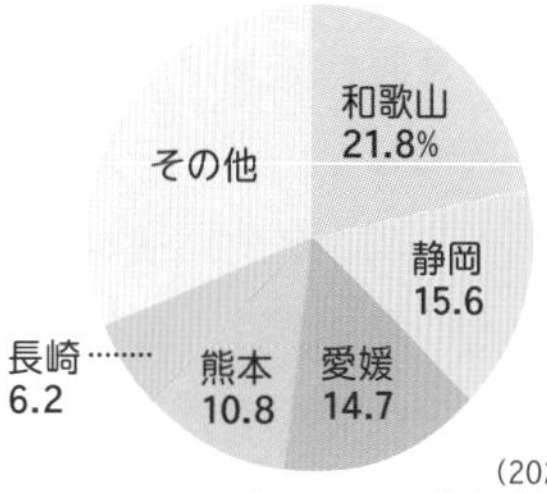

(2020年)
(2022/23年版「日本国勢図会」)

ア 米　　**イ** ピーマン
ウ みかん　　**エ** りんご

（　　）

(4) 日本最大の貿易港である成田《なりた》国際空港がある県を，地図中の**ア**～**エ**から１つ選び，記号で答えなさい。

（　　）

3日目　歴史①　文明のおこり～平安時代

Step-1 >>> 基本を確かめる

＿＿にあてはまる言葉を書き入れましょう。

⇒【解答】21ページ

1 人類の出現と古代文明

(1) 石を打ち欠いてつくった＿＿＿＿石器を使っていた時代を旧石器時代という。

(2) エジプト文明では①＿＿＿＿文字が使用され，メソポタミア文明では月の満ち欠けを基準とした②＿＿＿＿暦《れき》がつくられた。

(3) 黄河《こうが》流域におこった殷《いん》では，現在の漢字のもととなる＿＿＿＿文字が使われた。

2 日本のあけぼの～古墳《こふん》時代

(1) 縄文《じょうもん》時代，人々は，ほり下げた地面に柱を立てて屋根をかけてできた＿＿＿＿に住むようになった。

(2) 紀元前4世紀ごろ，大陸から＿＿＿＿が九州《きゅうしゅう》北部に伝えられ，やがて東日本にも広まった。

(3) 3世紀，邪馬台国《やまたいこく》の女王の＿＿＿＿は，魏《ぎ》に朝貢《ちょうこう》して「親《しん》魏倭王《ぎわおう》」の称号《しょうごう》を授けられた。

(4) 主に朝鮮《ちょうせん》半島から日本に移り住んだ＿＿＿＿が，漢字や儒《じゅ》学《がく》，仏教，須恵器《すえき》をつくる技術などを伝えた。

3 飛鳥《あすか》時代～平安《へいあん》時代

(1) 推古《すいこ》天皇のおいの＿＿＿＿は，蘇我馬子《そがのうまこ》と協力しながら政治を行った。

(2) 645年，中大兄皇子《なかのおおえのおうじ》と中臣鎌足《なかとみのかまたり》は蘇我氏を滅《ほろ》ぼして＿＿＿＿という政治改革を始め，公地《こうち》・公民《こうみん》の方針を示した。

(3) 710年，唐《とう》の長安《ちょうあん》にならって奈良に＿＿＿＿がつくられた。

(4) ＿＿＿＿天皇は国ごとに国分寺《こくぶんじ》と国分尼寺《こくぶんにじ》を建てた。

(5) 奈良時代に栄えた，唐の文化の影響《えいきょう》を強く受けた，国際色豊かな文化を＿＿＿＿文化という。

(6) 794年，桓武《かんむ》天皇は京都の＿＿＿＿に都を移した。

(7) 唐から帰国した①＿＿＿＿は真言宗《しんごんしゅう》，②＿＿＿＿は天台宗《てんだいしゅう》をそれぞれ開いた。

(8) 平安時代に栄えた，日本の風土や生活，日本人の感情に合った文化を＿＿＿＿文化という。

得点アップ

古代文明の発生地域

縄文土器（左）と弥生土器（右）

（國學院大學博物館）

（東京大学総合研究博物館所蔵）

縄文土器は黒褐色《こくかっしょく》で厚手，弥生土器は赤褐色で薄《うす》くてかため。

大仙《だいせん》（大山）古墳（大阪府）

（Gakken写真資料）

平安時代の文化

建築	貴族の住居は寝殿《しんでん》造《づくり》。 浄土信仰《じょうどしんこう》の広まり→宇治《うじ》に平等院鳳凰堂《びょうどういんほうおうどう》がつくられる。
文字	漢字を変形させて日本語を書き表せる仮名《かな》文字をつくる。
文学	紀貫之《きのつらゆき》『古今和歌集《こきんわかしゅう》』 紫式部《むらさきしきぶ》『源氏物語《げんじものがたり》』 清少納言《せいしょうなごん》『枕草子《まくらのそうし》』

⇒【目標時間】20分 ／【解答】21ページ

/50点

1 次の問いに答えなさい。
【(3) 10点，他は各5点】

(1)　今から20万年ほど前に現れた，現在の人類の直接の祖先にあてはまるものを，次の**ア**～**ウ**から1つ選び，記号で答えなさい。

ア　猿人《えんじん》　　**イ**　原人　　**ウ**　新人　（　　）

(2)　4つの古代文明の発生地域を示した右の地図を見て，次の問いに答えなさい。

①　モヘンジョ＝ダロの都市遺跡《いせき》が発見された地域を，地図中の**A**～**D**から1つ選び，記号で答えなさい。（　　）

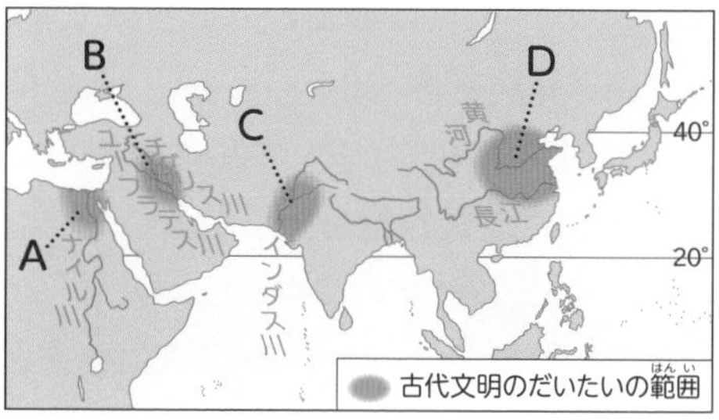

②　地図中の**B**の地域で使用された，右の**資料**の文字を何といいますか。（　　）

資料

(3)　紀元前2世紀ごろにシルクロードが開かれたことはどのような影響を与えたか，文化に着目して簡潔に書きなさい。

（　　）

2 次の問いに答えなさい。
【(4) 10点，他は各5点】

(1)　3世紀後半，近畿《きんき》地方に生まれた，大王《おおきみ》《だいおう》と有力な豪族《ごうぞく》からなる連合政権を何といいますか。

（　　）

(2)　右の**資料**は，聖徳太子《しょうとくたいし》が役人の心構えとして定めたきまりです。これを何といいますか。

（　　）

資料

> 一に曰《いわ》く，和をもって貴《たっと》しとなし，さからふ《う》ことなきを宗《むね》とせよ。
> 二に曰く，あつく三宝《さんぼう》を敬へ《え》。
> 三に曰く，詔《みことのり》をうけたまは《わ》りては必ずつつしめ。
> （一部）

(3)　律令《りつりょう》国家において，都からそれぞれの国に派遣《はけん》された役人を何といいますか。

（　　）

(4)　平安時代，藤原氏《ふじわらし》はどのようにして政治の実権を握《にぎ》ったか，「娘《むすめ》」の語句を用いて簡潔に書きなさい。

（　　）

To the next day

4日目 歴史② 平安時代末～江戸時代

Step-1 >>> 基本を確かめる ＿＿＿にあてはまる言葉を書き入れましょう。

⟹【解答】21ページ

1 平安《へいあん》時代末～鎌倉《かまくら》時代

(1) 白河《しらかわ》上皇が，上皇となった後も政治を行う＿＿＿＿＿を始めた。

(2) ＿＿＿＿＿は武士として初めて太政大臣《だいじょうだいじん》に任命された。

(3) 鎌倉幕府を開いた＿＿＿＿＿は，1192年に征夷大将軍《せいいたいしょうぐん》に任じられた。

(4) 1221年，＿＿＿＿＿の乱に勝利した幕府は，朝廷《ちょうてい》の監視《かんし》のため京都に六波羅探題《ろくはらたんだい》を置いた。

(5) 1274年，1281年の二度にわたり，＿＿＿＿＿の率いる元《げん》が高麗《こうらい》の軍勢も合わせて九州北部に襲来《しゅうらい》したが，幕府はこれを退けた。

2 室町《むろまち》時代～安土桃山《あづちももやま》時代

(1) 後醍醐《ごだいご》天皇が始めた＿＿＿＿＿は，2年ほどで終わった。

(2) 1338年，征夷大将軍に任命された＿＿＿＿＿は，京都に室町幕府を開いた。

(3) 室町幕府第8代将軍の①＿＿＿＿＿のあとつぎ問題に有力守護大名の勢力争いが結びついて②＿＿＿＿＿の乱が起こった。

(4) ①＿＿＿＿＿は室町幕府を滅《ほろ》ぼし，安土城下で商工業を発展させるため②＿＿＿＿＿の政策を行った。

(5) 1590年，＿＿＿＿＿は北条《ほうじょう》氏を倒し全国統一を達成した。

3 江戸《えど》時代

(1) 1600年，関ヶ原《せきがはら》の戦いで勝利した＿＿＿＿＿は1603年に江戸幕府を開いた。

(2) 幕府は＿＿＿＿＿という法律を定め，大名が許可なく城を修理したり，無断で縁組《えんぐみ》をしたりすることを禁じた。

(3) 将軍の代がわりなどに朝鮮《ちょうせん》から＿＿＿＿＿が派遣《はけん》された。

(4) 江戸幕府第5代将軍の＿＿＿＿＿の時代には，儒学《じゅがく》の中でも主従関係を重視する朱子学《しゅしがく》が広く学ばれるようになった。

(5) 江戸幕府第8代将軍の徳川吉宗《とくがわよしむね》は＿＿＿＿＿を行い，幕府の財政を立て直そうとした。

(6) 老中《ろうじゅう》の松平定信《まつだいらさだのぶ》は＿＿＿＿＿を行い，農村の立て直しと政治の引きしめを目指した。

(7) 17世紀後半から上方《かみがた》を中心に①＿＿＿＿＿文化が，19世紀初めごろ江戸を中心に②＿＿＿＿＿文化がそれぞれ栄えた。

得点アップ

御恩《ごおん》と奉公《ほうこう》の関係

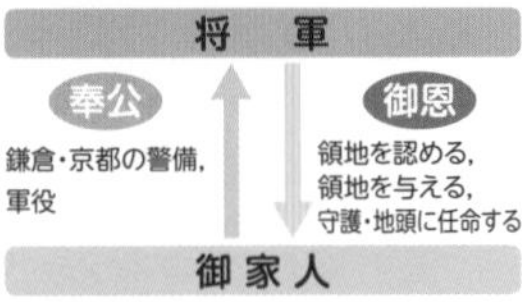

鎌倉時代の新しい仏教

宗派	開祖
浄土《じょうど》宗	法然《ほうねん》
浄土真《じょうどしん》宗（一向《いっこう》宗）	親鸞《しんらん》
時《じ》宗	一遍《いっぺん》
日蓮《にちれん》宗（法華《ほっけ》宗）	日蓮
臨済《りんざい》宗	栄西《ようさい》《えいさい》
曹洞《そうとう》宗	道元《どうげん》

太閤検地《たいこうけんち》と刀狩《かたながり》の目的

太閤検地…土地と農民を支配し，年貢《ねんぐ》を確実に徴収《ちょうしゅう》する。

刀狩…農民の一揆《いっき》を防ぎ，田畑の耕作に専念させる。

大名の種類

親藩《しんぱん》	徳川氏の一族の大名。尾張《おわり》・紀伊《きい》・水戸藩《みとはん》は御三家《ごさんけ》と呼ばれ重んじられた。
譜代《ふだい》大名	古くから徳川氏に従っていた大名。幕府の要職についた。
外様《とざま》大名	関ヶ原の戦いのころから徳川氏に従った大名。多くは九州や東北など江戸から遠い地に配置された。

⇨【目標時間】20分 ／【解答】21ページ　　/50点

1 次の問いに答えなさい。

【⑵ 10点，他は各5点】

⑴　右の**資料**は，執権《しっけん》の北条泰時《ほうじょうやすとき》が武士の慣習に基づいて定めたきまりである。これを何といいますか。

（　　　　　　　　　）

資料

一　諸国の守護の職務は，頼朝《よりとも》公の時代に定められたように，京都の御所《ごしょ》の警備と，謀反《むほん》や殺人などの犯罪人の取り締《し》まりに限る。

一　武士が20年の間，実際に土地を支配しているならば，その権利を認める。

（部分要約）

⑵　室町幕府第3代将軍の足利義満《あしかがよしみつ》が始めた日明《にちみん》貿易で，勘合《かんごう》と呼ばれる証明書が用いられた理由を，「区別」の語句を用いて簡潔に書きなさい。

（　　　　　　　　　　　　　　　　　　　　　　　　　　）

⑶　15世紀前半に尚《しょう》氏が沖縄島《おきなわじま》を統一して建てたのは何王国ですか。

（　　　　　　）

⑷　鎌倉時代の文化にあてはまるものを，次の**ア〜エ**から1つ選び，記号で答えなさい。

ア　慈照寺《じしょうじ》の銀閣《ぎんかく》　　**イ**　観阿弥《かんあみ》　　**ウ**　東大寺《とうだいじ》の金剛《こんごう》力士像　　**エ**　狩野永徳《かのうえいとく》

（　　　）

2 次の問いに答えなさい。

【⑴ 10点，他は各5点】

⑴　江戸幕府第3代将軍の徳川家光《とくがわいえみつ》が制度化した参勤交代《さんきんこうたい》とはどのような制度か，「1年おき」の語句を用いて簡潔に書きなさい。

（　　　　　　　　　　　　　　　　　　　　　　　　　　）

⑵　江戸時代，諸藩《しょはん》は大阪などに右の**資料**のような施設《しせつ》を置き，ここで年貢米や特産物を売りさばきました。この施設を何といいますか。

（　　　　）

資料

⑶　老中の田沼意次《たぬまおきつぐ》が行ったこととしてあてはまるものを，次の**ア〜エ**から1つ選び，記号で答えなさい。

ア　株仲間《かぶなかま》の結成をすすめた。　　**イ**　幕府の学問所で朱子学以外の学問を禁止した。

ウ　公事方御定書《くじかたおさだめがき》を定めた。　　**エ**　旗本《はたもと》や御家人《ごけにん》の借金を帳消しにした。

（　　　）

⑷　江戸時代後期，「富嶽三十六景《ふがくさんじゅうろっけい》」などを描いた人物を，次の**ア〜エ**から1つ選び，記号で答えなさい。

ア　松尾芭蕉《まつおばしょう》　　**イ**　歌川《うたがわ》（安藤《あんどう》）広重《ひろしげ》　　**ウ**　葛飾北斎《かつしかほくさい》　　**エ**　尾形光琳《おがたこうりん》

（　　　）

5日目　歴史③ 江戸時代末～現代

Step-1 >>> 基本を確かめる

＿＿＿にあてはまる言葉を書き入れましょう。

⟹【解答】22ページ

1 江戸《えど》時代末～明治《めいじ》時代

(1) 1854年，＿＿＿＿＿条約を結んで下田《しもだ》と函館《はこだて》を開港し，日本は開国した。

(2) 1858年にアメリカと結んだ＿＿＿＿＿条約は不平等条約であった。

(3) 1867年，江戸幕府《えどばくふ》第15代将軍の①＿＿＿＿＿は政権を朝《ちょう》廷《てい》に返す②＿＿＿＿＿を行い，江戸幕府は滅《ほろ》びた。

(4) 明治新政府は＿＿＿＿＿を行い，土地にかかる税（地租）は地価を基準にして所有者が現金で納めることになった。

(5) 1889年，天皇が国民に与《あた》える形で＿＿＿＿＿憲法が発布された。

(6) 日清《にっしん》戦争の講和条約は①＿＿＿＿＿条約，日露《にちろ》戦争の講和条約は②＿＿＿＿＿条約である。

2 大正《たいしょう》時代～太平洋《たいへいよう》戦争

(1) 第一次世界大戦中，日本は中国での利権を広げるために，中国に対し＿＿＿＿＿を示し，内容の大部分を認めさせた。

(2) 1925年，納税額にかかわらず満25歳《さい》以上の男子に選挙権を与える＿＿＿＿＿法が成立した。

(3) 1929年，アメリカのニューヨークの株式市場で株価が大暴落し，＿＿＿＿＿が始まった。

(4) 1941年12月8日，日本軍がハワイの真珠湾《しんじゅわん》にあるアメリカ海軍基地などを奇襲《きしゅう》攻撃して＿＿＿＿＿戦争が始まった。

3 戦後～現代

(1) 戦後，経済の民主化の動きとして，財閥《ざいばつ》解体と＿＿＿＿＿が行われた。

(2) 1950年に＿＿＿＿＿戦争が始まると，日本は大量の軍需《ぐんじゅ》物資を生産したため，特需景気と呼ばれる好況《こうきょう》となった。

(3) 1956年，日本は＿＿＿＿＿に加盟し，国際社会への復帰をはたした。

(4) 1973年に中東で戦争が起こったことで＿＿＿＿＿が発生し，日本の高度経済成長は終わった。

得点アップ

江戸時代末期に開港された場所

※下田は日米修好通商条約の締結で閉鎖

選挙権の移り変わり

1889年	直接国税を年に15円以上納める満25歳以上の男子に選挙権。
1925年	満25歳以上の男子に選挙権。納税額の制限がなくなる。
1945年	満20歳以上の男女に選挙権。女性の参政権が認められる。
2015年	満18歳以上の男女に選挙権。若い世代の有権者が増加。

農地改革

地主がもっていた小作地の多くを政府が強制的に買い上げ，小作人に安く売り渡した。これによって多くの小作人が自作農になった。

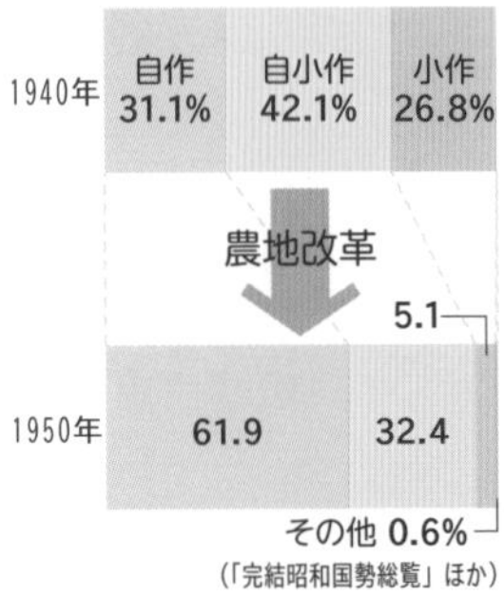

（「完結昭和国勢総覧」ほか）

5日目 Step-2 >>> 実力をつける

⇒【目標時間】20分 ／【解答】22ページ

/50点

1 次の問いに答えなさい。

【(2) 10点，他は各5点】

(1) 右の**資料**は，明治時代の銀座《ぎんざ》の様子である。明治時代，欧米《おうべい》の文化や習慣が急速に取り入れられ，**資料**のように都市部を中心に起きた生活の変化を何といいますか。**漢字4字**で答えなさい。

（　　　　）

資料

（個人蔵）

(2) 日清戦争後，ロシア・フランス・ドイツが日本に対して行った三国干渉《かんしょう》の内容を，「遼《りょう》《リアオ》東《とう》《トン》半島」の語句を用いて簡潔に書きなさい。

（　　　　　　　　　　　　　　　　）

(3) 1911年，関税自主権の完全回復を成功させた外務大臣は誰か，次の**ア**～**エ**から1つ選び，記号で答えなさい。

ア 伊藤博文《いとうひろぶみ》　**イ** 陸奥宗光《むつむねみつ》　**ウ** 小村寿太郎《こむらじゅたろう》　**エ** 新渡戸稲造《にとべいなぞう》

（　　　）

(4) 1918年，本格的な政党内閣を組織した人物は誰ですか，答えなさい。

（　　　　）

2 次の問いに答えなさい。

【(2) 10点，他は各5点，(1)は完答】

(1) 昭和《しょうわ》時代初めのできごとである次の**ア**～**エ**を，年代の古い順に並べて，記号で答えなさい。

ア 日中戦争が始まる。　**イ** 五《ご》・一五《いちご》事件が起こる。

ウ 満州《まんしゅう》事変が起こる。　**エ** 二《に》・二六《にろく》事件が起こる。

（　　→　　→　　→　　）

(2) 第二次世界大戦後に始まった冷戦とは何ですか。「アメリカ」と「資本主義国」の語句を用いて，簡潔に書きなさい。

（　　　　　　　　　　　　　　　　）

(3) 1951年，日本はアメリカなど48か国と条約を結び，翌年独立を回復しました。この条約を何といいますか。

（　　　　）

(4) 第二次世界大戦後，自民党が野党第一党の社会党と対立しながら38年間にわたって政権をとり続けた体制を何といいますか。

（　　　　）

6日目 公民① 現代社会/政治のしくみ

Step-1 >>> 基本を確かめる

____にあてはまる言葉を書き入れましょう。

⟹【解答】22ページ

1 現代社会

(1) 人やもの，お金などが容易に国境を越《こ》えて移動し，世界が一体化する動きを________化という。

(2) 親と子ども，あるいは夫婦だけの家族を________という。

2 日本国憲法

(1) 1919年，ドイツの________憲法が社会権を初めて明文で保障した。

(2) 日本国憲法は，1946年の11月3日に________された。

(3) 日本国憲法の基本原理は，①________，基本的人権の尊重，②________主義の3つである。

(4) 日本国憲法改正の際には，満18歳《さい》以上の国民による________が行われる。

(5) 日本国憲法は，社会権として，生存権や________を受ける権利，勤労の権利，労働基本権を保障している。

(6) 社会の変化とともに，環境《かんきょう》権，自己決定権，________権利，プライバシーの権利などの新しい人権が認められるようになった。

3 政治のしくみ

(1) 衆議院《しゅうぎいん》議員の選挙では，小選挙区制と________制を組み合わせて選出する小選挙区比例代表並立制がとられている。

(2) 政権を担当する政党を________，それ以外の政党を野党という。

(3) 毎年1回，1月中に召集《しゅうしゅう》される国会は________である。

(4) 日本は衆議院と参議院の二院制であり，より民意を反映すると考えられている________の優越《ゆうえつ》が憲法で定められている。

(5) 内閣は，最高責任者の________とその他の国務大臣で構成される。

(6) 2009年から国民が裁判官とともに刑事《けいじ》裁判に参加する________制度が始まった。

(7) 地方議会は，地方公共団体の独自の法である________の制定や，予算の議決などを行う。

得点アップ

憲法改正の流れ

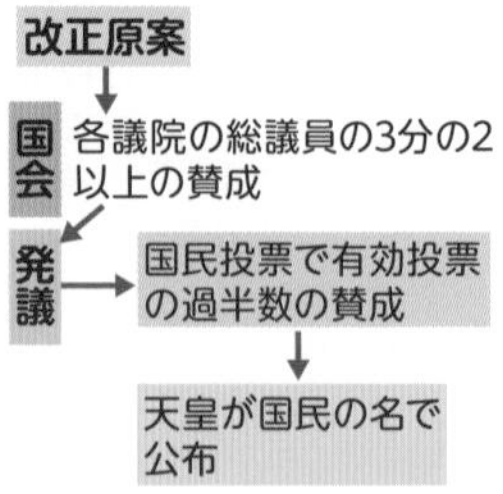

衆議院と参議院

	衆議院	参議院
議員定数	465人	248人
任期	4年（解散がある）	6年（3年ごとに半数を改選）
選挙権	18歳《さい》以上	18歳以上
被《ひ》選挙権	25歳以上	30歳以上

議院内閣制

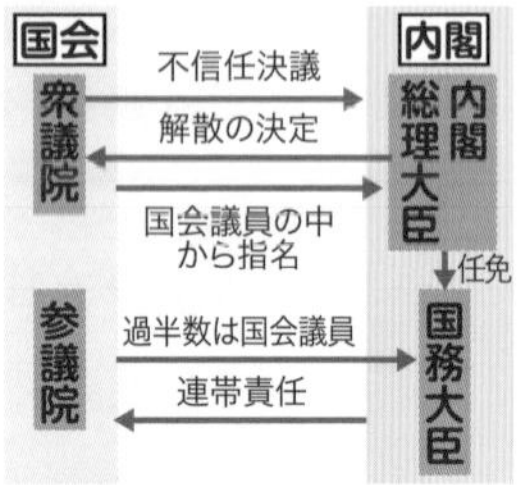

直接請求《せいきゅう》権の種類と内容

請求	法定署名数	請求先
条例の制定・改廃《かいはい》の請求	有権者の50分の1以上	首長
監査《かんさ》請求		監査委員
首長・議員の解職請求	有権者の3分の1以上	選挙管理委員会
議会の解散請求		

Step-2 >>> 実力をつける

⇒【目標時間】20分 ／【解答】22ページ

／50点

1 次の問いに答えなさい。

【(4) 10点，他は各5点】

(1)　情報社会の中で求められている，大量の情報の中から自分に必要な情報を選び，それを適切に活用する能力のことを何といいますか。

（　　　　　）

(2)　天皇の国事行為《こくじこうい》に**あてはまらないもの**を，次の**ア**～**エ**から1つ選び，記号で答えなさい。

ア　法律，条約などの公布　　**イ**　国会の召集

ウ　最高裁判所長官の指名　　**エ**　栄典の授与《じゅよ》

（　　　）

(3)　1971年に衆議院で決議された，核《かく》兵器を「持たず，作らず，持ちこませず」という日本の方針を何といいますか。

（　　　　　）

(4)　自己決定権と関係の深いインフォームド・コンセントとはどのようなものか，「十分な説明」の語句を用いて簡潔に書きなさい。

（　　　　　　　　　　　　　　　　　　　　　）

2 次の問いに答えなさい。

【(3) 10点，他は各5点】

(1)　選挙の4原則は，普通《ふつう》選挙，平等選挙，直接選挙ともう1つは何ですか。

（　　　　）

(2)　次に挙げた日本国憲法の条文中の［　　　］にあてはまる語句を答えなさい。

> 日本国憲法第69条
> 内閣は，衆議院で不信任の決議案を可決し，又《また》は信任の決議案を否決したときは，10日以内に衆議院が［　　　］されない限り，総辞職をしなければならない。

（　　　　）

(3)　右の図は刑事裁判における三審制《さんしんせい》のしくみを示している。日本の裁判で三審制がとられている理由を「公正・慎重《しんちょう》」の語句を用いて簡潔に書きなさい。

（　　　　　　　　　　　　　　）

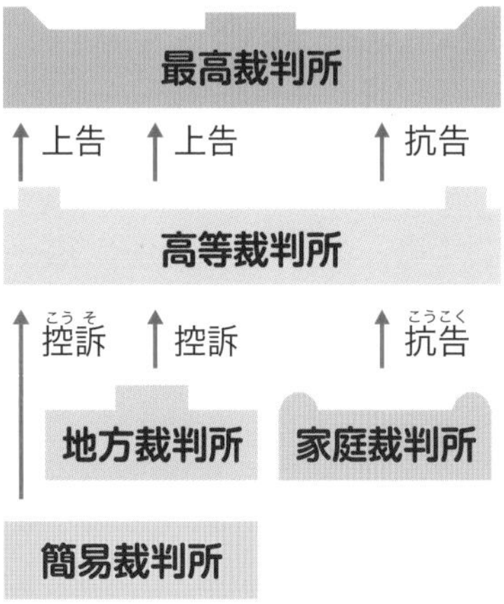

(4)　地方公共団体の間の財政の格差をおさえるために，国から配分されるお金を何といいますか。

（　　　　　）

Almost there!

7日目 公民② 経済と財政/国際社会

Step-1 >>> 基本を確かめる

＿＿にあてはまる言葉を書き入れましょう。

⟹【解答】23ページ

1 経済と財政

(1) 商品は，食品などの形のある ①＿＿＿＿ と，電車に乗るなどの形のない ②＿＿＿＿ に分けられる。

(2) 訪問販売《はんばい》などで商品を購入《こうにゅう》した場合に，一定期間内であれば無条件で契約《けいやく》を解除できる ＿＿＿＿ 制度がある。

(3) 欠陥《けっかん》商品で消費者が被害を受けた場合の企業《きぎょう》の責任について定めている法律を，＿＿＿＿ 法という。

(4) 市場において需要《じゅよう》量と供給《きょうきゅう》量が一致《いっち》したときの価格を ＿＿＿＿ 価格という。

(5) 企業《きぎょう》間の競争を促《うなが》すために ①＿＿＿＿ が制定され，②＿＿＿＿ が監視《かんし》や指導にあたっている。

(6) 物価が継続《けいぞく》的に上昇《じょうしょう》し，貨幣《かへい》の値打ちが下がる現象を ①＿＿＿＿，逆に，物価が継続《けいぞく》的に下落し，貨幣の値打ちが上がる現象を ②＿＿＿＿ という。

(7) 日本の中央銀行は ＿＿＿＿ である。

(8) ＿＿＿＿，労働組合法，労働関係調整法の 3 つを労働三法という。

(9) 所得税や相続税では，課税対象の金額が高くなるほど税率を高くする ＿＿＿＿ のしくみがとられている。

(10) 日本の社会保障《ほしょう》制度は，社会保険，公的扶助《ふじょ》，社会福祉《ふくし》，＿＿＿＿ の 4 つを基本的な柱にしている。

2 国際社会

(1) 国家は，＿＿＿＿，国民（住民），領域の 3 つの要素から成り立っている。

(2) 第二次世界大戦以降に広がった，特定の地域の国々が協力関係を強めようとする動きを ＿＿＿＿ という。

(3) 地球温暖化への取り組みとして，2015 年に ＿＿＿＿ 協定が採《さい》択《たく》された。

(4) 先進工業国と発展途上《とじょう》国との間の経済格差や，そこから生まれるさまざまな問題を ＿＿＿＿ という。

(5) 1968 年，核《かく》保有国以外の国が核兵器を持つことを禁止する ＿＿＿＿ 条約が採択された。

得点アップ

需要量と供給量と価格の関係

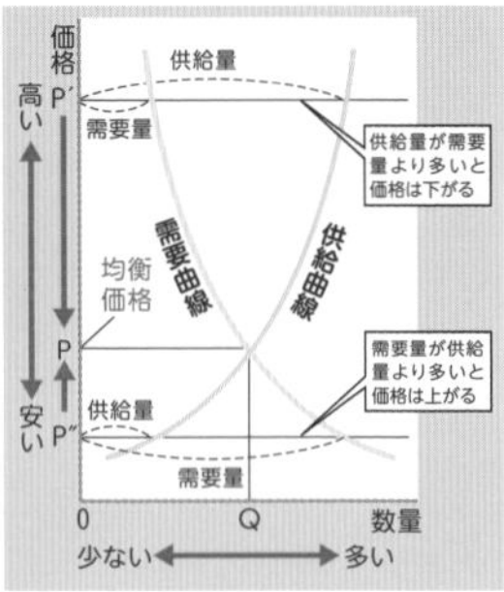

円高・円安のしくみ

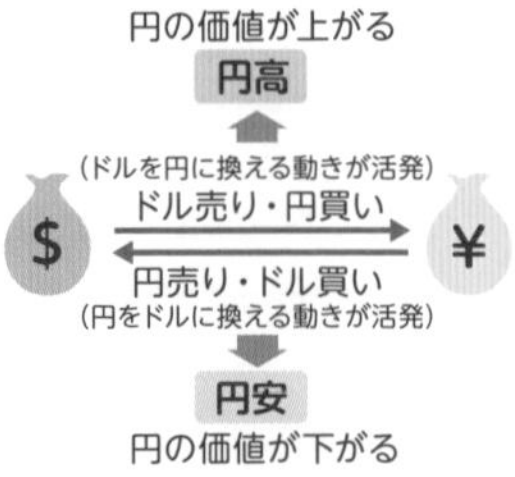

景気変動

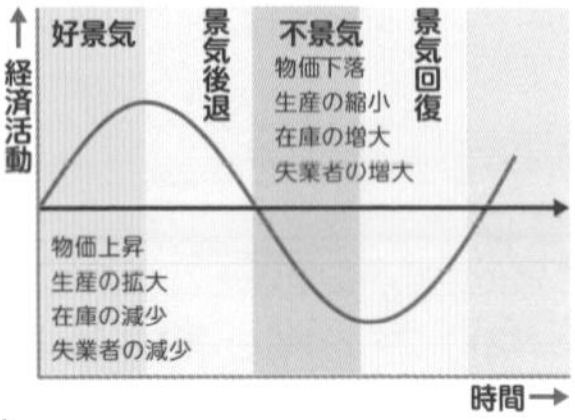

国際連合の主なしくみ

⇒【目標時間】20分 ／【解答】23ページ　　／50点

1 次の問いに答えなさい。

【(3) 10点，他は各5点】

(1) 次の文中の［　　　］にあてはまる語句を答えなさい。

> 株主は，所有する株式数に応じて会社から利潤《りじゅん》の一部を［　　　］として受け取る権利をもっている。

（　　　　　　　）

(2) 日本銀行の3つの役割は，「発券銀行」，「政府の銀行」ともう1つは何ですか。

（　　　　　　　）

(3) 間接税とはどのような税か，税金を納める人と負担する人の関係に着目して，簡潔に書きなさい。

（　　　　　　　　　　　　　　　　　　　　　　　　　　　）

(4) 右のグラフは，2022年度の国の歳出《さいしゅつ》の内訳である。社会保障関係費にあてはまるものを，グラフ中の**ア**～**エ**から1つ選び，記号で答えなさい。

（　　　　）

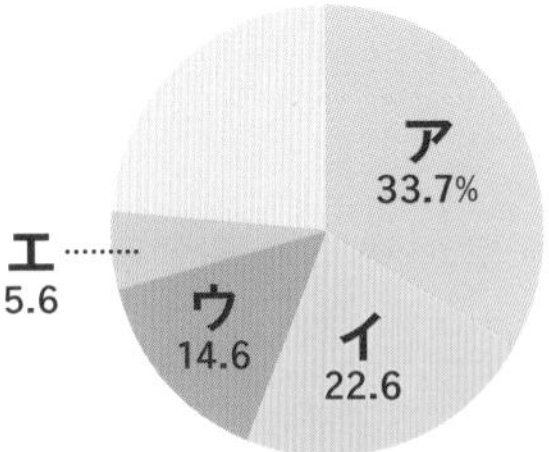

（2022/23年版「日本国勢図会」）

2 次の問いに答えなさい。

【(4) 10点，他は各5点】

(1) 国際連合（国連）について正しく説明しているものを，次の**ア**～**エ**から1つ選び，記号で答えなさい。

ア　本部はフランスのパリにある。

イ　安全保障理事会の常任理事国はドイツなどの5か国である。

ウ　ユニセフは世界遺産《いさん》などの文化財の保護活動を行っている。

エ　総会における議決権はすべての加盟国が平等に一票をもつ。　（　　　　）

(2) 地球温暖化の原因となる二酸化炭素やメタンなどのガスを何といいますか。

（　　　　　　　）

(3) 政治的な目的を達成するために，一般《いっぱん》の人々を無差別に殺傷するなどの非合法的な手段を行使することを何といいますか。

（　　　　　　　）

(4) フェアトレードとはどのような貿易のしくみか，「発展途上国」と「価格」の語句を用いて簡潔に書きなさい。

（　　　　　　　　　　　　　　　　　　　　　　　　　　　）

Finally, to the entrance exam questions!

社会

入試レベル問題 第1回

［制限時間］30分
［解 答］24ページ

／100点

1 次の表のA～Eは，中国，ドイツ，アメリカ合衆国，ブラジル，オーストラリアのいずれかです。これを見て，あとの問いに答えなさい。

［富山県］〈各７点〉

	首都の緯度《いど》	首都の経度	首都の１月の平均気温（℃）	首都の７月の平均気温（℃）	X社の店舗数《てんぽすう》	石炭の自給率（%）（2019年）	輸出相手国１位（2020年）
A	北緯52°	東経13°	0.9	19.8	1,480	0.0	E
B	南緯35°	東経149°	20.8	5.8	973	1351.8	C
C	北緯39°	東経116°	−3.1	26.7	2,631	94.8	E
D	南緯15°	西経47°	21.8	19.3	929	22.3	C
E	北緯38°	西経77°	2.3	26.6	14,036	144.8	Y
日本	北緯35°	東経139°	5.2	25.0	2,894	0.4	C

（「理科年表2021」，「世界国勢図会2022/23」，X社資料（2017年）より作成）

(1)　首都が熱帯に属する国を，表のA～Eから１つ選び，記号を書きなさい。　［　　］

(2)　X社は，多くの国に販売《はんばい》や生産の拠点《きょてん》をもち，国境を越えて活動している企業《きぎょう》です。このような企業を何というか，書きなさい。　［　　］

(3)　次の文は，表のA～Eのどの国の様子を説明したものか，記号と国名を書きなさい。

> 1990年代から急速な経済成長が始まり，製造された工業製品は世界中で広く使われるようになり，「世界の工場」と呼ばれるまでになった。

記号［　　］　国名［　　］

(4)　表の Y にあてはまる国を，次のア～エから１つ選び，記号で答えなさい。

ア　韓国《かんこく》　　イ　ロシア　　ウ　カナダ　　エ　オランダ　［　　］

2 次の問いに答えなさい。

《(5)10点，他は各５点》

(1)　次のア～ウのできごとを，年代の古い順に並べなさい。　［北海道］

ア　隋《ずい》が滅《ほろ》び，唐《とう》が中国を統一した。

イ　家柄《いえがら》にとらわれず役人を取り立てる冠位《かんい》十二階の制度が定められた。

ウ　大化《たいか》の改新と呼ばれる政治の改革が始まった。　［　→　→　］

(2)　奈良《なら》時代，日本に正式な仏教の教えやきまりを伝えた唐の僧を，次のア～エから１つ選び，記号で答えなさい。

ア　鑑真《がんじん》　　イ　最澄《さいちょう》　　ウ　空海《くうかい》　　エ　栄西《ようさい》《えいさい》　［　　］

(3) 鎌倉《かまくら》時代の武士について説明した次の文の①，②にあてはまる語句を，それぞれア，イから選んで答えなさい。 [北海道]

> 鎌倉時代の武士には，①（ア　地頭《じとう》　イ　守護《しゅご》）として土地の管理や年貢《ねんぐ》の取り立てを行った者もいた。武士は一族の長が子や兄弟などをまとめ，武士が亡くなると領地は分割して一族の②（ア　男性のみ　イ　男性と女性）に相続された。

① [　　　] ② [　　　]

(4) 桃山《ももやま》文化について述べた文として最も適切なものを，次のア～エから１つ選び，記号で答えなさい。 [岐阜県]

ア　雪舟《せっしゅう》が，自然などを表現する水墨画《すいぼくが》を完成させた。

イ　菱川師宣《ひしかわもろのぶ》が，都市の町人の生活をもとに浮世絵《うきよえ》を描《えが》いた。

ウ　狩野永徳《かのうえいとく》が，ふすまや屏風《びょうぶ》に，はなやかな絵を描《えが》いた。

エ　葛飾北斎《かつしかほくさい》が，錦絵《にしきえ》で優れた風景画を残した。 [　　　]

(5) オランダは，鎖国《さこく》下の日本で，貿易を許された唯一《ゆいいつ》のヨーロッパの国でした。オランダが日本との貿易を許された理由を，宗教に着目して簡潔に書きなさい。 [和歌山県]

[　　　　　　　　　　　　　　　　　　　　　　　　　　　　　　]

3 次の問いに答えなさい。 《(1) 12点，他は各6点》

(1) 日本国憲法を改正するためにはどのような手続きが必要ですか。「各議院」と「過半数」の語句を用いて簡潔に書きなさい。 [山口県]

[　　　　　　　　　　　　　　　　　　　　　　　　　　　　　　]

(2) 次の資料に示された，社会権の一つである権利の名を**漢字**で書きなさい。 [岐阜県]

資料　日本国憲法第25条の条文の一部

> すべて国民は，健康で文化的な最低限度の生活を営む権利を有する。

[　　　　]

(3) 衆議院と参議院に共通する事柄《ことがら》について述べた文として適当なものを，次のア～エから１つ選び，記号で答えなさい。 [愛媛県]

ア　任期６年の議員によって構成される。　　イ　解散されることがある。

ウ　内閣不信任案を決議する権限をもつ。　　エ　国政調査権をもつ。 [　　　]

(4) 次の文中の[　　　]にあてはまる語句を答えなさい。 [佐賀県]

> 地方自治は，よりよい社会を形成するために，住民一人一人が直接参加して生活に身近な問題の解決を目指す場面が多いことから，「[　　　]の学校」と呼ばれている。

[　　　　　]

社会

入試レベル問題 第2回

[制限時間] 30分
[解 答] 25ページ

／100点

1 略年表を見て，次の問いに答えなさい。 [栃木県・改]〈各 10 点〉

(1) Aの時期に起きたできごとを年代の古い順に並べ替えなさい。

ア 国会期成同盟が結成された。

イ 民撰議院設立《みんせんぎいんせつりつ》の建白書《けんぱくしょ》が提出された。

ウ 内閣制度が創設された。

エ 廃藩置県《はいはんちけん》が実施された。

時代	主なできごと	
明治《めいじ》	江戸《えど》を東京とし、東京府を置く…………… 大日本帝国《ていこく》憲法が発布される……………	↕ A
大正	東京駅が開業する…………… 「帝都復興事業」が始まる ……………	↕ B
昭和	東京で学徒出陣壮行会《しゅつじんそうこうかい》が行われる 日本国憲法が施行される…………… 東京オリンピックが開催《かいさい》される……………	↕ C

[→ → →]

(2) 次の文は，Bの時期に起きた社会運動について述べたものである。文中の□にあてはまる語句を答えなさい。

> 明治初期に出された「解放令」後も部落差別がなくならなかったため，平等な社会の実現を目指して，1922 年に□が結成された。

[ ]

(3) 下線部のできごとが起きた時期として適切なものを，右の図中のア～エから１つ選び，記号で答えなさい。 [ ]

盧溝橋《ろこうきょう》事件
↓ ア
真珠湾《しんじゅわん》攻撃
↓ イ
ミッドウェー海戦
↓ ウ
ポツダム宣言の受諾《じゅだく》
↓ エ
警察予備隊の創設

(4) Cの時期における国際社会の状況としてあてはまらないものを，次のア～エから１つ選び，記号で答えなさい。

ア 日本はサンフランシスコ平和条約を結んだ。

イ 日本は日ソ共同宣言に調印した。

ウ 朝鮮《ちょうせん》戦争が始まった。

エ 石油危機が起きた。 [ ]

2 次の問いに答えなさい。 〈各 10 点〉

(1) 次の文の①，②の(　　)にあてはまる語句をア，イからそれぞれ選びなさい。 [北海道・改]

> 日本列島は環太平洋《かんたいへいよう》造山帯に位置しており，標高の高い山が多い。山地を削《けず》る河川によって山間部から平野や盆地《ぼんち》に運ばれた土砂により①(ア 扇状地《せんじょうち》 イ 三角州《さんかくす》)がつくられる。また，河川によって河口まで運ばれた細かい土砂や泥《どろ》により，②(ア 扇状地 イ 三角州)がつくられる。

① [ ] ② [ ]

(2)　次の表は，右の地図で示した４つの道府県の農業産出額，米の産出額，農業産出額に占《し》める米の割合（2020年）を示しています。地図中のXの道府県にあてはまるものを，表中の**ア**～**エ**から１つ選び，記号で答えなさい。　［栃木県・改］

道府県	農業産出額（億円）	米の産出額（億円）	農業産出額に占める米の割合（%）
ア	12,667	1,198	9.5
イ	4,772	208	4.4
ウ	2,526	1,503	59.5
エ	311	65	20.9

（「県勢」により作成）

［　　］

3 次の問いに答えなさい。

［栃木県・改］《(4)15点，他は各5点》

(1)　経済活動の規模をはかる尺度として用いられる，国内で一定期間（通常１年間）に生産された財やサービスの付加価値の合計を何といいますか。　［　　　　］

(2)　右の図１，図２は，製品Ａの需要《じゅよう》量と供給《きょうきゅう》量，価格の関係を示したものです。図１中の②の曲線が図２中の②'の位置に移動したときの説明として適切なものを，次の**ア**～**エ**から１つ選び，記号で答えなさい。

図1

図2

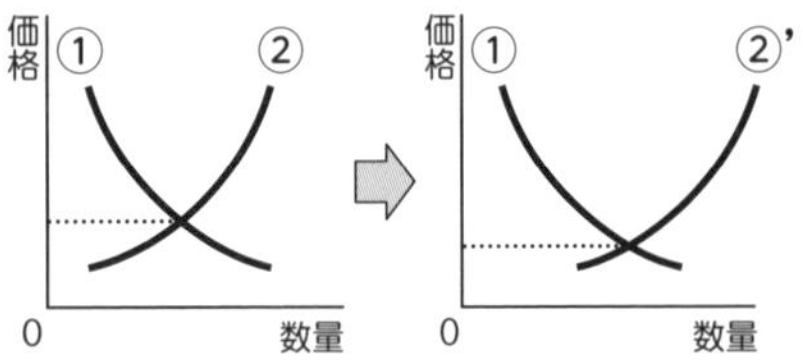

ア　環境に配慮《はいりょ》した製品Ａへの注目が集まり，需要量が増えた。
イ　製品Ａに代わる新製品が発売され，製品Ａの需要量が減った。
ウ　製品Ａを製造する技術が向上して大量生産が可能になり，供給量が増えた。
エ　部品の入手が困難になり，製品Ａの供給量が減った。　［　　］

(3)　金融《きんゆう》政策について，次の文中の[Ⅰ]，[Ⅱ]に当てはまる語句の組み合わせとして適切なものを，下の**ア**～**エ**から１つ選び，記号で答えなさい。

> 好景気の（景気が過熱する）とき，[Ⅰ]は公開市場操作を行い，国債《こくさい》などを[Ⅱ]ことで，一般《いっぱん》の金融機関の資金量を減らす。

ア　Ⅰ－日本政府　Ⅱ－買う　**イ**　Ⅰ－日本政府　Ⅱ－売る
ウ　Ⅰ－日本銀行　Ⅱ－買う　**エ**　Ⅰ－日本銀行　Ⅱ－売る　［　　］

(4)　累進《るいしん》課《か》税《ぜい》とはどのような制度か，「所得」と「税率」の語句を用いて簡潔に書きなさい。
［　　　　　　　　　　　　　　　　　　］

③ 次の文章は、日本の伝統芸能である「狂言《きょうげん》」を学ぶときの心構えを説いたものである。読んで、後の問いに答えなさい。

〔山口県・改〕〈(1)10点・他各20点〉

昔人いふ。器用なる者は頼《たの》みて（〈自分の器用さを〉あてにして）必ず油断あり。不器用なる者は我身を①かへりみ（気にかけ）、遅《おく》れじと嗜《たしな》むゆゑ（遅れまいとして励むので）追ひ越《こ》す。学文*もかくの如《ごと》く（このようである）と言へり。器用なる者は早合点《はやがてん》して（覚えたつもりで）根を深く問はず、なほざりなり（いい加減である）。②覚えねば問はぬに同じ。心に入《いり》よく覚えたる事も忘るるは常の習ひ、いかに賢《かしこ》く器用なりと（どれほど賢く器用だとしても）覚えぬことはなるまじ（覚えていないことはうまくいくはずがない）。不器用なる者の、退《たい》屈《くつ》なく精を出《いだ》したるは藝*《げい》になづまず（行きなやむことなく）、後によくなる（少しずつ上達する）と言へり。

（「わらんべ草《ぐさ》」より）

*学文…学問。

*藝…修練によって身についた技能。「芸」と同じ。

(1) ――線部①「かへりみ」を現代仮名遣《かなづか》いで書きなさい。

〔　　　　〕

(2) ――線部②「覚えねば問はぬに同じ」の解釈《かいしゃく》として適切なものを次から一つ選び、記号で答えなさい。

ア 物事を中途半端《ちゅうとはんぱ》に覚えていると、信頼《しんらい》を失って質問をしてくる者がいなくなる。

イ 物事をしっかりと覚えていないと、学んだことを深く追究することができない。

ウ 覚えたことはよく忘れてしまうので、たびたび疑問が生じることは仕方がない。

エ 覚えた内容が不十分なままだと、それを他人に教えることはできるはずがない。

〔　　　　〕

(3) 文章中で、芸の上達のために大切なことは何であると筆者は述べていますか。「継続《けいぞく》」という言葉を用いて、十五字以内の現代語で説明しなさい。

国語

入試レベル問題

第2回

［制限時間］30分
［解　答］26ページ

／100点

1 次の――線部の漢字の読みを、平仮名《ひらがな》で書きなさい。また、片《かた》仮名《かな》の部分を漢字で書きなさい。［青森県］〈各3点〉

⑴ 丹精こめて咲《さ》かせた花。〔　　〕

⑵ 全ての情報を網羅した資料。〔　　〕

⑶ 世界最古の鋳造貨幣《かへい》を見る。〔　　〕

⑷ 観光資源が街の発展を促す。〔　　〕

⑸ 元旦《がんたん》には近くの神社に詣でる。〔　　〕

⑹ ジュンジョ立てて考える。〔　　〕

⑺ 内容をカンケツにまとめる。〔　　〕

⑻ この辺りは日本有数のコクソウ地帯だ。〔　　〕

⑼ 堂々とした姿で開会式にノゾむ。〔　　〕

⑽ きつい練習にもネをあげることはない。〔　　〕

2 次の問いに答えなさい。

⑴ 次の――線部「起きる」と活用の種類が同じものを後から一つ選び、記号で答えなさい。［新潟県］〈各10点〉

＊朝起きると、すぐに散歩に出かけた。

ア 目を閉じると、次第に気持ちが穏《おだ》やかになった。
イ 家に帰ると、妹と弟が部屋の掃除《そうじ》をしていた。
ウ 山を眺《なが》めると、頂上に白い雲がかかっていた。
エ 姉が来ると、家がいつもよりにぎやかになった。

〔　　〕

⑵ 次の――線部「から」と意味・用法が同じであるものを後から一つ選び、記号で答えなさい。

＊できることから始めてみる。

ア 新年度からバスで学校へ行く。
イ 豆腐《とうふ》は主に大豆から作られる。
ウ 過去の経験から状況《じょうきょう》を判断する。
エ 練習が終わった人から帰宅する。

〔　　〕

〇倍前後の収量であるのに対して、イネは一一〇～一四〇倍もの収量がある。イネは生産力がずば抜《ぬ》けて高いのである。

イネとムギ類とは栽培されている環境《かんきょう》や土地も異なるし、栽培技術も異なるから、単純な比較はできないが、イネが多くの食糧を生み出してきたことは間違いがない。

実際に、現在でも、世界の人口密度が高い地域は、稲作《いなさく》地帯と一致《いっち》する。イネを作ることは多くの人口を養うことを可能にするのである。

田んぼで展開される稲作は、世界がうらやむような農業だったのである。

（稲垣栄洋《いながきひでひろ》「イネという不思議な植物」〈筑摩書房〉より）

(1) ――線部①「これこそが、……思えるのである。」について、筆者がすごいと考えているのは、日本の田んぼのどのような点ですか。次の文の□に当てはまる言葉を、文章中の言葉を用いて、六字以上十字以内で書きなさい。

＊日本の田んぼの、□点。

(2) ――線部②「イネは生産効率も良かった」について、生産効率は何によって判断されるのですか。文章中の言葉を用いて、十一字以上十五字以内で書きなさい。

(3) この文章の構成や表現の特徴《とくちょう》について適切でないものを次から一つ選び、記号で答えなさい。

ア 「しかし」、「一方」等の語句を用いて日本とヨーロッパを比較し、日本の稲作の特徴を明確に提示している。

イ イネとムギの収量を客観的な数値をもとに比較することで、ムギに比べてイネの生産力が高いことを提示している。

ウ 「すごさを物語っている」、「世界がうらやむような」等の主観的表現を用いて、日本の稲作の優れた点を強調している。

エ 日本のイネの優れた点について、内容のまとまりごとに小見出しを付け、起承転結《きしょうてんけつ》という構成をもとに順序立てて提示している。

［　　］

2 次の――線部の漢字の読みを、平仮名《ひらがな》で書きなさい。 ［千葉県］〈各10点〉

(1) 髪飾《かみかざ》りの映える女性。［　　］

(2) 着物に足袋の風流ないでたち。［　　］

(3) 大型楽器が貸与される。［　　］

(4) 塗料《とりょう》が剥落する。［　　］

国語

入試レベル問題

第1回

［制限時間］30分
［解　答］27ページ

／100点

1 次の文章を読んで、後の問いに答えなさい。　［大分県・改］〈各20点〉

ごちゃごちゃした日本の風景

最近ではヨーロッパの鉄道旅を紹介《しょうかい》するようなテレビ番組は多い。

ヨーロッパを旅すると、車窓に広がる牧歌的な風景の美しさにはため息が出る。

そんな風景に見慣れてから、日本に帰国すると、本当にガッカリさせられる。飛行機から見る風景も、車窓から見える風景も、とにかく日本はごちゃごちゃしていて猥雑《わいざつ》なのだ。

しかし……と私は思う。

①**これこそが、日本の田んぼのすごさを物語っているように思えるのである。**

ヨーロッパの農村風景を見ると、広々とした畑が広がり、その遠くに家々が見える。

しかし、この風景の成立した背景を考えてみると、昔は、この小さな村の人たちが食べていくために、これだけ広大な農地が必要だったということでもある。

一方、日本では田畑の面積が小さく、そこら中に農村集落がある。

つまり、少ない農地でたくさんの人たちが食べていくための食糧《しょくりょう》を得ることが可能であったということに他ならない。

ヨーロッパは土地がやせていて、土地の生産力が小さい。

しかも、ヨーロッパの中でもムギを作ることができたのは恵《めぐ》まれた土地である。

やせた土地では、ムギを作ることはできなかった。そのため、牧草を育てて、家畜《かちく》を育てたのである。

生産性の高いイネ

さらには、土地の生産力の違《ちが》いに加えて、ムギとイネという植物の違いもある。イネはムギに比べて、収穫量《しゅうかくりょう》の多い作物なのである。

また、収量の多い②**イネは生産効率も良かった。**

ヨーロッパでは主にコムギやオオムギなどのムギ類が栽培《さいばい》されるが、一五世紀のヨーロッパでは、播《ま》いた種子の量に対して、三～五倍程度の収量しか得ることができなかった。一方、日本ではイネが栽培されるが、同じ一五世紀の室町《むろまち》時代の日本では、イネは播いた種子の量に対して二〇～三〇倍もの収量が得られたのである。

化学肥料が発達した現在で比較《ひかく》しても、コムギは播いた種子の二

Step 2 >>> 実力をつける

⇒【目標時間】20分／【解答】27ページ

／50点

1 **次の――線部と意味・用法が同じであるものを、後からそれぞれ一つずつ選び、記号で答えなさい。**【各4点】

(1) 風で帽子《ぼうし》を飛ばされる。（　　）
ア 先生がこちらへ来られる。　イ 火を通せば食べられる。
ウ 手伝ってほめられる。　エ 昔のことがしのばれる。

(2) ドアが開かないので、困った。（　　）
ア 箱の中には何もない。　イ 仕事があまり進まない。
ウ 今日は暑くない。　エ 負けてしまって情けない。

(3) 入学試験は、昨日行われた。（　　）
ア 中学では野球部員だった。　イ 壁《かべ》にかかった絵を見る。
ウ 今、帰ったところだ。　エ 赤い靴《くつ》を履《は》いた女の子。

(4) 彼《かれ》はアメリカに留学しているらしい。（　　）
ア あの子はかわいらしい。　イ 子どもらしい遊びをする。
ウ 王者らしい試合ぶり。　エ 雨が、もうやんだらしい。

2 **次の――線部「そうだ」について、〈　〉の意味・用法の違《ちが》いに注意して、□に当てはまる言葉を書きなさい。**【6点】

・彼は今度の大会に参加しそうだ。〈様態〉
・彼は今度の大会に□そうだ。〈伝聞〉（　　）

3 **次の――線部の意味・用法を後の□から選び、記号で答えなさい。**【各4点】

(1) 父は会社から帰宅したばかりです。（　　）
(2) 昼食後に、三十分ばかり昼寝《ひるね》をした。（　　）
(3) 自分の好きなものばかり食べてしまう。（　　）
(4) 欲を出したばかりに、結果的に損をした。（　　）

ア 程度　イ 限定　ウ 直後　エ 原因・理由

4 **次の――線部を、特別な敬語の動詞を使った表現に直して書きなさい。**【各4点】

例 片づけは、あなたがしたのですか。→（なさった）
(1) どうぞ、冷たいジュースでも飲んでください。（　　）
(2) 先生が言ったことを、ノートにメモしておく。（　　）
(3) 先生の描《か》かれた絵を見る。（　　）

文法②

付属語／敬語

Step-1 ≫ 基本を確かめる

⇒【解答】28ページ

1 付属語

★次の文から付属語を全て探し、――線を引きましょう。(文は文節に分けてあります。)

(1) 子犬が　水を　飲んで　いた。

(2) 天気予報に　よると、　雨は　降らないそうだ。

2 助動詞

★次の――線部の助動詞の意味を後の［　］から選び、記号で答えましょう。

(1) この仕事は、いつ終わりますか。［　］

(2) 彼《かれ》は、何か言いたがっている。［　］

(3) 向こうに見える山が富士山《ふじさん》だ。［　］

ア 過去　イ 断定
ウ 丁寧《ていねい》　エ 希望

3 助詞

★次の――線部の助詞の種類を後の［　］から選び、記号で答えましょう。

(1) 僕《ぼく》に手伝わせてください。［　］

(2) 試合中にけがをしてしまった。［　］

ア 格助詞　イ 接続助詞
ウ 副助詞　エ 終助詞

4 敬語

★次の――線部の敬語が、尊敬語ならばA、謙譲語《けんじょうご》ならばB、丁寧語ならばCと答えましょう。

(1) 叔母《おば》に、本をお返しする。［　］

(2) 私は、十分前に、ここに着きました。［　］

(3) 先生が童話の本をくださる。［　］

得点アップ

付属語とは？

◎それだけでは意味がわからず、自立語の後に付く。

◎一文節中にないことも、複数あることもある。

◎**活用する助動詞**と、**活用しない助詞**の二種類がある。

尊敬語と謙譲語のいろいろ

◎**助動詞「れる・られる」**(尊)

◎**「お(ご)～になる」**(尊)

◎**「お(ご)～する」**(謙)

◎**特別な敬語の動詞**

例 「見る」の敬語の動詞

・ご覧《らん》になる (尊)

・拝見する (謙)

Step-2 >>> 実力をつける

⇩【目標時間】20分／【解答】28ページ

/50点

1 次の――線部の単語の品詞名を後の□から選び、記号で答えなさい。【各3点】

(1) 冷たい雨は、やがてやむだろう。（　　）

(2) 秋の空は、どこまでも青く澄《す》んでいた。（　　）

(3) 電車、または、バスに乗って行こう。（　　）

(4) ロボットに必要な部品をそろえる。（　　）

(5) こんにちは、お久しぶりですね。（　　）

(6) 彼《かれ》に欠けているのは、決断力と勇気だ。（　　）

(7) これが、いわゆる民主主義というものだ。（　　）

(8) 書店でおもしろそうな絵本を買ってきた。（　　）

ア 動詞	イ 形容詞	ウ 形容動詞
エ 名詞	オ 副詞	カ 連体詞
キ 接続詞	ク 感動詞	

2 次の文の□には、「笑う」の活用形が当てはまります。適切な形に直して書きなさい。【各3点】

(1) 彼のしぐさに思わず□てしまった。（　　）

(2) 僕《ぼく》の話を聞いて□ないでください。（　　）

(3) 女の子は楽しそうに□ました。（　　）

(4) 彼女《かのじょ》は、□ときにえくぼができる。（　　）

(5) こんなときは□ばいいと思うよ。（　　）

(6) □うとしたが、そんな気分ではない。（　　）

3 次の――線部の副詞の種類を後の□から選び、記号で答えなさい。【各2点】

(1) 今日は昨日よりもずいぶん寒い。（　　）

(2) 休日は、家でのんびり本を読んで過ごす。（　　）

(3) 私は、何があっても決してあきらめない。（　　）

(4) 遠くで雷《かみなり》がゴロゴロ鳴っている。（　　）

ア 状態の副詞	イ 程度の副詞	ウ 呼応の副詞

Almost there!

文法① 自立語

Step-1 基本を確かめる

⇩【解答】28ページ

1 品詞分類表

★次の品詞分類表の［　］に、当てはまる品詞名を書きましょう。

- 自立語
  - 活用する ― 述語になる（用言《ようげん》）
    - ウ段で終わる ―― (1)［　］
    - 「い」で終わる ―― (2)［　］
    - 「だ・です」で終わる ―― (3)［　］
  - 活用しない
    - 主語になる（体言《たいげん》）―― (4)［　］
    - 修飾《しゅうしょく》語《ご》になる
      - 主に連用修飾語になる ―― (5)［　］
      - 連体修飾語になる ―― (6)［　］
    - 接続語になる ―― (7)［　］
    - 独立語になる ―― (8)［　］
- 付属語
  - 活用する ―― 助動詞
  - 活用しない ―― 助詞

2 活用する自立語

★次の――線部は活用する自立語です。それぞれを終止形（言い切りの形）に直して書きましょう。

(1) 庭の掃除《そうじ》は私がします。［　］

(2) その場が和やかになる。［　］

(3) 傘《かさ》がなければぬれてしまう。［　］

3 活用しない自立語

★次の文から【　】に示した単語を探し、――線を引きましょう。（文は文節に分けてあります。）

(1) とても　大変な　ことが　起こる。【名詞】

(2) あの　鳴き声は、たぶん　ひばりだ。【連体詞】

(3) 少女が　両手を　ぱっと　開く。【副詞】

(4) 雨だ。しかも、風も　出て　きた。【接続詞】

(5) ああ、今日は　いい　天気だなあ。【感動詞】

得点アップ

自立語とは？

◎それだけで意味がわかる。
◎一文節に、必ず一つある。
◎常に文節の初めにある。
◎単独で、あるいは、付属語を伴《ともな》って文節を作る。

活用する自立語

動詞・形容詞・形容動詞があり、これらを「用言」という。

◎**動詞** 例 歩く・笑う
◎**形容詞** 例 美しい・赤い
◎**形容動詞** 例 きれいだ・静かです

＊「用言」に対して、名詞のことを「体言」という。

Step-2 >>> 実力をつける

⇩【目標時間】20分／【解答】29ページ

/50点

1 **次の文章を読んで、後の問いに答えなさい。**【各10点】

*亀山殿《かめやまどの》建てられんとて、地を引かれけるに（地ならしをなさったところ）、大きなる蛇《くちなは》、数も知らず（数えきれないほど）凝《こ》り集まりたる*塚《つか》ありけり。この所の神なりといひて、ことのよし（事の次第）をまうしければ、「①いかがあるべき」と勅問《ちよくもん》ありけるに（上皇がお尋《たず》ねになったので）、「古くよりこの地を占《し》めたる（居場所としている）物ならば、さうなく掘《ほ》り捨てられがたし（むやみに掘り起こしてお捨てになることは難しいです）」と皆人《みなひと》まうされけるに、*この大臣《おとど》一人、「王土にをらん蟲《むし》（上皇が治める土地にいる生き物が）、皇居を建てられんに、②何のたたりをかなすべき（何の災いももたらすはずがありません）。*鬼神《きじん》はよこしま（道理に外れた行い）なし。③とがむべからず（〈蛇は〉責めるはずがありません）。ただ皆掘り捨つべし」とまうされたりければ、塚をくづして、蛇をば大井川《おほゐがは》に流してけり。さらにたたり（災い）なかりけり。

（兼好法師《けんこうほうし》「徒然草《つれづれぐさ》」より）

*亀山殿…後嵯峨《ごさが》上皇が造営した御所《ごしょ》。
*塚…土が盛り上がっている所。
*この大臣…亀山殿の建設の責任者。
*鬼神…本文二行目の「神」と同じ。

(1) 〰〰線部「まうしければ」の読み方を現代仮名遣いで、すべて平仮名で書きなさい。（　　）

(2) ══線部「さらに」の意味を次から一つ選び、記号で答えなさい。

ア　そのうえ　　イ　こうして
ウ　あまり　　エ　まったく
（　　）

(3) ──線部①「いかがあるべき」とありますが、上皇は、どのようなことを尋ねているのですか。適切なものを次から一つ選び、記号で答えなさい。

ア　何匹《びき》の蛇《へび》がいるのか。　　イ　どれほどの大きさの蛇か。
ウ　蛇をどう扱《あつか》えばよいか。　　エ　なぜ蛇が集まったのか。
（　　）

(4) ──線部②「何のたたりをかなすべき」には、係り結びが用いられています。係りの助詞を書き抜《ぬ》きなさい。（　　）

(5) ──線部③「とがむべからず」とありますが、大臣がそう考えた理由として適切なものを次から一つ選び、記号で答えなさい。

ア　蛇は人々に害をおよぼすので、退治するべきだから。
イ　上皇が治める土地に皇居を建てるのは当然のことだから。
ウ　上皇は道理をわきまえていて、蛇を大切に扱うから。
エ　蛇は生き物だが、神様としてあがめるべき存在だから。
（　　）

古文 歴史的仮名遣《かなづか》い／古文の特徴《とくちょう》

Step-1 基本を確かめる

⇒【解答】29ページ

◆次の文章を読んで、下の問いに答えましょう。

雪のいと（とても）高う降り積もりたる夕暮《ゆふぐれ》より、端近《はしちか》う（部屋の端に近い所で）、同じ心なる人二、三人ばかり、火桶《ひをけ》を中にすゑて、物語など（話などをする）するほどに、暗うなりぬれど、こなたには火もともさぬに、おほかた（辺り一帯）の雪の光、いと白う見えたるに、火《ひ》箸《ばし》して灰などかきすさみて（火箸で灰などを気の向くままにかき回して）、あはれなるもをかしきも（しんみりしたこともおもしろいことも）、言ひ合はせたる□をかしけれ（おもしろい）。

（清少納言《せいしょうなごん》「枕草子《まくらのそうし》」より）

1 歴史的仮名遣《かなづか》い

★ 線部「すゑて」の読み方を現代仮名遣いで、全て平仮名で書きましょう。

2 古語

★ 線部「こなた」の意味を次から一つ選び、記号で答えましょう。

ア これ　イ こうして
ウ こちら　エ このように

3 係り結び

★ □に補う係りの助詞として適切なものを次から一つ選び、記号で答えましょう。

ア か　イ こそ
ウ さえ　エ も

得点アップ

歴史的仮名遣いの読み方

◎語頭以外の「は・ひ・ふ・へ・ほ」→わ・い・う・え・お
◎「ゐ・ゑ・を」→い・え・お
◎「au・iu・eu・ou」→ô・yû・yô・ô
例 まうす→もうす
◎「くわ・ぐわ」→か・が
◎「ぢ・づ」→じ・ず
◎促音《そくおん》・拗音《ようおん》
例 せつく→せっく（節句）
例 きよく→きょく（曲）

「係り結び」とは

古文の表現技法の一つ。作者や登場人物の感動などを強調したり、疑問などを表したりする技法。
文中に、決まった係りの助詞（ぞ・なむ・や・か・こそ）が置かれると、文末（結び）が、終止形以外の形に変化する。

＊④心象風景ってやつだろうか。などと最初は思った。
でも、どうやら違《ちが》うらしい。泣き声は本物だ。
目の前には児童公園があって、ブランコのところで幼稚園《ようちえん》か小学校1、2年生くらいの小さい子が泣いていた。そのまわりにはもう少し体格のいい歳上《としうえ》の子たちがいる。

（川端裕人《かわばたひろと》「風に乗って、跳《と》べ　太陽ときみの声」〈朝日学生新聞社〉より）

＊心象風景…ここでは、心の中に浮《う》かんだことが、現実のように感じられること。

(1) ――線部①「一度だけ生徒会室を振り返って」とありますが、華が「生徒会室」でしてきたことを次のように説明しました。［X］に当てはまる言葉を、文章中の言葉を用いて十字以内で書きなさい。

＊ついさっき、生徒会室で、［X］を伝えてきた。

(2) ――線部②「自分自身に言い聞かせた」とありますが、このときの華の気持ちを説明した次の文の［Y］に当てはまる言葉を、文章中から八字で書き抜《ぬ》きなさい。

＊立候補しても落ちるのに、［Y］のはバカらしいし、自分は生徒会に向かず、リーダーの器ではないと思っている。

(3) ――線部③「混ぜっ返してしまう」のここでの意味として適切なものを次から一つ選び、記号で答えなさい。

ア　強く反対して、自分の意見を通してしまう。
イ　異論を唱えて、話を混乱させてしまう。
ウ　怒《おこ》って、みんなの機嫌《きげん》を損ねてしまう。
エ　どうでもよくなって、投げ出してしまう。

（　　）

(4) ［　］に当てはまる言葉を次から一つ選び、記号で答えなさい。

ア　せいせいした　　イ　がっかりした
ウ　どんよりした　　エ　しみじみした

（　　）

(5) ――線部④「心象風景ってやつだろうか。」とありますが、そう思った理由を説明した次の文の［A］・［B］に当てはまる言葉を、文章中からそれぞれ八字で書き抜きなさい。

＊華は、生徒会を［A］だと思ったが、これからのことを思うと、なんだか［B］がして、その心細さが小学校低学年の頃に感じた気持ちと同じだったから。

A

B

文章読解②

小説

Step-2 実力をつける

【目標時間】20分 ／【解答】30ページ

／50点

1 **次の文章を読んで、後の問いに答えなさい。** 【(3)(4)各5点・他は各10点】

ゴム底の靴《くつ》をキュッキュッと鳴らして校長室の前を過ぎ、昇降口《しょうこうぐち》から外に出た。校門のところで①一度だけ生徒会室を振《ふ》り返って、華《はな》は駅の方へと足早に歩き始めた。

県立みらい西高校の生徒会は毎年5月に改選される。去年、入学早々の選挙で事務局員、つまりヒラの生徒会メンバーになった華は、次の選挙でなんらかの「役」に立候補することになっていた。できれば、美桜《みお》が会長で自分が副会長にと思っていたのに、あてが外れた。会長には同学年の男子、加藤《かとう》が立って、美桜は副会長を目指す。

じゃあ、自分はどうしよう。

成績優秀《ゆうしゅう》、容姿端麗《たんれい》、人望も厚い美桜が相手では分が悪すぎる。落ちると分かっている選挙のために、推薦人《すいせんにん》20人の署名を集め、実現もしないようなことを公約に掲《かか》げ、形の上でだけ競う。そんなのはバカらしすぎる。

だから「選挙には出ません」と伝えた。おとなげないと言われたけれど、まだおとなじゃないし。

「もともと生徒会なんて向いてないよね。わたしは、リーダーの器じゃない」

華は口の中でぼそっとつぶやいて、②自分自身に言い聞かせた。

我ながら、まったくイケてない。華という名前からして、古風すぎて華々《はなばな》しさからほど遠い。おまけにいったん疑問を持つと、みんな納得していることでも③混ぜっ返してしまう面倒《めんどう》くさい性格だ。生徒会ってなんだろうって考え始めたら、いろんなことが気になってきて、今、選挙に向かって進もうとしているメンバーと話が合わなくなってしまった。

本当に生徒会って矛盾《むじゅん》だらけだ。選んでくださった人たちの意思を尊重しなければならないのに、実際は、先生の思惑《おもわく》と生徒の願望の間で板挟《いたばさ》みになることがほとんどだし、いくらがんばっても、部活動の予算のことで恨《うら》まれたり、ささいな不手際《ふてぎわ》を責められたりもする。1年でやめて正解だ。

でも、これからは「帰宅部」になってしまうんだろうなあと考えたら、ちょっと泣けてきた。なんだか居場所がない感じがする。こんなに心細いのは、泣き虫だった小学校低学年の頃《ころ》以来かもしれない。

□気分のまま歩いていると、ふいに小さい子の泣き声が聞こえてきた。

記憶《きおく》の中の幼い自分の泣き声？

う何十年も、同じ家に住んでる」
「ふうん。どこなん?」
「東京の恵比寿《えびす》」
変な名前だな、と夏実は思った。外国の地名みたいだ。
「洋食屋さんなんだ。常連のお客さんもいっぱいいる。そのひとたちも、何十年も通ってくれてるんだよ」
日頃《ひごろ》はひかえめな隼人らしくもない、得意そうな口ぶりだった。表情をひきしめ、夏実の目をのぞきこむ。
③「僕も将来はコックになりたいんだ」
重大な秘密を告げるかのような、厳かな声音《こわね》だった。
「いいと思う」
夏実もつられて神妙《しんみょう》に応えた。隼人は手先が器用だから、料理も上手そうだ。
「夏実ちゃんは? 将来、なにになりたい?」
すぐには答えられなかった。幼稚園《ようちえん》の頃《ころ》はお姫様《ひめさま》になりたかったし、オリンピックのテレビ中継《ちゅうけい》を観《み》て女子サッカー選手にあこがれたこともある。でも、隼人が求めているのはそんな返事ではないだろう。
真剣《しんけん》なまなざしから逃《のが》れるように、夏実は視線を④すべらせた。隼人の肩越《かたご》しに、整然と並ぶトマトの苗木《なえぎ》が目に入った。
(瀧羽麻子《たきわあさこ》「トマトの約束」『女神《めがみ》のサラダ』〈光文社〉より)

3 様子・行動

★――線部②「おじいちゃんとおばあちゃん」への思いは、隼人のどんな様子に表れていますか。[ ]に当てはまる言葉を文章中から八字で書き抜きましょう。

＊隼人が、洋食屋さんのことを[ ]で話す様子。

4 心情

★――線部③「将来はコックになりたい」と言ったときの気持ちを次から一つ選び、記号で答えましょう。

ア その場の思いつきの軽い気持ち。
イ ぜひなりたいという強い気持ち。
ウ なれればいいという淡《あわ》い気持ち。

[ ]

5 表現の工夫

★――線部④「すべらせた」のここでの意味と似た意味の言葉を次から一つ選び、記号で答えましょう。

ア 上げた　**イ** もどした
ウ 移した　**エ** 落とした

[ ]

心情の捉え方
小説では、さまざまな表現によって心情が表される。
◎様子・行動…様子がどんな心情を表しているのか、なぜ、そんな行動をとったのかを考える。
◎会話…会話の中の心情を表す言葉の他に、場面の状況《じょうきょう》から会話が表す心情を考える。
◎情景…情景によってそれとなく暗示される、人物の心情を捉える。
例「明るい春の光」
→希望や期待感など。

表現の工夫の捉え方
◎慣用句
◎擬態語《ぎたいご》・擬声語
◎比喩
◎作者独自の言葉
これらを押さえ、何を表すかを考える。

4日目

文章読解② 小説

Step-1 基本を確かめる

【解答】30ページ

★次の文章を読んで、下の問いに答えましょう。

小学二年生の夏実《なつみ》は、転校生の隼人《はやと》と仲良くなった。

隼人の父親は工場の生産工程を管理する技師で、全国の製造拠点《きょてん》を転々としているという。金沢《かなざわ》よりもっと小さな町で暮らしていたこともあると聞いて、夏実は少し意外だった。隼人の標準語が板についているのは、都会で育ったためではなく、東京出身の両親の影《えい》響《きょう》らしい。

はるか遠くの見知らぬ①土地の話を隼人から聞くのが、夏実は好きだった。勤勉なマルハナバチの羽音がかすかに響《ひび》く、閉ざされ守られたハウスの中で、未知の風景に想《おも》いをはせた。夏実自身は生まれてこのかた、金沢市内から出たことすらなかった。

「いいね、いろんなところに行けて」

一度、なにげなく言ってみたことがある。

「ひとつの場所に長いこと住むほうがいいよ」

いつになく強い口調で、隼人は否定した。

「僕《ぼく》②のおじいちゃんとおばあちゃんもそうなんだ。も

1 場面

★夏実と隼人が話をする場面が描《えが》かれていますが、場所はどこですか。A・Bに当てはまる言葉を、文章中からそれぞれ三字で書き抜《ぬ》きましょう。

＊Aを育てているBの中。

A

B

2 情景

★——線部①「勤勉なマルハナバチの羽音がかすかに響く」が表す様子として適切なものを次から一つ選び、記号で答えましょう。

ア 騒《さわ》がしさ

イ 軽やかさ

ウ 楽しさ

エ 静けさ

得点アップ

場面を構成する要素

次の四つの要素を押《お》さえる

◎いつ…季節・一日のいつか

◎どこで…場所・周囲の様子

◎誰《だれ》が…登場人物・人物関係

◎どうした…出来事・言動

情景の捉《とら》え方

◎色・におい・音など、感覚的表現に注目する。

◎大と小、動と静、明と暗など、対比表現をつかむ。

◎比《ひ》喩《ゆ》表現を押さえる。

かし、③そうした態度はすでに限界を迎《むか》えている。私たちは、公共の問題にもう無関心でいられないし、自分個人のあり方についても、いろいろな人から意見を聞いて考え直してみたいと思っているのである。

（河野哲也《こうのてつや》「人は語り続けるとき、考えていない　対話と思考の哲学」〈岩波書店〉より）

＊頬かむり…知っていながら、知らないふりをすること。

(1)［　］に当てはまる言葉を次から一つ選び、記号で答えなさい。

ア　だが　　イ　さらに
ウ　また　　エ　たとえば

（　　）

(2)　――線部①「真理を求める会話」とありますが、これと比較《ひかく》して用いられている言葉を、文章中から二つ、それぞれ二字で書き抜《ぬ》きなさい。

□□・□□

(3)　――線部②「これらのこと」が指す内容を文章中から七十字以内で探し、初めと終わりの四字を書き抜きなさい。

□□□□～□□□□

(4)　――線部③「そうした態度」とは、どのような態度ですか。その説明として適切なものを次から一つ選び、記号で答えなさい。

ア　政治や地域での生活に関心をもち、社会における自分個人のあり方を見つめようとする態度。

イ　社会が抱《かか》える難しい問題にも個人の生活を楽しむことにも、真剣に向き合おうとする態度。

ウ　人生の難しい課題は人に任せて、自分は生活に必要なことにしか取り組もうとしない態度。

エ　自分の生活のことよりも、地域などの身近な問題に取り組み、解決しようとする態度。

（　　）

(5)　この文章を大きく二つに分けるとすると、後半はどこからですか。段落番号で答えなさい。

（　　）

(6)　この文章の筆者の主張を次のようにまとめました。［X］に当てはまる言葉を、文章中から五字で書き抜きなさい。

＊今、私たちには、さまざまな問題に対応するために、［X］を目的とする対話が必要である。

□□□□□

文章読解 ① 説明文・論説文

Step 2 ＞＞＞ 実力をつける

⇩【目標時間】20分／【解答】31ページ

／50点

Ⅰ 次の文章を読んで、後の問いに答えなさい。（1～5は段落番号です。）

【(1)(2)(3)各5点（(3)は完答）・他は各10点】

1　対話とは、①真理を求める会話である。対話とは、何かの問いに答えようとして、あるいは、自分の考えが正しいのかどうかを知ろうとして、誰《だれ》かと話し合い、真理を探求する会話のことである。ただ情報を検索《けんさく》すれば得られる単純な事実ではなく、きちんと検討しなければ得られない真理を得たいときに、人は対話をする。それは、自分を変えようとしている人が取り組むコミュニケーションである。

2　ショッピングや仕事でのやり取りは、自分の要望と相手の要望をすり合わせようとする交渉《こうしょう》である。友人や恋人《こいびと》との会話は、よい関係を保ち、相手を理解し、互《たが》いに話を楽しもうとする交流である。これらの会話は有意義かもしれないが、真理の追求を目的としてはいない。対話は、何かの真理を得ようとして互いに意見や思考を検討し合うことである。

3　私たちは日常生活の中で、ほとんど対話する機会がないのではないだろうか。それは、真理の追求が日常生活で行われなくなっているからである。□実は、対話をしなければならない場面は、日常生活の中にも、思ったよりもたくさんあるのだ。

4　仕事場でも、ただ当面の与《あた》えられた業務をこなすだけではなく、仕事全体の方向性や意味が問われる場合、たとえば、「良い製品とは何か」「今はどういう時代で、どのような価値を消費者は求めているのか」「環境《かんきょう》問題に対して、我が社は＊頬《ほお》かむりをしていていいのか」など真剣《しんけん》に論じるべきテーマは少なくないだろう。家庭でも、子どもの教育をめぐって、そもそも子どもにとっての良い人生とはなにか、そのために何を学んでほしいのか、親と子どもとはどういう関係なのか、子離《こばな》れするとはどういうことか、②これらのことについて家族で話し合う必要はないだろうか。地域でも、どのような地域を目指せばいいのか、住人はどのような価値を重んじているのか、以前からの住人と新しく来た人たちはどう交流すればよいか。本当はこうしたことについて膝《ひざ》を突《つ》き合わせて対話する必要があるのではないだろうか。

5　人生に関すること、家族と社会に関すること、政治に関すること、地域での生活のこと、私たちはこれらのことをほとんど対話することなく、日々を過ごしてしまっている。そうした難しい議論は頭のいい人たちに任せて、自分たちはせっせと働き、自分個人の生活だけを楽しめばいいのだ。かつてはこう考える人たちもいた。し

があります。子ども期は二歳《さい》ごろから六歳ごろまでの四～五年間を指します。

6 オランウータンにもゴリラにもチンパンジーにも、子ども期はありません。人間以外の類人猿《るいじんえん》の赤ちゃんは、母乳を与《あた》えられる時期が長く、ゴリラでは三歳ごろまで、チンパンジーは五歳ごろまで、［　］オランウータンはなんと七歳ごろまで母乳で育ちます。［　］乳離《ちばな》れをした後はすぐに大人と同じものを食べて生活します。

7 一方、人間の子どもは、乳離れをした後には「離乳《りにゅう》食《しょく》」が必要な時期がありますね。これは、人間の子どもは六歳にならないと永久歯が生えてこないからです。大人と同じ食生活ができない子ども期には、食の自立ができませんから、上の世代の助けがどうしても必要になる。人間の子育てには、手間も人手もいるんですね。

8 ですから人類の祖先は、子どもを育てるとき、家族の中に限定しなかったはずです。また、分かち合う食を通じて家族同士のつながりを作ってもいたでしょう。人類は進化の過程の中で家族を生み、共同体を生み出したのです。

（山極寿一《やまぎわじゅいち》「『サル化』する人間社会」〈集英社〉より）

＊コミュニティ…地域社会。　＊霊長類…ヒトを含《ふく》む、サルの仲間。

3 要点

★——線部②「長い子ども期」について説明した次の文の［　］A・Bに当てはまる言葉を、文章中からそれぞれ三字で書き抜《ぬ》きましょう。

＊乳離れの後、［A］を食べて、［B］が生えるのを待つ長い期間。

A ［　］［　］［　］

B ［　］［　］［　］

4 段落

★4～8段落の構成を説明したものとして適切なものを次から一つ選び、記号で答えましょう。

ア 4で述べた話題について5～7で説明し、8で再び4の内容を繰《く》り返してまとめている。

イ 4の問題提起について、5～7で答えの理由を挙げて説明し、8で新たな視点を示している。

ウ 4で挙げた意見と対立する意見を5・6で述べ、7・8でそれを否定して、再び4の意見を強調している。

要点の捉え方

◎話題と関係が深く、繰り返し出てくる表現（キーワード）を押《お》さえる。

◎段落の初めや終わりの部分に注目して、要点につながる文（キーセンテンス）を探す。

説明文・論説文の構成の型

主な構成には、次の三つの型がある。

◎頭括型《とうかつがた》…結論が最初にある。

結論―説明―説明

◎尾括《びかつ》型…結論が最後にある。

説明―説明―結論

◎双括《そうかつ》型…結論が最初と最後にある。

結論―説明―結論

文章読解 ①
説明文・論説文

Step-1 基本を確かめる

【解答】31ページ

◆次の文章を読んで、下の問いに答えましょう。（1～8は段落番号です。）

1 家族は「子どものためなら」「親のためなら」と多くのことを犠牲《ぎせい》にし、見返りも期待せずに奉仕《ほうし》します。血のつながりがあるからとか、自分がおなかを痛めて産んだ子だから、といった理由でえこひいきをするのを喜びとするのです。

2 一方、*コミュニティでは、何かをしてあげれば相手からもしてもらえます。何かをしてもらったら、お返しをしなくてはなりません。①それは互酬的《ごしゅうてき》な関係で、えこひいきはありません。

3 人間以外の動物は家族と共同体を両立できませんが、私たち人類は、この二つの集団を上手に使いながら進化してきました。（中略）

4 人類は共同の子育ての必要性と、食をともにすることによって生まれた分かち合いの精神によって、家族と共同体という二つの集団の両立を②成功させました。

5 人間には、ほかの*霊長類《れいちょうるい》とは違《ちが》って長い子ども期

1 指示語

★——線部①「それ」の指す内容を次から一つ選び、記号で答えましょう。

ア コミュニティにおいて、相手から何かをしてもらうこと。
イ コミュニティにおいて、お互《たが》いに何かをしてもらったらお返しをすること。
ウ コミュニティにおいて、相手に何かを与えること。

2 接続語

★二つの□に共通して当てはまる言葉を次から一つ選び、記号で答えましょう。

ア つまり　イ あるいは
ウ だから　エ そして

得点アップ

指示語の内容の捉《とら》え方

◎指示語の後の部分をヒントにして、指し示す内容の見当をつける。
◎原則として、指示語の前の部分に注目して、指し示す内容を探す。

接続語の分類

◎順接 例 だから・すると
◎逆接 例 しかし・だが
◎並立・累加《るいか》 例 また・そして
◎対比・選択《せんたく》 例 または・あるいは
◎説明・補足 例 つまり・なぜなら
◎転換《てんかん》 例 ところで・さて

Step-2 >>> 実力をつける

⇩【目標時間】30分／【解答】32ページ

／50点

1 **次の□に当てはまる漢字をそれぞれ書いて、下の意味の四字熟語を完成させなさい。** 【各完答3点】

(1) 起《き》□回《かい》□…絶望的な状態から盛り返し、よい状態にすること。（　　）・（　　）

(2) □横《おう》□尽《じん》…物事を思いのままに、自由自在に行うこと。（　　）・（　　）

(3) 試《し》□錯《さく》□…失敗を繰《く》り返しながら、解決に向かうこと。（　　）・（　　）

(4) □和《わ》□同《どう》…明確な考えがなく、安易に他者の意見に従ってしまうこと。（　　）・（　　）

2 **次の□に共通して当てはまる漢字一字を後の［　］から選んで書き、四字熟語を完成させなさい。** 【各3点】

(1) □期《ご》□会《え》（　　）

(2) 以《い》□伝《でん》□（　　）

(3) □信《しん》□疑《ぎ》（　　）

(4) □画《が》□賛《さん》（　　）

(5) □飲《いん》□食《しょく》（　　）

(6) 右《う》□左《さ》□（　　）

［半　往　一　九　心　自　多　暴］

3 **次の文の――線部は慣用句です。□に当てはまる漢字一字を書きなさい。** 【各3点】

(1) チームのキャプテンとして、彼《かれ》に白羽の□が立つ。（　　）

(2) 彼の作品は、□の打ち所がないすばらしい出来だ。（　　）

(3) 今日の彼は不《ふ》機《き》嫌《げん》で、取り付く□もない。（　　）

(4) 現役最後の試合に勝利し、有終の□を飾《かざ》る。（　　）

4 **次のことわざと反対の意味のことわざを後の［　］から選び、記号で答えなさい。** 【各2点】

(1) 後は野となれ山となれ（　　）

(2) まかぬ種は生えぬ（　　）

(3) 山椒《さんしょう》は小粒《こつぶ》でもぴりりと辛《から》い（　　）

(4) 柳《やなぎ》の下にいつもどじょうはいない（　　）

［
ア 棚《たな》からぼた餅《もち》
イ 二度あることは三度ある
ウ うどの大木
エ 立つ鳥跡《あと》を濁《にご》さず
］

Good work

語句 四字熟語／慣用句／ことわざ

Step-1 基本を確かめる

【解答】32ページ

1 四字熟語

★次の四字熟語の意味を後の□から選び、記号で答えましょう。

(1) 二束三文《にそくさんもん》

(2) 意気消沈《いきしょうちん》

(3) 五里霧中《ごりむちゅう》

(4) 支離滅裂《しりめつれつ》

(5) 臨機応変《りんきおうへん》

ア まとまりがなくて、ばらばらなこと。
イ その場その場で適切な処置をとること。
ウ 数が多くても、値段が非常に安いこと。
エ 見通しが立たず、困り果てること。
オ すっかり元気がなくなること。

2 慣用句

★次の各組の慣用句の□に共通する、体の部分を表す漢字を書きましょう。

(1)
- □を洗う
- 二の□を踏《ふ》む

(2)
- □が広い
- □に泥《どろ》を塗《ぬ》る

(3)
- □を落とす
- □の荷が下りる

3 ことわざ

★次の□に当てはまる言葉を書き、ことわざを完成させましょう。

(1) 帯に短し□に長し

(2) 釈迦《しゃか》に□

(3) 亀《かめ》の甲《こう》より□の功

得点アップ

間違《まちが》えやすい四字熟語

漢字を間違えやすい四字熟語に注意しよう。

例
- 異句同音《いくどうおん》→異口同音
- 言語同断《ごんごどうだん》→言語道断
- 絶対絶命《ぜったいぜつめい》→絶体絶命
- 意味慎重《いみしんちょう》→意味深長

動物の名前を使った慣用句・ことわざ

例
- 猫《ねこ》の額《ひたい》
  猫に小判
- 馬が合う
  馬の耳に念仏
- 虎《とら》の子
  虎の威《い》を借《か》るきつね

Step-2 >>> 実力をつける

【目標時間】20分 ／【解答】32ページ

／50点

1 次の〔 〕の同音異義語から、文に合うものを選び、記号で答えなさい。 【各3点】

(1) 候補者が〔ア 街頭 イ 街灯 ウ 外灯〕で演説する。 （　　）

(2) 〔ア 平行 イ 並行 ウ 平衡〕感覚を失って倒《たお》れた。 （　　）

(3) 雲ができる〔ア 仮定 イ 過程 ウ 課程〕を学ぶ。 （　　）

(4) 電車の運賃を〔ア 清算 イ 成算 ウ 精算〕する。 （　　）

(5) 薬の〔ア 要領 イ 容量 ウ 用量〕を守って飲む。 （　　）

(6) 人々に注意を〔ア 歓喜 イ 喚起 ウ 換気〕する。 （　　）

(7) 客を迎《むか》える〔ア 態勢 イ 体制 ウ 体勢〕が整う。 （　　）

(8) 政治〔ア 不審 イ 不信 ウ 不振〕が広がる。 （　　）

2 次の――線部の片仮名《かたかな》を漢字で書きなさい。 【各3点】

(1)
① 工事を予定通りにススめる。 （　　）
② 新入生に入部をススめる。 （　　）
③ 会長として彼《かれ》をススめる。 （　　）

(2)
① 花壇《かだん》のチューリップがサく。 （　　）
② 一枚の布を二つにサく。 （　　）
③ 忙《いそが》しい中で時間をサく。 （　　）

3 次の――線部を、正しい同訓異字に直しなさい。 【各2点】

(1) 他人のささいなミスを攻める。 （　　）

(2) 奥歯《おくば》がずきずきと傷む。 （　　）

(3) 複雑な事件の謎《なぞ》を説く。 （　　）

(4) スコップで深い穴を彫る。 （　　）

漢字 同音異義語／同訓異字

Step-1 基本を確かめる

⇩【解答】32ページ

1 同音異義語

★次の――線部の片仮名《かたかな》を漢字で書きましょう。

(1)
① 若い候補者を**シジ**する。
② リーダーの**シジ**に従う。

(2)
① 毎朝六時に**キショウ**する。
② あの犬は**キショウ**が激しい。

(3)
① 班は七人で**コウセイ**される。
② 会社の**コウセイ**施設《しせつ》。
③ **コウセイ**して社会復帰する。

(4)
① 身の安全が**ホショウ**される。
② 製品の品質を**ホショウ**する。
③ 事故の被害《ひがい》を**ホショウ**する。

2 同訓異字

★次の――線部の片仮名を漢字で書きましょう。

(1)
① 自然災害に**ソナ**える。
② 仏前に花などを**ソナ**える。

(2)
① 釣《つ》った魚を川に**ハナ**す。
② 机と机の間を**ハナ**す。

(3)
① 駅前に新しいビルが**タ**つ。
② 姿を消したまま連絡《れんらく》を**タ**つ。
③ 覚悟《かくご》を決めて退路を**タ**つ。

(4)
① 水泳のタイムを**ハカ**る。
② 川や湖の水深を**ハカ**る。
③ 労働環境《かんきょう》の改善を**ハカ**る。

得点アップ

同音異義語の使い分け
典型的な使い方を覚え、言葉の意味の違《ちが》いを理解する。

例 「ツイキュウ」
◆利益の追求。（追い求める）
◆責任の追及。（問いただす）
◆真理の追究。（究める）

同訓異字の使い分け
それぞれの漢字を使った二字熟語から、意味の違いや使い方を理解する。

例 「ウツす」
◆手本を写す。→模写・書写
◆画面に映す。→映像・反映
◆場所を移す。→移動・移転

中学3年分の一問一答が無料で解けるアプリ

〈以下のURLまたは二次元コードからアクセスしてください。〉

https://gakken-ep.jp/extra/smartphone-mondaishu/

※サービスは予告なく終了する場合があります。

編集協力	阿部幸弘, 小縣宏行, 菊地あゆ子, 敦賀亜希子, 三代和彦, 村西厚子, ㈱アポロ企画, 須郷和恵, ㈲シー・キューブ, 岡崎祐二
英文校閲	Joseph R. Tabolt
イラスト	生駒さちこ, 坂本奈緒, 森永みぐ
図版	㈱明昌堂, ㈱アート工房, 木村図芸社, ゼム・スタジオ
写真	写真そばに記載
カバー・本文デザイン	星 光信(Xing Design)
DTP	㈱明昌堂　データ管理コード:24-2031-1630(CC22)

▶この本は,下記のように環境に配慮して製作しました。

◎製版フィルムを使用しないCTP方式で印刷しました。

◎環境に配慮した紙を使用しています。

別冊

解答と解説

高校入試　中学3年分をたった7日で総復習

5科

Gakken

英語

1日目 be動詞／There is ～.／代名詞

Step-1 >>> | **基本を確かめる** | ▶6ページ

解答

1 (1) **am** (2) **was** (3) **were**

2 (1) **not** (2) **wasn't** (3) **Were / was**
(4) **Is / isn't**

3 (1) **is** (2) **was** (3) **Are / aren't**

4 (1) **He, my** (2) **her** (3) **your / It, mine**

Step-2 >>> | **実力をつける** | ▶7ページ

解答

1 (1) **are** (2) **was** (3) **weren't**

2 (1) **their** (2) **us** (3) **her / mine** (4) **was**

3 (1) **Are / am** (2) **There, not** (3) **was**

4 **(例)**(1) **They're[They are] our friends.**
(2) **Were you busy yesterday?**
(3) **He wasn't[was not] late this morning.**
(4) **Is there a library near here?**

解説

1 (1)Bob and I は複数なので are を使う。
(2)主語が 3 人称単数で過去の文なので was。
(3)主語が複数の過去の否定文で，空所が 1 つなので，短縮形 weren't を使う。

2 (1)「彼らの家」は their house。
(2)「私たちといっしょに」は with us。
(3)「彼女の本」は her book。「私のもの」は mine。
(4)a ball が単数で，過去の文なので was を使う。

3 (2)There are ～. の are のあとに not を入れた否定文で表す。not any ～で「1 人も[1 つも]～がない」。
(3)「ここにいました」は過去の文で，主語（Joe）が 3 人称単数なので，be 動詞は過去形 was。

4 (1)「彼らは～です」は They are ～. で表す。friend も複数形の friends にすることに注意。
(2)「あなたは～でしたか」は，Were you ～? とする。「忙しい」は busy。「昨日」は yesterday。
(3)be 動詞の過去の否定文で表す。「今朝」を表す this morning は文頭でもよい。
(4)library（図書館）のつづりに注意。「この近くに」は near here。Are there any libraries near here? としてもよい。

2日目 一般動詞(現在・過去)／未来の文／命令文／

Step-1 >>> | **基本を確かめる** | ▶8ページ

解答

1 (1) **live** (2) **lives** (3) **lived**

2 (1) **don't** (2) **doesn't** (3) **Does / does**
(4) **Did / didn't**

3 (1) **going** (2) **will** (3) **Are, going / are**

4 (1) **Wash** (2) **Don't** (3) **Let's**

Step-2 >>> | **実力をつける** | ▶9ページ

解答

1 (1) **works** (2) **didn't** (3) **going**

2 (1) **likes, doesn't** (2) **Did / didn't**
(3) **aren't going**

3 (1) **He doesn't ride a bike.**
(2) **Let's eat pizza for lunch.**
(3) **will stay home today**

4 **(例)**(1) **He has a[one] sister.**
(2) **Did you clean the[your] classroom yesterday?**
(3) **Don't be late for school.**
(4) **What are you going to do next Saturday?**

解説

1 (1)主語が 3 人称単数の現在の文なので works。
(2)一般動詞の過去の否定文なので didn't。
(3)We're（＝We are）とあとの to から be going to の文にする。

2 (1)後半は 3 単現の否定文なので doesn't。
(2)一般動詞の過去の疑問文なので Did で始める。過去の否定文には didn't を使う。
(3)「～するつもりはない」は，be going to の否定文。空所の数から短縮形の aren't にする。

3 (1)doesn't のあとに動詞を続ける。
(2)Let's のあとに動詞を続ける。
(3)「今日は家にいる」のように，その場で決めた未来のことは I will ～で表す。

4 (1)「妹がいる」と言うときは have を使う。「妹」は a younger sister としてもよい。
(2)「あなたは～しましたか」は，Did you ～?。
(3)「～してはいけません」は，Don't ～. で表す。
(4)What のあとに，be going to か will の疑問文の形を続ける。will を使って，What will you do next Saturday? としてもよい。

3日目 助動詞/いろいろな動詞

Step-1 >>> | **基本を確かめる** | ▶ 10ページ

解答

1 (1) **can** (2) **can't[cannot]** (3) **will**
(4) **Can[May]** (5) **must** (6) **not**
(7) **should**
(8) **Can[Could, Would, Will]**

2 (1) **to** (2) **Does, have[need]** (3) **don't**

3 (1) **looks** (2) **sounds** (3) **gave**
(4) **call** (5) **make you** (6) **Let**

Step-2 >>> | **実力をつける** | ▶ 11ページ

解答

1 (1) **should** (2) **bought** (3) **May**

2 (1) **mustn't make** (2) **Will / won't**
(3) **do, have**

3 (1) **He sent me some letters.**
(2) **Could you tell me the way**
(3) **I'll help him cook dinner.**

4 (例)(1) **You don't have[need] to speak perfect English.**
(2) **The news made us happy.**
(3) **You should give her some flowers.**
(4) **Can[May] I use this dictionary?**

解説

1 (1)「〜したほうがよい」「〜すべきだ」は should。
(2)「(人)に(物)を買う」は〈buy＋(人)＋(物)〉。
(3)「〜してもいいですか」は May[Can] I 〜?。

2 (1)must not を使うが，ここは短縮形の mustn't。
(2)「〜するでしょうか」は Will 〜? の形。答えは空所が1つなので，短縮形 won't を入れる。
(3)あとに to go があるので have to の文にする。

3 (1)「(人)に(物)を送る」は〈send＋(人)＋(物)〉。
(2)「〜してもらえますか」は Could you 〜?。「(人)に(物)を教える」は〈tell＋(人)＋(物)〉。
(3)「(人)が〜するのを手伝う」は〈help＋(人)＋動詞の原形〉。

4 (1)「〜する必要はない」は don't have to 〜。
(2)「私たちを幸せにした」は made us happy。
(3)「〜するほうがよい」は should を使う。You should give some flowers to her. としてもよい。
(4) Could I 〜? としてもよい。「この辞書を使う」は use this dictionary。

4日目 進行形/受け身/現在完了形

Step-1 >>> | **基本を確かめる** | ▶ 12ページ

解答

1 (1) **playing** (2) **not running**
(3) **Were, swimming / were**

2 (1) **is cleaned** (2) **not invited**
(3) **Was, taken / wasn't**

3 (1) **have lived** (2) **been reading**
(3) **never[not] seen[met]**
(4) **have, been[lived / stayed]**
(5) **has, been / times**

Step-2 >>> | **実力をつける** | ▶ 13ページ

解答

1 (1) **making** (2) **made** (3) **made**

2 (1) **was written** (2) **are running**
(3) **been swimming**

3 (1) **was this house built**
(2) **haven't finished my homework yet**
(3) **Have you ever been to**

4 (例)(1)**What are you looking for?**
(2) **The room will be cleaned tomorrow.**
(3) **It has been raining since last Sunday.**
(4) **I've[I have] known her for a[one] year.**

解説

1 (1)現在進行形の文。(2)過去の受け身の文。
(3)現在完了形の文。

2 (1)過去の受け身の文は〈was[were]＋過去分詞〉。
(3)「1時間ずっと泳いでいる」は，現在完了進行形〈have[has] been＋-ing 形〉で表す。

3 (1)〈be 動詞＋主語＋過去分詞〉の語順にする。
(2)「まだ〜し終えていない」は〈haven't＋過去分詞〉の形にする。yet は文末におく。
(3)「〜へ行ったことがある」は have been to 〜。

4 (1)進行形の疑問文は〈be 動詞＋主語＋-ing 形〉の形を使う。「〜をさがす」は look for 〜。
(2)「〜されるでしょう」は，未来の受け身の文なので，〈will be＋過去分詞〉の形にする。
(3)現在完了進行形〈have[has] been＋-ing 形〉の文にする。天気を表す文では主語は it。
(4)「1年間(ずっと)知っている」と考えて，継続を表す現在完了形の文にする。

5日目 比較の文／接続詞／仮定法／間接疑問文

Step-1 >>> | 基本を確かめる | ▶ 14ページ

解答

1 (1) **older** (2) **more** (3) **highest**
(4) **most** (5) **tall as** (6) **better, or**
(7) **best**

2 (1) **when** (2) **if** (3) **were[was], could**

3 (1) **this is** (2) **she likes** (3) **why, went**

Step-2 >>> | 実力をつける | ▶ 15ページ

解答

1 (1) **oldest** (2) **big** (3) **because**

2 (1) **better than** (2) **if, is** (3) **it is**

3 (1) **Is math more difficult than**
(2) **It was snowing when I went**
(3) **This isn't as expensive as yours.**

4 (例)(1) **Mark is the tallest of the five.**
(2) **If I were you, I would play soccer with them.**
(3) **I want to know where Mr. Brown is.**
(4) **What subject do you like (the) best?**

解説

1 (1)「いちばん古い」は最上級で表す。
(2) as と as の間の形容詞は変化しない形。
(3)「～なので…」は… because ～の形。

2 (1)「B より A が好き」は like A better than B。
(2) if のあとの条件文の中では，未来のことも現在形で表すので，if it のあとは is が入る。
(3) what time のあとは〈主語＋動詞〉(it is) の語順にする。

3 (1) Is で文を始めて，あとに主語と比較級の形 (more difficult than ～) を続ける。
(2)「～したとき…」は，〈When ～, ….〉か〈… when ～.〉の形で表す。
(3)「…ほど～でない」は〈not as ～ as …〉。

4 (1)「いちばん背が高い」は tall の最上級で tallest。「5 人の中で」は，of the five とする。
(2)「もし私があなたなら」は仮定法で表す。仮定法の文は〈If＋主語＋動詞の過去形 ～, 主語＋would[could]＋動詞の原形 ….〉の形。If I was you, …. としてもよい。
(3) I want to know のあとに間接疑問の〈where＋主語＋動詞〉を続ける。
(4) What is your favorite subject? も可。

6日目 不定詞／動名詞

Step-1 >>> | 基本を確かめる | ▶ 16ページ

解答

1 (1) **to study** (2) **to hear** (3) **to drink**
(4) **to play** (5) **running** (6) **dancing**

2 (1) **how to** (2) **what to** (3) **want, to**
(4) **told, to** (5) **difficult[hard] to**
(6) **too, to** (7) **Is, for, to**

Step-2 >>> | 実力をつける | ▶ 17ページ

解答

1 (1) **play** (2) **to sell** (3) **talking**

2 (1) **to drink** (2) **tell, to** (3) **too, to**

3 (1) **Thank you for calling me.**
(2) **tell me where to go**
(3) **important to understand each other**

4 (例)(1) **What do you want to be in the future?**
(2) **We enjoyed watching TV after dinner.**
(3) **It's[It is] easy for her to speak English. / Speaking English is easy for her.**
(4) **I don't know how to get to the library.**

解説

1 (2)「～することに決める」は decide to ～。
(3)「～するのをやめる」は stop ～ing とする。

2 (1)「何か飲むもの」は something to drink。
(2)「彼に～するように言う」は tell him to ～。
(3)「…すぎて～できない」「～するには…すぎる」は，too … to ～で表す。

3 (1)「～してくれてありがとう」は Thank you for ～ing …. と言う。
(2) where to go（どこへ行けばいいか）を Please tell me のあとに続ける。
(3)「～することは…だ」は, It's … to ～. で表す。

4 (1)「～になりたい」は want to be[become] ～。
(2)「～して楽しむ」は enjoy ～ing。
(3)「(人)にとって～することは…だ」は，〈It is … for＋(人)＋to ～.〉。
(4)「図書館への行き方」は how to get to the library。これを I don't know のあとに続ける。I don't know the way to the library. としてもよい。

7日目 後置修飾／関係代名詞

Step-1 >>> 基本を確かめる ▶18ページ

解答

1 (1) **talking[speaking]** (2) **running, is**
(3) **taken** (4) **made, are**

2 (1) **she gave** (2) **met[saw], were**
(3) **he is**

3 (1) **who[that]** (2) **which[that] goes**
(3) **that[who]** (4) **which[that], was**

Step-2 >>> 実力をつける ▶19ページ

解答

1 (1) **sleeping** (2) **called**
(3) **which** (4) **who**

2 (1) **written** (2) **playing, are**

3 (1) **is a temple which was built over**
(2) **know anyone who can speak French**

4 (例) (1) **This is the[a] bike[bicycle] (that[which]) my uncle gave (to) me.**
(2) **The girl (who[that] is) sitting next to Taro is Lucy.**
(3) **I know the[a] man who[that] walks his dog here every morning.**
(4) **We ate[had] the curry and rice (that[which]) Bob cooked[made].**

解説

1 (1)「眠っている」は ing 形の sleeping を使う。
(2)「呼ばれる」は過去分詞の called を使う。
(3) 空所の前の名詞（先行詞）a house が物なので，関係代名詞の which を入れる。
(4) the nurse が人なので，who を入れる。

2 (1)「書かれた」は write の過去分詞 written。
(2) 主語が the boys なので，be 動詞は are。

3 (1) This is a temple のあとに，関係代名詞を使った which was built over ～を続ける。
(2) Do you know anyone のあとに，関係代名詞を使った who can speak French を続ける。

4 (2)「太郎の隣にすわっている」は関係代名詞を使って who[that] is sitting next to Taro としても，who[that] is を省略して sitting next to Taro としてもよい。
(4) あとに〈主語＋動詞〉が続く関係代名詞 that[which] は省略できる。

入試レベル問題 第1回 ▶20ページ

❶(1) イ　(2) エ　(3) ウ　(4) イ

❷(1) I cannot sing as well as
(2) know when it was built
(3) have you been looking
(4) many people who suffer from hunger around

❸ウ → イ → エ → ア

❹(例)(1) May[Can] I ask (you) a question?
(2) What are you talking[speaking] about?

❺(例)① Are you interested in Japanese culture?
② There are many[a lot of] places to visit in Japan.
③ Can[Could/Would/Will] you show me the picture(s) (that[which]) you took in Australia?

［解説］

❶(1) call *A B* で「A を B と呼ぶ」。
(2) I got up は一般動詞の過去の文なので，Oh, did you? と応じる。
(3) I wish に続くので，仮定法の文と判断して could を選ぶ。「彼のようにプレーできたらいいのになあ」。
(4)〈let＋人＋動詞の原形〉で「(人)に～させる」なので，let you know は「あなた（たち）に知らせる」という意味になる。A「私たちはどこで歌う練習をするのかあなたは知っていますか」。B「いいえ。私が先生にたずねて，あとであなた（たち）に知らせます」。

❷(1) cannot sing as ～ as …で「…ほど～歌えない」。「私はヤスオほど上手に歌えません」。
(2) when it was built の語順に注意。「あなたはそれがいつ建てられたか知っていますか」。
(3) you have been looking の現在完了進行形の疑問文にする。A「あなたは今朝から何をさがしているのですか」。
(4) 関係代名詞の who の前には「人」を表す名詞がくる。suffer from ～ で「～に苦しむ」。「世界中には飢《う》えに苦しんでいる多くの人たちがいます」。

❸英文全体の意味は，「私にはインドネシア人の友人がいます。そして彼女が私におもしろい話をしてくれました。今日，私はそれについて皆さんに話します。皆さんはニュピを知っていますか。それはインドネシア語で『静かにしている日』という意味で，バリ島では新年の休日です。[　　　　]皆さんはこのように家で丸１日過ごすことは退屈だと思うかもしれません。しかし，彼女はたいてい暗くなるまで本を読んだり，夜に美しい星を見たりして楽しむと私に言いました。」
アの also（～もまた）は，同じような内容をつけ加えて表すときに使う。ここでは「できないこと」をつけ加えている。イの For example（例えば）は具体的な例を述べるときに使う。エの So（だから）は文の初めにきて，前の文を理由として導かれる結果を続ける働きをする。
選択肢の意味は，ウ「この休日に，バリ島のすべての人々は静かな生活を送らなければなりません」。イ「例えば，彼らは仕事をしたり買い物や食事に出かけたりができません」。エ「だから，バリ島の店やレストランはすべて閉まっています」。ア「そこの人々は家でテレビを見たり，明かりをつけたりすることもできません」。

❹(1)「～してもいいですか」は May I ～? か Can[Could] I ～? で表す。
(2)「～について話す」は talk[speak] about [of] ～。

❺①「～に興味がある」は be interested in ～。Is Japanese culture interesting to[for] you? や，「～に興味がある」に have an interest in ～を使って，Do you have an interest in the culture of Japan? でもよい。
②「～がある」は「～」が複数のとき There are ～. で表す。「訪れる場所」は不定詞を使って places to visit。Japan has many spots you should visit. などとすることもできる。
③ Can you ～?（～してくれませんか）と頼む表現を使えばよい。過去分詞を使って「オーストラリアで撮られた」と表すこともできるので，Can you show me the pictures (which were) taken in Australia (by you)? としてもよい。

入試レベル問題 第2回

▶22ページ

❶(1)ア　(2)イ　(3)イ　(4)エ　(5)ウ　(6)ア
❷エ
❸ウ
❹(例)① (My dream) is to travel around the world.　② I want to meet a lot of people. I will learn about many other cultures during my travels.

[解説]

❶(2)過去分詞の seen を入れて，継続を表す現在完了形の否定文にする。

(3)動名詞を入れて learning Japanese（日本語を学ぶこと）が主語の文にする。

(4)for the first time「初めて」という熟語。

(5)主語の To keep practicing は「練習し続けること」なので important（大切な）が適切。

(6)make *A B* で「A を B にする」。

[英文の意味]

こんにちは，元気ですか，エマ。長くあなたに会っていません。

数週間前，私は日本語の授業でひらがなの書き方を習いました。それはほんとうに難しかったけど，日本語を学ぶことはとても楽しかったです。私は初めてひらがなで自分の名前を書きました。渡辺先生は私に「よくできました！　練習し続けることが大切です」と言いました。彼女の言葉は私をうれしくしました。私はもっと日本語を学びたいです。

❷**【質問】**は「次にマナは何をするつもりですか」。マナの３番目の発言，I want to, but I have to ask my parents first.（行きたいけど，まず両親に聞いてみないと。）から判断できる。

選択肢の意味は，**ア**「彼女は家族と釣りに行くつもりです」。**イ**「彼女は両親に『いいですよ』と言うつもりです」。**ウ**「彼女はショーンに彼女といっしょに来るように言うつもりです」。**エ**「彼女は両親にたずねるつもりです」。

[会話文の意味]

マナ：来週末は何をするつもり？　何か予定はあるの？

ショーン：あるよ。家族と釣りに行くんだ。

マナ：あら，いいわね！

ショーン：僕たちといっしょに来ない？

マナ：ほんとう？　行きたいけど，まず両親に聞いてみないと。

ショーン：わかった。彼らが「OK」と言ってくれるといいね。

マナ：私もそう願うわ。あとで知らせるね。

ショーン：わかった。

❸選択肢の意味は，**ア**「ビクトリアとミチコは気分が悪かったので，今日学校にいませんでした」。**イ**「里穂とミチコは２人ともプレゼンテーション(発表)について伝えるためにビクトリアに電子メールを送りました」。**ウ**「それぞれのグループは英語の授業のプレゼンテーションで，どこか１つの国について話すでしょう」。**エ**「里穂は中国で撮られたたくさんの写真が載っている本を持っています」。

[電子メールの本文の意味]

「今日，あなたが医者に行ったと聞きました。大丈夫ですか。

今日，英語の授業で，先生がプレゼンテーションについて話しました。私たちは３人か４人のグループを作って，トピックとして１つの国を選ばなければなりません。今日の授業で，ミチコと私はいっしょにグループを作ることについて話しました。あなたも仲間に入ってくれますか。」

「メールをありがとう。今朝は気分が悪かったんだけど，今は良くなっています。

もちろん！　あなたたちの仲間に入ります。ミチコもプレゼンテーションについて電話で話してくれました。彼女は中国を選びたがっています。もし中国について話すなら，有名な場所の写真を見せるというのはどうですか。私は中国で撮られた写真がたくさん載っている本を持っています。

私は明日，学校に行きます。そのときにそれについてもっと話しましょう。」

❹「私の夢は～することです」は，My dream is のあとに不定詞〈to ＋動詞の原形〉を続ける。２文目以降で I want to ～. などの形を使って，自分がしたいことを書く。解答例は「私の夢は世界中を旅行することです。たくさんの人たちと会いたいです。旅行中に多くのほかの文化について学ぶつもりです」。

数学

1日目 数と式① 数と計算／式と計算／平方根

Step-1 >>> 基本を確かめる ▶ 24ページ

解答

1 (1)① -15 ② -7 (2)① $-\frac{8}{3}$ ② 64

(3)① -35 ② -26 (4)① 9 ② -3 ③ -3

2 (1)① $6x$ ② $4y$ ③ $-6x-19y$ (2) $12a^2b$

(3) $8ab^2$ (4)① $-8y$ ② $-\frac{4}{3}y+4$

3 (1)① $\sqrt{12}$ ② $<$ (2)① 16 ② 25

③ 17, 18, 19, 20, 21, 22, 23, 24

(3)① $\sqrt{10}$ ② $\sqrt{10}$ ③ $\frac{\sqrt{10}}{4}$

(4) $3\sqrt{5}$ (5)① $2\sqrt{6}$ ② $5\sqrt{6}$

(6)① $5\sqrt{2}$ ② $4\sqrt{2}$ ③ $\sqrt{2}$

Step-2 >>> 実力をつける ▶ 25ページ

解答

1 (1) 1 (2) -16 (3) 12 (4) -9

2 (1) $2x-17$ (2) $-10ab^3$ (3) $-48y$

(4) $\frac{a-13b}{10}$

3 (1) -10 (2) $a=\frac{2S}{h}-b$ (3) 14

4 (1) $6\sqrt{2}$ (2) $4\sqrt{3}$ (3) $3\sqrt{2}$ (4) $-\sqrt{10}-15$

解説

1 (1) $3-(-7)+(-9)=3+7-9=10-9=1$

(2) $\frac{8}{3}\times(-6)=-\left(\frac{8}{3}\times6\right)=-16$

(3) $(-12)\div4-3\times(-5)=-3+15=12$

(4) $(-4)^2-10\div\frac{2}{5}=16-10\times\frac{5}{2}$

$=16-25=-9$

2 (1) $-5(2-x)-(3x+7)=-10+5x-3x-7$

$=2x-17$

(2) $15ab^2\times\left(-\frac{2}{3}b\right)=15\times\left(-\frac{2}{3}\right)\times ab^2\times b$

$=-10ab^3$

(3) $8x\times(-6xy^3)\div(-xy)^2=\frac{8x\times(-6xy^3)}{x^2y^2}$

$=-48y$

(4) $\frac{a+b}{2}-\frac{2a+9b}{5}=\frac{5(a+b)-2(2a+9b)}{10}$

$=\frac{5a+5b-4a-18b}{10}$

$=\frac{a-13b}{10}$

3 (1) $2(3x-y)-5(x+2y)=x-12y$

$=-2-12\times\frac{2}{3}=-2-8=-10$

(2) $S=\frac{1}{2}(a+b)h$

両辺を入れかえる。

$\frac{1}{2}(a+b)h=S$

両辺に2をかけて，hでわる。

$a+b=\frac{2S}{h}$

bを移項する。

$a=\frac{2S}{h}-b$

(3) $504=2^3\times3^2\times7$ だから，$\sqrt{\ }$ の中の数がすべて偶数乗になるような a で，最小の数は，

$a=2\times7=14$

4 (1) $\sqrt{50}-\sqrt{18}+\sqrt{32}=5\sqrt{2}-3\sqrt{2}+4\sqrt{2}=6\sqrt{2}$

(2) $\frac{18}{\sqrt{27}}+\sqrt{12}=\frac{18\times\sqrt{3}}{3\sqrt{3}\times\sqrt{3}}+2\sqrt{3}$

$=2\sqrt{3}+2\sqrt{3}=4\sqrt{3}$

(3) $\sqrt{3}\times3\sqrt{6}-\frac{12}{\sqrt{2}}=9\sqrt{2}-6\sqrt{2}=3\sqrt{2}$

(4) $\sqrt{5}(\sqrt{2}-3\sqrt{5})-\sqrt{40}=\sqrt{10}-15-2\sqrt{10}$

$=-\sqrt{10}-15$

2日目 数と式② 式の展開／因数分解／式の利用

Step-1 >>> 基本を確かめる ▶ 26ページ

解答

1 (1)① $-3ab$ ② $-15b^2$ ③ $2a^2+7ab-15b^2$

(2)① 3 ② 12 ③ $x^2+7x+12$

(3) $x^2+12x+36$ (4) $a^2-10a+25$

(5) x^2-49 (6)① $\sqrt{3}$ ② 4 ③ -13

2 (1)① $3y$ ② $4x$ ③ $3y$

(2)① 5 ② 5 ③ $(x+2)(x+5)$

(3) $(a+4)^2$ (4) $(y-9)^2$ (5) $(x+6)(x-6)$

3 (1)① $70x$ ② $60y$ (2)① 101 ② $\frac{97}{100}y$

(3)① $a^2-2a-15$ ② a^2+4a+4

③ $-6a-19$ ④ $\frac{2}{3}$ ⑤ -23

Step-2 >>> 実力をつける ▶ 27ページ

解答

1 (1) $15x^2-8x-12$ (2) $a^2-5a-14$

(3) $4x^2-20x+25$ (4) $17x-9$

(5) $7-2\sqrt{10}$ (6) $-9+5\sqrt{6}$

2 (1) $(x-2)(x+9)$ (2) $(2x+5y)(2x-5y)$

(3) $4a(b+3)^2$ (4) $(x+4)(x-2)$

3 (1) 3 (2) $500+\frac{7}{10}x$ (円) または $500+0.7x$ (円)

(3) $\frac{100}{x}<\frac{100}{y}$

4 （証明） n を整数とすると，3 つの連続する整数は，n，$n+1$，$n+2$ と表せる。

最も大きい数の 2 乗と最も小さい数の 2 乗の差は，

$$
\begin{aligned}
(n+2)^2-n^2 &= n^2+4n+4-n^2 \\
&= 4n+4 \\
&= 4(n+1)
\end{aligned}
$$

したがって，最も大きい数の 2 乗から最も小さい数の 2 乗をひいた差は，真ん中の数の 4 倍である。

解説

1 (1) $(3x+2)(5x-6)=15x^2-18x+10x-12$

$\qquad =15x^2-8x-12$

(2) $(a-7)(a+2)=a^2+(-7+2)a-14$

$\qquad =a^2-5a-14$

(3) $2x$ を 1 つの文字と考える。

$(2x-5)^2=(2x)^2-2\times5\times2x+5^2$

$\qquad =4x^2-20x+25$

(4) $(x+3)^2-(x-2)(x-9)$

$=x^2+6x+9-(x^2-11x+18)$

$=17x-9$

(5) $(\sqrt{5}-\sqrt{2})^2=(\sqrt{5})^2-2\times\sqrt{2}\times\sqrt{5}+(\sqrt{2})^2$

$\qquad =7-2\sqrt{10}$

(6) $(\sqrt{6}+5)(\sqrt{6}-3)+\sqrt{54}$

$=6+2\sqrt{6}-15+3\sqrt{6}=-9+5\sqrt{6}$

2 (1) $x^2+7x-18$

$=x^2+(-2+9)x+(-2)\times9$

$=(x-2)(x+9)$

(2) $4x^2-25y^2=(2x)^2-(5y)^2$

$\qquad =(2x+5y)(2x-5y)$

(3) まず，共通因数をくくり出す。

$4ab^2+24ab+36a=4a(b^2+6b+9)$

$\qquad =4a(b+3)^2$

(4) $(x+6)(x-4)+16$

$=x^2+2x-24+16$

$=x^2+2x-8=(x+4)(x-2)$

3 (1) $x^2-4x+4=(x-2)^2$

$=(2-\sqrt{3}-2)^2=(-\sqrt{3})^2=3$

(2) $500+x\times\left(1-\dfrac{3}{10}\right)=500+\dfrac{7}{10}x$(円)

(3) 行きにかかった時間＜帰りにかかった時間

$$\frac{100}{x} < \frac{100}{y}$$

4 3 つの連続する整数は，$n-1$，n，$n+1$ と表してもよい。

3日目 方程式

Step-1 >>> 基本を確かめる
28ページ

解答

1 (1)① $-2x$　② $+6$　③ 9　④ 3

(2)① 15　② 10　③ 25

2 (1)① $14x+2y=-10$　② $11x$　③ -7　④ 2

(2)① 6　② 6　③ 6　④ 3

3 (1)① $\pm\sqrt{3}$　② $-2\pm\sqrt{3}$

(2)① 4　② 6　③ -4　④ 6

（③，④ は順不同）

(3)① 3　② 5　③ -1　④ 20　⑤ 29

Step-2 >>> 実力をつける
29ページ

解答

1 (1) $x=6$　(2) $x=2$　(3) $x=3$　(4) $x=5$

2 (1) $x=-3$，$y=-1$　(2) $x=1$，$y=-2$

3 (1) $x=2$，$x=-7$　(2) $x=2\pm\sqrt{6}$

4 (1) $x=4$　(2) 32 人　(3) 40km

解説

1 (1) $10x-3=7x+15$，$3x=18$，$x=6$

(2) $-0.75x+2.7=x-0.8$

$\quad -75x+270=100x-80$

$\qquad -175x=-350$，$x=2$

(3) $\dfrac{x-1}{2}=\dfrac{x+2}{5}$，$5(x-1)=2(x+2)$，

$5x-5=2x+4$，$3x=9$，$x=3$

(4) **比の性質 $a:b=c:d$** ならば，$ad=bc$ を利用する。

$x:3=(x+5):6$，$6x=3(x+5)$，

$6x=3x+15$，$3x=15$，$x=5$

2 連立方程式の上の式を①，下の式を② とする。

(1) ①×4　$20x-12y=-48$

②×3　$+)\ 21x+12y=-75$

$\qquad 41x \qquad =-123$，$x=-3$

①に $x=-3$ を代入して，

$-15-3y=-12$，$-3y=3$，$y=-1$

(2) ①×20　$6x-4y=14$

②×3　$-)\ 6x+15y=-24$

$\qquad -19y=38$，$y=-2$

②に $y=-2$ を代入して，

$2x-10=-8$，$2x=2$，$x=1$

3 (1) $x^2+5x-14=0$，$(x-2)(x+7)=0$，

$x=2$，$x=-7$

(2) $(x-1)(x-3)=5$, $x^2-4x-2=0$,

$$x=\frac{-(-4)\pm\sqrt{(-4)^2-4\times1\times(-2)}}{2\times1}=\frac{4\pm\sqrt{24}}{2}$$

$$=\frac{4\pm2\sqrt{6}}{2}=2\pm\sqrt{6}$$

4 (1) $x^2-x+a=0$ に $x=-3$ を代入すると，

$(-3)^2-(-3)+a=0$，$a=-12$

もとの方程式は，$x^2-x-12=0$

これを解くと，$x=-3$，$x=4$

(2) クラスの人数を x 人とする。

1 人 450 円で 600 円不足…$450x+600$(円)

1 人 500 円で 1000 円余る…$500x-1000$(円)

方程式は，$450x+600=500x-1000$

これを解くと，$x=32$

これは問題にあっている。

(3) AB 間を x km，BC 間を y km とする。

道のりの関係から，$x+y=115$…①

時間の関係から，$\frac{x}{40}+\frac{15}{60}+\frac{y}{60}=\frac{150}{60}$…②

①，② を連立方程式として解くと，

$x=40$，$y=75$　これは問題にあっている。

4日目 関数

● Step-1 >>> |**基本を確かめる**| ▶ 30ページ

解答

1 (1)① -6　② 3　③ -2　④ $-2x$

(2)① 6　② -3　③ -18　④ $-\frac{18}{x}$

2 (1)① 2　② 2　③ 3　④ 6

(2)① -4　② 1　③ -4　④ 2　⑤ $\frac{3}{2}x+\frac{1}{2}$

3 (1)① 18　② 3　③ 2　④ $2x^2$

(2)① -3　② -9　③ 0　④ 0　⑤ -9

⑥ 0

(3)① 3　② 1　③ 16　④ 8

● Step-2 >>> |**実力をつける**| ▶ 31ページ

解答

1 (1)① $y=\frac{3}{4}x$　② $y=-\frac{12}{x}$

③ $y=-\frac{1}{3}x-1$

(2) $\left(-\frac{12}{13},\ -\frac{9}{13}\right)$

2 (1) $x=3$　(2) $y=\frac{2}{3}x+1$　(3) $a=3$

(4) $a=-\frac{1}{2}$

3 (1) $a=\frac{1}{4}$　(2) 30　(3) $y=-\frac{13}{2}x$

解説

1 (1)①点$(4,\ 3)$を通るから，$y=ax$ に $x=4$，$y=3$ を代入して a の値を求める。

②点$(-2,\ 6)$を通るから，$y=\frac{a}{x}$ に $x=-2$，$y=6$ を代入して a の値を求める。

③切片は -1 で，点$(-3,\ 0)$を通るから，$y=ax-1$ に $x=-3$，$y=0$ を代入して a の値を求める。

(2) ①と③のグラフの式を連立させて，

$$\begin{cases} y=\frac{3}{4}x \\ y=-\frac{1}{3}x-1 \end{cases}$$

これを解くと，

$x=-\frac{12}{13}$，$y=-\frac{9}{13}$

したがって，交点の座標は$\left(-\frac{12}{13},\ -\frac{9}{13}\right)$

2 (1) y は x に反比例するから，$y=\frac{a}{x}$ とおける。

$x=-9$ のとき $y=-4$ だから，

$-4=\frac{a}{-9}$，$a=36$　式は $y=\frac{36}{x}$

この式に $y=12$ を代入して，$12=\frac{36}{x}$，$x=3$

(2) $y=-3x+1$ と y 軸上で交わるので，求める直線の式は $y=ax+1$ とおける。この式に $x=-3$, $y=-1$ を代入して, a の値を求める。

(3) 関数 $y=ax^2$ で，y の変域が $y\geqq0$ だから $a>0$。$x=-4$ のとき y は最大値 48 になるから，$y=ax^2$ に代入して a の値を求める。

(4) 変化の割合は，

$$\frac{a\times(-1)^2-a\times(-7)^2}{-1-(-7)}=4,\ a=-\frac{1}{2}$$

3 (1) 点 A の y 座標は，$y=-\frac{1}{2}\times(-6)+6=9$

だから，$9=a\times(-6)^2$，$a=\frac{1}{4}$

(2) 点 B の座標は$(4,\ 4)$で，② と y 軸との交点を C とすると，C$(0,\ 6)$

$\triangle$OAB$=\triangle$OAC$+\triangle$OBC

$$=\frac{1}{2}\times6\times6+\frac{1}{2}\times6\times4=30$$

(3) 求める直線は，原点 O と線分 AB の中点を通る。線分 AB の中点を M とすると，点 M の座標は，$\left(\frac{-6+4}{2},\ \frac{9+4}{2}\right)=\left(-1,\ \frac{13}{2}\right)$

したがって，直線 OM の式は，$y=-\frac{13}{2}x$

5日目 図形① 作図／図形の計量

Step-1 >>> 基本を確かめる 32ページ

解答

1 (1)① **半径**　② **DE**　③ **B**

2 (1)① **9**　② **80**　③ **4π**　④ **9**　⑤ **80**

⑥ **18π**

(2)① **2**　② **2**　③ **28π**　④ **2**　⑤ **5**　⑥ **20π**

(3)① **同位角**　② **45**　③ **錯角**　④ **50**　⑤ **和**

⑥ **45**　⑦ **50**　⑧ **95**（⑥，⑦ は順不同）

(4)① **円周角**　② **65**　③ **65**　④ **90**　⑤ **90**

⑥ **90**　⑦ **65**　⑧ **25**

Step-2 >>> 実力をつける 33ページ

解答

1 (1) **右の図**　(例)

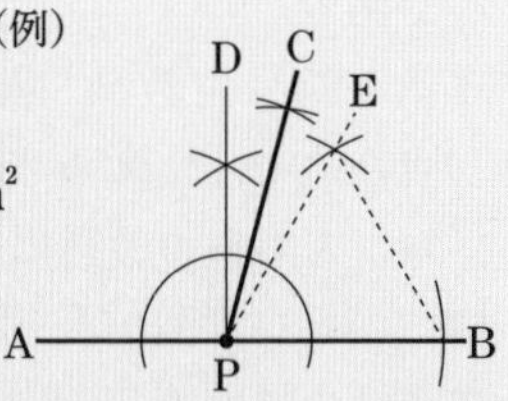

(2) **108°**

(3) **表面積…36π cm²**

体積…16π cm³

2 (1) **辺 AD**

(2) **$\dfrac{500}{3}$cm³**

3 (1) **80°**　(2) **40°**　(3) **30°**　(4) **60°**

解説

1 (1) $105°=90°+15°$ より，$90°$ の角を作図して，$15°$ の角を $60°$ の角を使って作図する。

（作図の手順）

❶点 P を通る線分 AB の垂線 PD を作図する。

❷正三角形 PBE を作図する。

❸$\angle$DPE の二等分線を作図する。

（$\angle \mathrm{DPE}=90°-60°=30°$）

(2) おうぎ形の弧の長さは，半径が同じ円の円周の

$\dfrac{3\pi}{2\pi\times5}=\dfrac{3}{10}$ より，中心角は $360°\times\dfrac{3}{10}=108°$

別解　おうぎ形の中心角を $x°$ とすると，

$2\pi\times5\times\dfrac{x}{360}=3\pi$，$x=108$

(3) できる回転体は，底面の半径が 4 cm，高さが 3 cm，母線の長さが 5 cm の円錐になる。

表面積は，$\dfrac{1}{2}\times8\pi\times5+\pi\times4^2=36\pi(\mathrm{cm}^2)$

↑ $\dfrac{1}{2}\ell r$（底面の円周 ℓ，母線 r）

体積は，$\dfrac{1}{3}\times\pi\times4^2\times3=16\pi(\mathrm{cm}^3)$

2 (1) 辺 BC と平行でなく交わらないのは辺 AD。

(2) $\dfrac{1}{3}\times\dfrac{1}{2}\times10\times10\times10=\dfrac{500}{3}(\mathrm{cm}^3)$

↑ 底面積

3 (1) 右の図より，

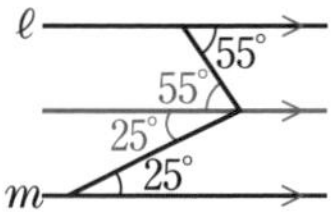

$\angle x=55°+25°=80°$

(2) $\angle \mathrm{BCA}=(180°-40°)\div2$

$=70°$

$\angle x=180°-70°\times2=40°$

(3) $\angle \mathrm{BAO}=\angle \mathrm{ABO}=35°$ だから，

$\angle x=\dfrac{1}{2}\times130°-35°=30°$

(4) $\angle \mathrm{ADC}=90°$ だから，$\angle \mathrm{CAD}=90°-60°=30°$

$\overset{\frown}{\mathrm{BC}}=\overset{\frown}{\mathrm{CD}}$ より，$\angle \mathrm{BAC}=\angle \mathrm{CAD}=30°$

したがって，$\angle x=2\times30°=60°$

6日目 図形② 合同と相似／三平方の定理

Step-1 >>> 基本を確かめる 34ページ

解答

1 (1)① **共通**　② **CA**

③ **2 組の辺とその間の角**

(2)① **10**　② **8**　③ **12**　④ **15**

⑤ **18**　⑥ **12**

(3)① **2**　② **3**　③ **4**　④ **9**

(4)① **AD**　② **12**　③ **GD**　④ **3**　⑤ **9**

2 (1)① **9**　② **5**　③ **56**　④ **56**　⑤ **$2\sqrt{14}$**

(2)① **17**　② **8**　③ **225**　④ **15**　⑤ **8**

⑥ **15**　⑦ **320π**

Step-2 >>> 実力をつける 35ページ

解答

1 (1) **$\dfrac{15}{8}$ cm**　(2) **152cm³**

2 (1) **$\dfrac{32\sqrt{2}}{3}$ cm³**　(2) **$4\sqrt{3}$ cm**

3 **（証明）△ABE と △CAF において，**

仮定から，$\angle \mathrm{BEA}=\angle \mathrm{AFC}=90°$ ……①

△ABC は $\angle \mathrm{BAC}=90°$ の直角二等辺三角形だから，AB＝CA ……②

$\angle \mathrm{ABE}=180°-\angle \mathrm{BEA}-\angle \mathrm{BAE}$

$=90°-\angle \mathrm{BAE}$ ……③

$\angle \mathrm{CAF}=180°-\angle \mathrm{BAC}-\angle \mathrm{BAE}$

$=90°-\angle \mathrm{BAE}$ ……④

③，④ より，$\angle \mathrm{ABE}=\angle \mathrm{CAF}$ ……⑤

①，②，⑤ より，直角三角形の斜辺と 1 つの鋭角がそれぞれ等しいから，

△ABE≡△CAF

4 **（証明）△ADB と △ACE において，**

$\overset{\frown}{\mathrm{AB}}$ に対する円周角は等しいから，

$\angle \mathrm{ADB}=\angle \mathrm{ACE}$ ……①

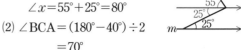

半円の弧に対する円周角だから,
　$\angle ABD=90^\circ$ ……②
仮定から,$\angle AEC=90^\circ$ ……③
②,③より,$\angle ABD=\angle AEC$ ……④
①,④より,2組の角がそれぞれ等しいから,$\triangle ADB \backsim \triangle ACE$

解説

1 (1) AB:CD=BE:DE=5:3より,
　BE:BD=EF:DC=5:(5+3)=5:8
したがって,EF:3=5:8,$EF=\frac{15}{8}$cm
(2) 三角錐O-ABCと三角錐O-DEFは相似で,相似比は3:2だから,体積比は27:8
これより,三角錐O-ABCと立体DEF-ABCの体積比は,27:(27−8)=27:19
立体DEF-ABCの体積をx cm^{3}とすると,
　$27:19=216:x$,$x=152$

2 (1) 頂点Aから底面に垂線AHをひくと,線分BDの中点を通る。
$BH=\frac{1}{2}BD=\frac{1}{2}\times4\sqrt{2}=2\sqrt{2}$(cm)
△ABHで,$AH=\sqrt{4^2-(2\sqrt{2})^2}=2\sqrt{2}$(cm)
体積は,$\frac{1}{3}\times4^2\times2\sqrt{2}=\frac{32\sqrt{2}}{3}$(cm^3)
(2) 最短の糸の長さは右の展開図の線分BDになる。ACとの交点をPとすると,△ABDは二等辺三角形で,APは∠BADの二等分線になるので,

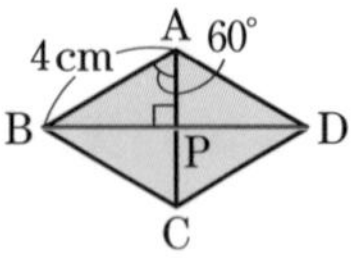

　∠APB=90°,BP=PD
$AB:BP=2:\sqrt{3}$,$4:BP=2:\sqrt{3}$,$BP=2\sqrt{3}$ cm
したがって,$BD=4\sqrt{3}$ cm

7日目 データの活用/確率

Step-1 >>> 基本を確かめる　36ページ

解答

1 (1)① 3　② 0.15
(2)① 8　② 14　③ 14　④ 0.70
(3) 8.25　(4)① 7　② 11　③ 15　④ 8
(5)

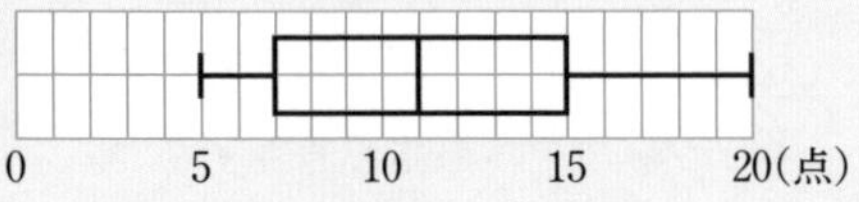

2 (1)① 36　② 5　(2)① 3　② $\frac{1}{2}$
3 (1)① 9　② 9　③ 225

Step-2 >>> 実力をつける　37ページ

解答

1 (1) 19.75 m　(2) 22.5%　**2** イ,エ
3 (1) $\frac{2}{9}$　(2) $\frac{4}{5}$　(3) $\frac{1}{5}$　**4** およそ360匹

解説

1 (1) 平均値 $=\frac{(階級値\times度数)の合計}{度数の合計}$より,
(7.5×4+12.5×6+17.5×9+22.5×12+27.5×7+32.5×2)÷40=790÷40=19.75(m)
(2) 記録が25m以上の人数は,7+2=9(人)だから,全体の割合は9÷40×100=22.5(%)

2 ア 範囲は,英語が90−15=75(点),数学が95−20=75(点)なので,英語と数学は同じである。
イ 第1四分位数は,英語が45点,数学が55点なので,全体の25%以上が55点以下だから,どちらの教科にも4人以上いる。
ウ この箱ひげ図から平均値は読み取れない。
エ 英語の最大値90点より,90点の生徒はいる。

3 (1) 2つのさいころの目の出方は全部で36通り。
出た目の数の積が20以上になるのは,
(4,5),(4,6),(5,4),(5,5),(5,6),(6,4),(6,5),(6,6)の8通り。
求める確率は,$\frac{8}{36}=\frac{2}{9}$
(2) 赤玉を❶,❷,❸,青玉を①,②,白玉を①として,樹形図に表すと,

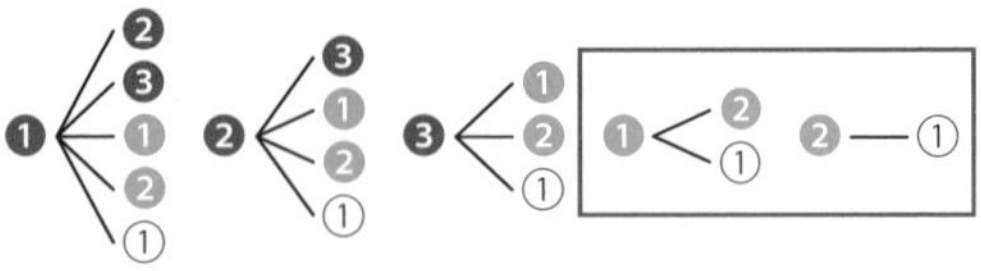

全部で15通りで,赤玉が1個もないのは□の3通りだから,求める確率は$1-\frac{3}{15}=\frac{4}{5}$
(3) できる整数は,12,13,14,15,21,23,24,25,31,32,34,35,41,42,43,45,51,52,53,54の20通りで,6の倍数になるのは▒の4通り。求める確率は,$\frac{4}{20}=\frac{1}{5}$

4 標本と母集団で印のついた魚の割合は等しいことから,池にいる魚の総数をx匹とすると,
$x\times\frac{5}{30}=60$,$x=360$

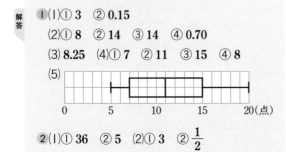

入試レベル問題 第1回

▶38ページ

❶(1) 14　(2) $\dfrac{7x-y}{6}$　(3) a^2-9　(4) $\sqrt{2}$

❷(1) $a=\dfrac{7b-4}{5}$　(2) $x=\dfrac{-5\pm\sqrt{13}}{2}$

(3) $y=-6$　(4) $\dfrac{7}{8}$

❸(1) 36°　(2) $15\sqrt{11}\text{cm}^3$

❹(例)9月に図書館を利用した男子を x 人，女子を y 人とすると，

$$\begin{cases} x+y=253-33 & \cdots\cdots① \\ \dfrac{21}{100}x+\dfrac{10}{100}y=33 & \cdots\cdots② \end{cases}$$

②から，$21x+10y=3300$ ……③

③−①×10 より，$x=100$

$x=100$ を①に代入して，$y=120$

これらは問題に適している。

(答)9月に図書館を利用した男子は100人，女子は120人

❺(1) −4　(2) $a=\dfrac{2}{9}$

❻(1)(証明)△ABG と △CDH において，

平行四辺形の対辺は等しいから，

AB＝CD ……①

AB//DC より，錯角は等しいから，

∠BAG＝∠DCH ……②

AD//BC より，錯角は等しいから，

∠AEB＝∠CBE ……③

BE//FD より，同位角は等しいから，

∠CBE＝∠CFD ……④

③，④より，∠AEB＝∠CFD ……⑤

平行四辺形の対角は等しいから，

∠BAD＝∠DCB ……⑥

また，∠ABG＝180°−∠AEB−∠BAD

∠CDH＝180°−∠CFD−∠DCB

⑤，⑥より，∠ABG＝∠CDH ……⑦

①，②，⑦より，1組の辺とその両端の角がそれぞれ等しいから，

△ABG ≡ △CDH

(2) 72倍

［解説］

❶(1) $12-6\div(-3)=12+2=14$

(2) $\dfrac{2x-5y}{3}+\dfrac{x+3y}{2}=\dfrac{2(2x-5y)+3(x+3y)}{6}$

$=\dfrac{4x-10y+3x+9y}{6}=\dfrac{7x-y}{6}$

(3) $(a+3)(a-3)=a^2-9$

(4) $\sqrt{18}-\dfrac{4}{\sqrt{2}}=3\sqrt{2}-\dfrac{4\times\sqrt{2}}{\sqrt{2}\times\sqrt{2}}=3\sqrt{2}-2\sqrt{2}=\sqrt{2}$

❷(1) $b=\dfrac{5a+4}{7}$，$7b=5a+4$，$5a=7b-4$，$a=\dfrac{7b-4}{5}$

(2) $x^2+5x+3=0$

$x=\dfrac{-5\pm\sqrt{5^2-4\times1\times3}}{2\times1}=\dfrac{-5\pm\sqrt{13}}{2}$

(3)求める式を $y=\dfrac{a}{x}$ とおく。$x=-9$ のとき $y=2$ だから，

$2=\dfrac{a}{-9}$，$a=-18$　式は $y=-\dfrac{18}{x}$

この式に $x=3$ を代入して，$y=-\dfrac{18}{3}=-6$

(4)　(少なくとも1枚は表が出る確率)

＝1−(3枚とも裏が出る確率)より，

全部の出方は8通りで，そのうち3枚とも裏が出るのは1通りだから，$1-\dfrac{1}{8}=\dfrac{7}{8}$

❸(1) $\overset{\frown}{\text{DC}}$ に対する円周角は等しいから，

∠DAC＝∠DBC＝34°

半円の弧に対する円周角だから∠BDC＝90°

△ACD で，

∠ADB＝180°−(34°＋90°＋20°)＝36°

(2) △ABC で，三平方の定理より，

$\text{BC}=\sqrt{6^2-5^2}=\sqrt{11}\,(\text{cm})$

体積は，$\dfrac{1}{2}\times5\times\sqrt{11}\times6=15\sqrt{11}\,(\text{cm}^3)$

❺(1) $\dfrac{(-1)^2-(-3)^2}{-1-(-3)}=\dfrac{1-9}{2}=-4$

(2)直線 AB と y 軸との交点を C(0，t)とする。

△ABO＝△ACO＋△BCO だから，

$\dfrac{1}{2}\times t\times2+\dfrac{1}{2}\times t\times3=8$，$t=\dfrac{16}{5}$

直線 AB は，切片が $\dfrac{16}{5}$ で，点 A(2，4)を通るから，$y=\dfrac{2}{5}x+\dfrac{16}{5}$　これより，点 B(−3，2)

したがって，$2=a\times(-3)^2$，$a=\dfrac{2}{9}$

❻(1)四角形 EBFD が平行四辺形となり，対角が等しいことから，∠EBF＝∠FDE

また，平行四辺形 ABCD の対角が等しいことから，∠ABC＝∠CDA

これより，∠ABG＝∠CDH を導いてもよい。

(2)線分 EH をひく。EI：CI＝ED：CF＝2：1 より，△EHC：△IHC＝3：1 ……①

AH：CH＝AD：CF＝3：1 より，

△ACE＝4△EHC ……②

①，②より，

$$\triangle \mathrm{IHC}=\frac{1}{3}\triangle \mathrm{EHC}=\frac{1}{3}\times\frac{1}{4}\triangle \mathrm{ACE}$$
$$=\frac{1}{12}\times\frac{1}{3}\triangle \mathrm{ACD}=\frac{1}{36}\times\frac{1}{2}▱\mathrm{ABCD}$$
$$=\frac{1}{72}▱\mathrm{ABCD}$$

入試レベル問題 第2回

▶ 40ページ

❶(1) -4　(2) $6a-2b$　(3) $2a+9b$
(4) $5\sqrt{5}-9$

❷(1) 7　(2) $x=4$，$y=2$　(3) $y=\dfrac{4000}{x}$　(4) 27°

❸(例)

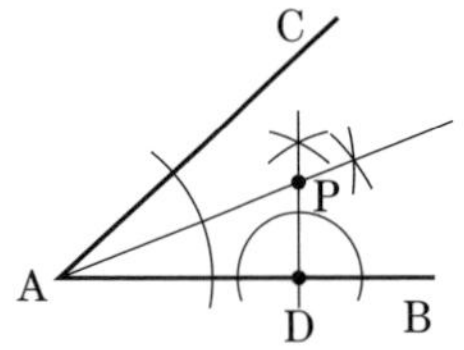

❹イ

❺(1) $(-6,\ 9)$　(2) $(0,\ 3)$　(3) $\dfrac{9}{2}$

❻(1)(証明) △ABC と △BDC において，
線分 AB は直径だから，
$\angle \mathrm{ACB}=\angle \mathrm{BCD}=90°$ ……①
△ABC で，$\angle \mathrm{ACB}=90°$だから，
$\angle \mathrm{BAC}=90°-\angle \mathrm{ABC}$ ……②
仮定より，$\angle \mathrm{ABD}=90°$だから，
$\angle \mathrm{DBC}=90°-\angle \mathrm{ABC}$ ……③
②，③より，$\angle \mathrm{BAC}=\angle \mathrm{DBC}$ ……④
①，④より，2組の角がそれぞれ等しいから，△ABC∽△BDC

(2)① $\sqrt{3}$ cm　② $\dfrac{5\sqrt{3}}{4}-\dfrac{\pi}{2}$ (cm²)

[解説]

❶(1) $2\times(-3)^2-22=18-22=-4$

(2) $(8a-5b)-\dfrac{1}{3}(6a-9b)$
$=8a-5b-2a+3b=6a-2b$

(3) $(8a^2b+36ab^2)\div 4ab=2a+9b$

(4) $\dfrac{\sqrt{10}}{\sqrt{2}}-(\sqrt{5}-2)^2=\sqrt{5}-(5-4\sqrt{5}+4)$
$=5\sqrt{5}-9$

❷(1) $a^2+2ab=a(a+2b)$
$=7\times\{7+2\times(-3)\}=7$

(2) $\begin{cases}2x-3y=2 & \cdots\cdots① \\ x+2y=8 & \cdots\cdots②\end{cases}$

①−②×2 より，$-7y=-14$，$y=2$
②に $y=2$ を代入して，$x+4=8$，$x=4$

(3) 4000 mL の水が x 時間でなくなるので，
1時間当たりの水の減る量は，$y=\dfrac{4000}{x}$

(4) 二等辺三角形の2つの底角は等しいこと，平行線の同位角は等しいこと，三角形の内角と外角の関係から，

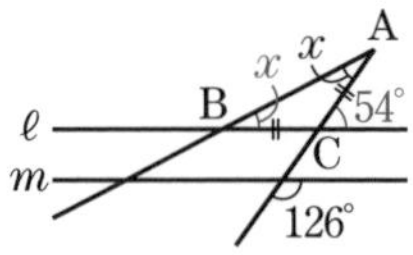

$2\angle x=180°-126°$，$\angle x=27°$

❸半直線 AB，AC に接するので，点 P は AB，AC から等しい距離，つまり，∠CAB の二等分線上にある。また，点 D は P を中心とする円の接点になるから，線分 PD は半直線 AB に垂直である。このことから，点 P を作図すればよい。

❹データの最小値は4点，第1四分位数は6点，第2四分位数(中央値)は14点，第3四分位数は22点，最大値は30点である。これらを表した箱ひげ図は**イ**である。

❺(1) 点 A の y 座標は，$y=\dfrac{1}{4}\times(-6)^2=9$

(2) AC＋CB が一直線になるとき最小になる。
直線 AB は A$(-6,\ 9)$，B$(2,\ 1)$ を通るから，
式は $y=-x+3$　したがって，C$(0,\ 3)$

(3) D$(0,\ 9)$，E$(0,\ 1)$だから，CE$=t$ とおくと，
DC$=8-t$ とおけるから，

$$\underbrace{\frac{1}{3}\times\pi\times6^2\times(8-t)}_{\text{△ACDを1回転させた立体の体積}}=7\times\underbrace{\left(\frac{1}{3}\times\pi\times2^2\times t\right)}_{\text{△CEBを1回転させた立体の体積}}$$

これを解くと，$t=\dfrac{9}{2}$

❻(2)① △ABC∽△BDC だから，
$3:\mathrm{BC}=\mathrm{BC}:1$，$\mathrm{BC}^2=3$
BC＞0 だから，BC$=\sqrt{3}$ cm

② $\triangle \mathrm{BDC}=\dfrac{1}{2}\times1\times\sqrt{3}=\dfrac{\sqrt{3}}{2}$ (cm²)
AB$=\sqrt{3^2+(\sqrt{3})^2}=2\sqrt{3}$ (cm)，OB$=\sqrt{3}$ cm
おうぎ形 OBC の面積は，
$\pi\times(\sqrt{3})^2\times\dfrac{60}{360}=\dfrac{\pi}{2}$ (cm²)
△OBC は右の図のような正三角形だから，

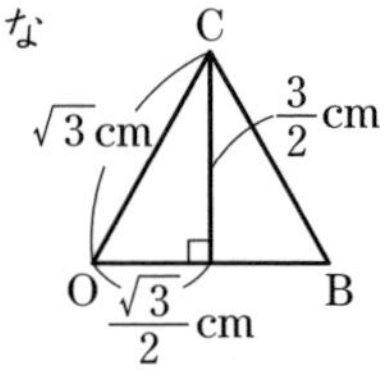

$\triangle \mathrm{OBC}=\dfrac{1}{2}\times\sqrt{3}\times\dfrac{3}{2}$
$=\dfrac{3\sqrt{3}}{4}$ (cm²)

求める面積は，

$$\frac{\sqrt{3}}{2}-\left(\frac{\pi}{2}-\frac{3\sqrt{3}}{4}\right)=\frac{5\sqrt{3}}{4}-\frac{\pi}{2}\ (\mathrm{cm}^2)$$

理科

1日目 身のまわりの現象・物質

Step-1 >>> 基本を確かめる ▶42ページ

解答

1 (1)＝　(2)①＞　②＜　(3)①実像
②虚像《きょぞう》　(4)①振幅《しんぷく》　②振動数《しんどうすう》
(5)フック　(6)①等しく　②反対（逆）
③同一直線上（一直線上）

2 (1)①質量　②体積　(2)①重い　②石灰水《せっかいすい》
③とけにくい　④軽い　⑤アルカリ
(3)溶質《ようしつ》　(4)溶解度《ようかいど》
(5)飽和水溶液《ほうわすいようえき》　(6)再結晶《さいけっしょう》
(7)①融点《ゆうてん》　②沸点《ふってん》　(8)蒸留《じょうりゅう》

Step-2 >>> 実力をつける ▶43ページ

解答

1 (1)（光の）屈折《くっせつ》　(2)12 cm　(3)エ
(4)小さくなる。

2 (1)A，B　(2)20%　(3)18.4 g

3 (1)液体が急に沸騰《ふっとう》するのを防ぐため。（突沸《とっぷつ》を防ぐため。）　(2)A　(3)0.97 g/cm^3

解説

1 (2)物体を焦点距離《しょうてんきょり》の2倍の位置に置くと，物体と同じ大きさの実像が，反対側の焦点距離の2倍の位置にできる。したがって，この凸《とつ》レンズの焦点距離は，24 cm÷2＝12 cm

(3)凸レンズによってスクリーン上にできる像を実像といい，物体と上下左右が逆向きである。

(4)焦点距離の2倍よりも遠い位置に物体を置くと，物体よりも小さい像が，焦点距離の2倍と焦点の間の位置にできる。

2 (2)溶質（物質A・物質B）は25 g，溶媒《ようばい》（水）は100 gなので，溶液の質量は，25 g＋100 g＝125 g　よって，$\frac{25\text{ g}}{125\text{ g}}\times100=20$ より，20%

(3)物質Aは，20 ℃の水100 gに31.6 gとける。60 ℃の水100 gに50 gとかしたのだから，出てくる結晶は，50 g－31.6 g＝18.4 g

3 (2)蒸留では沸点の低い物質が先に多く出てくる。（水の沸点は100 ℃，エタノールの沸点は約78 ℃。）

(3)密度《みつど》は，$\frac{19.37\text{ g}}{20\text{ cm}^3}=0.9685$ より，0.97 g/cm^3

2日目 電流・運動・力・エネルギー

Step-1 >>> 基本を確かめる ▶44ページ

解答

1 (1)①＝　②＋　(2)①＋　②＝
(3)①電圧　②抵抗《ていこう》　(4)電圧　(5)時間
(6)N極　(7)磁界《じかい》　(8)①電磁誘導《でんじゆうどう》
②誘導電流《ゆうどうでんりゅう》　(9)電子

2 (1)①等速直線運動　②慣性《かんせい》
(2)作用・反作用　(3)面積　(4)水圧
(5)浮力《ふりょく》　(6)①位置　②力学的
(7)距離《きょり》　(8)①仕事　②時間

Step-2 >>> 実力をつける ▶45ページ

解答

1 (1)30 Ω　(2)50 Ω　(3)6 V　(4)0.75 A
(5)12 Ω

2 (1)1.7 N　(2)4.8 J　(3)0.96 W

3 (1)75 cm/s　(2)①ウ　②イ　③ウ

解説

1 (1)グラフより，電熱線Bは3 Vのとき0.1 Aの電流が流れるので，3 V÷0.1 A＝30 Ω

(2)(3)電熱線Aの抵抗は，4 V÷0.2 A＝20 Ω
直列につないだ電熱線の合成抵抗は，20 Ω＋30 Ω＝50 Ω　よって，50 Ω×0.12 A＝6 V

(4)電熱線A，Bには電源の電圧と同じ9 Vが加わる。電熱線Aに流れる電流は，9 V÷20 Ω＝0.45 A　電熱線Bに流れる電流は，9 V÷30 Ω＝0.3 A　よって，電流計は，0.45 A＋0.3 A＝0.75 Aを示す。

(5)(4)より，9 V÷0.75 A＝12 Ω

2 (1)320 gの物体にはたらく重力の大きさは，320÷100＝3.2 N　浮力＝空気中での重さ－水中での重さ　より，3.2 N－1.5 N＝1.7 N

(2)800 gの物体にはたらく重力は8 Nなので，
8 N×0.6 m＝4.8 J

(3)4.8 J÷5 s＝0.96 W

3 (1)30 cm÷0.4 s＝75 cm/s

(2)①斜面《しゃめん》上の物体にはたらく，斜面に平行な下向きの力は，斜面の傾《かたむ》きが変わらなければ，斜面上のどこでも同じ大きさではたらく。

②高さが低くなるので位置エネルギーは小さくなり，その分運動エネルギーが大きくなる。

③摩擦《まさつ》などがなければ，力学的エネルギーは常に一定に保たれる。

3日目 原子・分子・イオンと化学変化

Step-1 >>> | 基本を確かめる | ▶ 46ページ

解答

1 (1)①原子　②分子　(2)元素
(3)①単体　②化合物　(4)分解
(5)①酸化　②燃焼　(6)還元《かんげん》
(7)質量保存　(8)一定

2 (1)①電解質《でんかいしつ》　②非電解質《ひでんかいしつ》　(2)イオン
(3)①＋　②－　(4)①電離《でんり》　②Cl^-
(5)化学　(6)①水素　②水酸化物
(7)①中和《ちゅうわ》　②H_2O　(8)塩《えん》

Step-2 >>> | 実力をつける | ▶ 47ページ

解答

1 (1)CO_2　(2)赤色（桃《もも》色）
(3)炭酸ナトリウム　(4)水が加熱した試験管内に逆流するのを防ぐため。

2 (1)$2Cu + O_2 \rightarrow 2CuO$
(2)酸素…0.6 g　酸化物…3.0 g　(3)5.2 g

3 (1)㋐…Na^+　㋑…OH^-　(2)A…青色
B…黄色　(3)塩化ナトリウム
(4)発生しない。

解説

1 (2)試験管についた液体は水で，青色の塩化コバルト紙を赤色に変えることで確認できる。

2 (2)グラフより，銅と酸化銅の質量比は，0.8：1.0＝4：5　よって，2.4 g の銅からできる酸化銅は，4：5＝2.4 g：x　x＝3.0 g　結びついた酸素の質量は，3.0 g－2.4 g＝0.6 g

(3)銅と結びつく酸素の質量比は，4：(5－4)＝4：1だから，1.3 g の酸素と結びつく銅の質量を x g とすると，4：1＝x：1.3 g　x＝5.2 g

3 (2)BTB 溶液《ようえき》は，酸性で黄色，中性で緑色，アルカリ性で青色を示す。水酸化ナトリウム水溶液にうすい塩酸を加えると，アルカリ性→中性→酸性と変化する。うすい塩酸を 4 cm^3 加えたとき，ちょうど中和して中性になる。

(3)水酸化ナトリウム水溶液と塩酸がちょうど中和したとき，水溶液は塩化ナトリウム水溶液になっているので，水を蒸発させると塩化ナトリウムが残る。

(4)マグネシウムリボンは，酸性の水溶液に入れると水素を発生してとけるが，中性やアルカリ性の水溶液とは反応しない。

4日目 いろいろな植物・動物

Step-1 >>> | 基本を確かめる | ▶ 48ページ

解答

1 (1)①裸子植物《らししょくぶつ》　②1　③双子葉類《そうしようるい》　④胞子《ほうし》
⑤ある　(2)①脊椎動物《せきついどうぶつ》　②えら
③うろこ　④肺　⑤胎生《たいせい》

2 (1)核《かく》　(2)①細胞壁《さいぼうへき》　②葉緑体
(3)①道管《どうかん》　②師管《しかん》　(4)維管束《いかんそく》
(5)①蒸散《じょうさん》　②気孔《きこう》　(6)光合成

Step-2 >>> | 実力をつける | ▶ 49ページ

解答

1 (1)AとB…ウ　CとD…イ　EとF…ア
(2)外骨格《がいこっかく》

2 (1)1.2 g　(2)裏側
(3)記号…イ　名称《めいしょう》…道管　(4)ア，ウ，オ

3 (1)A　(2)ア…光合成　イ…二酸化炭素

解説

1 (1)バッタは無脊椎動物《むせきついどうぶつ》の節足動物《せっそくどうぶつ》，イカは無脊椎動物の軟体動物《なんたいどうぶつ》。その他の動物は脊椎動物で，フクロウは鳥類，トカゲはは虫類，イモリは両生類，サケは魚類，クマは哺乳類《ほにゅうるい》である。

2 (1)A～Cの蒸散する場所は下の表のようになる。

	A	B	C
蒸散する場所	葉の裏 茎《くき》	葉の表 茎	葉の表 葉の裏 茎
水の減少量	5.0 g	1.7 g	6.2 g

葉の表側から出ていった水蒸気の量（蒸散量）は，C－A＝6.2 g－5.0 g＝1.2 g

(2)上の表より，葉の裏側からの蒸散量は，C－B＝6.2 g－1.7 g＝4.5 g　蒸散は気孔を通して起こるので，蒸散量が多い葉の裏側に気孔が多くあるといえる。

(4)ホウセンカは，種子植物のうち被子植物《ひししょくぶつ》の双子葉類である。

3 (1)はく息には二酸化炭素が多くふくまれる。二酸化炭素があると，石灰水《せっかいすい》は白くにごる。

(2)植物は光が当たると葉緑体で光合成を行い，二酸化炭素と水からデンプンなどの栄養分と酸素をつくる。なお，植物は酸素をとり入れ，二酸化炭素を出す呼吸を１日中行っているが，昼は呼吸よりも光合成をさかんに行う。

5日目 人体／生物のふえ方と遺伝《いでん》・進化

Step-1 >>> 基本を確かめる

▶50ページ

解答

1 (1)①ブドウ糖　②毛細血管《もうさいけっかん》　(2)①アミノ酸　②毛細血管　(3)①脂肪酸《しぼうさん》　②リンパ管　(4)①酸素　②二酸化炭素　(5)①肝臓《かんぞう》　②じん臓　(6)①肺循環《はいじゅんかん》　②体循環《たいじゅんかん》　(7)反射《はんしゃ》

2 (1)細胞分裂《さいぼうぶんれつ》　(2)①染色体《せんしょくたい》　②遺伝子《いでんし》　(3)①無性生殖《むせいせいしょく》　②有性生殖《ゆうせいせいしょく》　(4)減数分裂《げんすうぶんれつ》　(5)①顕性形質《けんせいけいしつ》　②潜性形質《せんせいけいしつ》　(6)分離《ぶんり》　(7)相同器官《そうどうきかん》

Step-2 >>> 実力をつける

▶51ページ

解答

1 (1)AとC　(2)BとD　(3)アミラーゼ

2 (1)花粉管《かふんかん》　(2)受精《じゅせい》　(3)6本　(4)ア，ウ

3 (1)丸形　(2)AA，Aa　(3)240個

解説

1 (1)ヨウ素液をデンプンに加えると青紫色《あおむらさきいろ》を示す。試験管Aはデンプンがなく，Cはデンプンがある。AとCはだ液の条件だけがちがうので，だ液のはたらきでデンプンがなくなったことがわかる。

(2)ベネジクト液は，加熱すると麦芽糖《ばくがとう》などと反応して赤褐色《せきかっしょく》の沈殿《ちんでん》が生じる。試験管Bは麦芽糖などがあり，Dはない。よって，だ液のはたらきで麦芽糖などができたことがわかる。

2 (1)(2)被子植物《ひししょくぶつ》の生殖細胞《せいしょくさいぼう》は，精細胞《せいさいぼう》と卵細胞《らんさいぼう》である。受粉した花粉は花粉管をのばす。花粉の中の精細胞は，花粉管を通って胚珠《はいしゅ》の卵細胞まで移動する。

(3)生殖細胞がつくられるとき減数分裂が行われ，染色体の数が体細胞の半分になる。

(4)生殖細胞をつくらない無性生殖では，からだの一部が体細胞分裂することでふえる。

3 (2)親の丸形の生殖細胞の遺伝子はA，しわ形の生殖細胞の遺伝子はaなので，表1のように子の遺伝子の組み合わせはすべてAaになる。

表1

	A	A
a	Aa	Aa
a	Aa	Aa

子の生殖細胞はAとaになる。子を自家受粉させてできる孫の遺伝子の組み合わせは表2のようになる。AA，Aaは丸形になり，aaはしわ形になる。

表2

	A	a
A	AA	Aa
a	Aa	aa

(3)表2より，丸形としわ形の種子ができる数の比は，(AA，Aa)：aa＝(1＋2)：1＝3：1なので，丸形の種子は，320×3÷(3＋1)＝240個できる。

6日目 大地の変化／天気の変化

Step-1 >>> 基本を確かめる

▶52ページ

解答

1 (1)①激しい　②黒っぽい　(2)①火山岩　②深成岩　(3)①初期微動《しょきびどう》　②主要動　(4)①初期微動継続時間《しょきびどうけいぞくじかん》　②長くなる　(5)①震度《しんど》　②マグニチュード　(6)堆積岩《たいせきがん》　(7)①示相化石《しそうかせき》　②示準化石《しじゅんかせき》

2 (1)飽和水蒸気量《ほうわすいじょうきりょう》　(2)露点《ろてん》　(3)飽和水蒸気量　(4)①寒冷　②下がる　(5)①温暖　②上がる　(6)偏西風《へんせいふう》　(7)西高東低

Step-2 >>> 実力をつける

▶53ページ

解答

1 (1)イ　(2)E　(3)遠くなった。　(4)斑状組織《はんじょうそしき》　(5)強い

2 (1)露点　(2)73%

3 (1)P…寒冷前線　Q…温暖前線　(2)ア　(3)上昇気流《じょうしょうきりゅう》

解説

1 (1)アンモナイトは中生代の示準化石である。

(2)凝灰岩《ぎょうかいがん》は，火山灰《かざんばい》などが固まってできた堆積岩である。

(3)地層《ちそう》の上下の逆転がないことから，古い層ほど下にあるので，D層（れき）→C層（砂）→B層（泥《どろ》）の順に堆積した。粒《つぶ》の大きさはれき＞砂＞泥で，粒が小さいものほど海岸から遠いところに堆積するから，しだいに海岸からの距離《きょり》が遠くなったことがわかる。

2 (2)この部屋の空気1 m^3 中にふくまれる水蒸気量は，露点（10℃）での飽和水蒸気量に等しく9.4 g/m^3 である。15℃の飽和水蒸気量は12.8 g/m^3 なので，湿度は，9.4 g/m^3 ÷12.8 g/m^3 ×100＝73.4…より，73%

3 (1)中《ちゅう》緯《い》度《ど》帯《たい》で発生する温帯低気圧は，南西方向に寒冷前線，南東方向に温暖前線をともなう。

(2)温暖前線の前方と寒冷前線の後方に寒気があり，２つの前線の間には暖気がある。寒冷前線では，寒気が暖気の下にもぐりこみ，温暖前線では，暖気が寒気の上にはい上がる。

(3)低気圧の中心付近は上昇《じょうしょう》気《き》流《りゅう》が生じ，雲ができやすい。

7日目 地球と宇宙／生態系と人間

Step-1 >>> 基本を確かめる ▶ 54ページ

解答

1 (1)①南中《なんちゅう》　②南中高度　(2)日周運動

(3)①15　②北極星　(4)年周運動

(5)30　(6)黄道《こうどう》　(7)地《ち》軸《じく》

(8)①日食　②月食　(9)①東　②西

(10)太陽系　(11)恒星《こうせい》

(12)惑星《わくせい》

2 (1)生態系　(2)①食物《しょくもつ》連《れん》鎖《さ》

②有機物　③消費者　④分解者

Step-2 >>> 実力をつける ▶ 55ページ

解答

1 (1)北　(2)北極星　(3)イ　(4)45°

2 (1)D　(2)イ　(3)ふたご座

3 (1)A，B　(2)よいの明星《みょうじょう》　(3)C

4 (1)D　(2)B…増加する。　D…減少する。

解説

1 (1)〜(3)北の空の星は，北極星を中心に反時計回りに回る。

(4)星は１時間に15°動く。22時－19時＝3時間では，15°×3時間＝45° 動く。

2 (1)日本では太陽は南の空を通るので，Cが南である。よって，Aが北，Bが西，Dが東になる。

(2)図１は太陽が真東よりも北寄りから出て，真西よりも北寄りに沈《しず》んでいるので，夏《げ》至《し》の日の太陽の動きである。図２で，北極が太陽の方に傾《かたむ》いているイが夏至の位置である。

(3)太陽と反対方向にある星座は，真夜中に南中する。

3 (1)C，Dは明け方，東の空に見える。

(3)金星は地球から近くなると，見かけの大きさは大きくなり，欠け方も大きくなる。

4 (1)最も個体数が多い植物などの生産者がいちばん下のDになる。Cは草食動物，A，Bは肉食動物で，これらは消費者である。

(2)Cの生物が一時的に増加すると，Cを食べるBは食べ物がふえるので増加し，Cに食べられるDは食べられる数がふえるので減少する。

入試レベル問題 第1回

▶ 56ページ

1 (1)ア　(2)h　(3)b，c

2 (1)天気…くもり　風向…南東

(2)ウ

3 (1)ア　(2) 9.0 W

(3)水温…26.4 ℃　電力量…2880 J

4 (1) $Zn \rightarrow Zn^{2+} + 2e^-$　(2)エ

［解説］

1 (1)ブドウ糖やアミノ酸などは，小腸Yで吸収されて毛細血管《もうさいけっかん》に入り，肝臓《かんぞう》Xに運ばれる。

(2)血液中の尿《にょう》素《そ》は，じん臓Zでとり除かれるので，じん臓を通ったあとの血液hは，尿素の割合が低い。

(3)酸素が多くふくまれている血液を動脈血という。肺Wでは，血液中の二酸化炭素を肺胞《はいほう》内に放出し，酸素を血液中にとり入れるので，肺を通ったあとの血液は酸素を多くふくんでいる。なお，動脈血は動脈を流れるとは限らないので注意する。aの肺動脈とdの大静脈には二酸化炭素を多くふくむ静脈血が流れ，bの肺静脈とcの大動脈には，動脈血が流れる。

2 (1)風向は風がふいてくる方向を矢の向きで表す。

(2)寒冷前線が通過すると，気温が急激に下がる。図２で気温が急激に下がっているのは，4月14日12時〜15時の間である。また低気圧が通過する間は気圧が下がり，寒冷前線が通過後，気圧が上がっている。

3 (1)電圧計は回路に並列につなぐ。電流は電源の＋極から－極に向かって流れる。

(2)電熱線Aに流れる電流は，6.0 V÷4.0 Ω＝1.5 Aなので，消費した電力は，6.0 V×1.5 A＝9.0 W

(3)表より，電熱線Bに電流を流したとき，１分ごとに水温が0.8℃ずつ上昇《じょうしょう》しているので，8分後は，0.8℃/分×8分＝6.4℃上昇する。よって水温は，20℃＋6.4℃＝26.4℃

電熱線Ｂには，6.0 V÷6.0 Ω＝1.0 A の電流が流れるので，電力は，6.0 V×1.0 A＝6.0 W　よって，消費した電力量は，6.0 W×(60×8)s=2880 J

❹(1)亜鉛《あえん》と銅では，亜鉛の方がイオンになりやすい。亜鉛板では，亜鉛原子が電子を２個失って亜鉛イオンになり，硫酸《りゅうさん》亜鉛水溶液《すいようえき》中にとけ出す。

(2)電子は亜鉛板から導線を通って銅板に移動する。電子が移動する向きは－極から＋極なので，亜鉛板が－極，銅板が＋極になる。また，電流の向きは，電子の移動の向きと逆なので，電流は銅板から亜鉛板へ流れる。

入試レベル問題 第２回

58ページ

❶(1)(例)水の密度《みつど》より小さく，エタノールの密度より大きい

(2)ウ

❷エ

❸(1)(a→) f → d → e → c → b

(2)イ

❹(1)イ　(2)エ

［解説］

❶(1)物体を液体の中に入れたとき，その物体の密度が，液体の密度よりも大きい場合は沈《しず》み，液体の密度よりも小さい場合は浮《う》く。

(2)エタノールに熱い湯をかけると，液体から気体に状態変化する。気体になると分子の運動が激しくなって自由に飛び回り，分子どうしの間隔《かんかく》が広くなるので体積が大きくなる。状態変化では，質量や分子の大きさは変化せず，別の物質の分子に変化しない。

❷　Ａ地点の初期微動継続時間《しょきびどうけいぞくじかん》は，10 時 10 分 20 秒－10 時 10 分 18 秒＝2 秒　表より，初期微動継続時間は震源《しんげん》からの距離《きょり》に比例しているので，36 km：2 s＝90 km：x　x＝5 s より，90 km の地点の初期微動継続時間は５秒である。よって主要動が始まった時刻は，10 時 10 分 27 秒+5 秒＝10 時 10 分 32 秒

❸(1)核《かく》の形が見えなくなり，染色体《せんしょくたい》が見えるようになる(f)。染色体が細胞《さいぼう》の中央に集まり(d)，分かれて両端《りょうたん》に移動する(e)。核ができ始め，中央にしきりができ(c)，２つに分かれて２個の細胞になる(b)。

(2)ア…植物では，おもに成長点とよばれる根や茎《くき》の先端近くで体細胞分裂《たいさいぼうぶんれつ》がさかんに行われる。

ウ…体細胞分裂した直後の細胞の大きさは，もとの細胞より小さい。

エ…体細胞分裂が始まる前に染色体は複製されて数が２倍になる。細胞分裂で細胞が分かれるときに染色体も２つに分かれてそれぞれの細胞に入るので，分裂後の細胞の染色体の数は，もとの細胞と同じになる。

❹(1)右ねじの進む向きに電流を流したとき，右ねじの回る向きが電流がつくる磁界《じかい》の向きになる。図１の場合，上から見ると磁界の向きは時計回りになる。

(2)電流が磁界から受ける力は，電流の向きか磁界の向きのどちらか一方を逆にすると，逆になる。図３では電流の向きと磁界の向きの両方が逆になっているので，受ける力の向きは図２と変わらない。

社会

1日目 地理① 世界の姿

Step-1 >>> |基本を確かめる| ▶60ページ

解答

1 (1)①ユーラシア　②太平洋《たいへいよう》　(2)①本初子午線《ほんしょしごせん》　②赤道《せきどう》

2 (1)タイガ　(2)遊牧《ゆうぼく》

3 (1)季節風（モンスーン）　(2)原油（石油）　(3)偏西風《へんせいふう》　(4)ヨーロッパ連合（EU）　(5)カカオ豆　(6)モノカルチャー　(7)ヒスパニック　(8)サンベルト　(9)アマゾン　(10)アボリジニ

Step-2 >>> |実力をつける| ▶61ページ

解答

1 (1)ウ　(2)エ　(3)(例)経線《けいせん》や緯線《いせん》を利用して境界線を引いた名残《なごり》が国境となった

2 (1)ヒマラヤ　(2)(例)労働者を雇って大規模《だいきぼ》に栽培《さいばい》する大農園　(3)Aア　Bウ

解説

1 (1)**A**はイタリアで，首都のローマ市内には世界最小の国である**バチカン市国**がある。

(2)写真は**アンデス山脈**の高地に暮らす人々の様子である。人々はリャマやアルパカを放牧し，寒さと強い紫外線を防ぐためアルパカの毛を使ったポンチョと呼ばれるマントや帽子《ぼうし》を身に着ける。

(3)**B**はアフリカ大陸。ヨーロッパ諸国がアフリカの大部分を植民地として支配したとき，緯線や経線に沿った直線的な境界線を引き，そのまま国境線になったところが多い。

2 (2)**Y**はマレーシア。東南アジアでは，天然ゴムやバナナ，油やし，コーヒーなどの輸出用作物を大規模に栽培する**プランテーション（大農園）**がみられる。これらは，欧米《おうべい》諸国の植民地時代に開かれた。

(3)**A**はインド，**B**はアメリカ合衆国の説明である。**ICT**は情報通信技術の略称《りゃくしょう》。アメリカでは，地域ごとの自然環境《かんきょう》に合わせて農作物を生産する「適地適作」が特徴《とくちょう》である。

2日目 地理② 日本の姿

Step-1 >>> |基本を確かめる| ▶62ページ

解答

1 (1)本州　(2)北方領土

2 (1)日本アルプス（日本の屋根）　(2)ハザードマップ（防災マップ）　(3)太平洋ベルト

3 (1)シラス　(2)瀬戸内《せとうち》　(3)石油化学コンビナート　(4)琵琶湖《びわこ》　(5)紀伊《きい》　(6)中京《ちゅうきょう》　(7)関東《かんとう》ローム　(8)リアス　(9)エコツーリズム

Step-2 >>> |実力をつける| ▶63ページ

解答

1 (1)エ　(2)黒潮《くろしお》（日本海流）　(3)(例)水産資源や鉱産資源を利用する　(4)ア

2 (1)奥羽《おうう》　(2)(例)都市に近い地域で行われる　(3)ウ　(4)エ

解説

1 (1)日本の南端《なんたん》は**沖ノ鳥島《おきのとりしま》**である。なお，北端は択捉島《えとろふとう》，東端は南鳥島《みなみとりしま》，西端は与那国島《よなぐにじま》である。

(2)日本列島の太平洋側を北上する暖流は**黒潮（日本海流）**である。太平洋側を南下してくる寒流の親潮《おやしお》（千島《ちしま》海流）との混同に注意。

(4)サウジアラビアやアラブ首長国連邦《しゅちょうこくれんぽう》など西アジアの国々の割合が高いことから原油と判断する。

2 (2)消費地の都市部に近い地域で農産物を生産することで，新鮮《しんせん》なうちに店頭に並べられるほか，輸送費があまりかからないという利点もある。

(3)和歌山県や静岡県，愛媛県など温暖な地域で生産がさかんなことからみかんと判断する。同じ果物のりんごは，青森県や長野県など冷《れい》涼《りょう》な気候の地域で生産がさかんなことと比較《ひかく》して押さえる。また，米は，新潟県や北海道，東北地方の各県で生産がさかんである。

(4)**成田《なりた》国際空港**は**エ**の千葉県にある。航空輸送は，採算のとれる軽量で高価な電子部品や，新鮮さが求められる生鮮食品や生花《せいか》などの輸送に適している。

3日目 歴史① 文明のおこり～平安時代

Step-1 >>> | 基本を確かめる | ▶ 64ページ

解答

1 (1)打製　(2)①象形《しょうけい》（神聖）　②太陰《たいいん》　(3)甲骨《こうこつ》

2 (1)たて穴住居　(2)稲作《いなさく》　(3)卑弥呼《ひみこ》

(4)渡来人《とらいじん》

3 (1)聖徳太子《しょうとくたいし》（厩戸皇子《うまやどのおうじ》）　(2)大化《たいか》の改新《かいしん》

(3)平城京《へいじょうきょう》　(4)聖武《しょうむ》　(5)天平《てんぴょう》　(6)平安京《へいあんきょう》

(7)①空海《へいぜい》《くうかい》　②最澄《さいちょう》　(8)国風

Step-2 >>> | 実力をつける | ▶ 65ページ

解答

1 (1)ウ　(2)①C　②くさび形文字

(3)(例)中国とローマやギリシャが結ばれ，東西文化が交流した。

2 (1)大和《やまと》政権（ヤマト王権）　(2)十七条《じゅうしちじょう》の憲法《けんぽう》

(3)国司《こくし》　(4)(例)娘《むすめ》を天皇のきさきにして，その皇子を次の天皇に立てた。

解説

1 (1)猿人《えんじん》は約700万～600万年前，原人は約200万年前に現れた。

(2)①モヘンジョ＝ダロは**インダス文明**の都市遺《い》跡《せき》で，インダス川流域の**C**があてはまる。

②**B**は**メソポタミア文明**。粘土《ねんど》板に刻まれた，くさびのような形をしたくさび形文字が使われた。

(3)中国の漢が中央アジアまで支配したことで，シルクロード（絹の道）が開かれ，中国の絹織物などが西方に運ばれ，西方からは馬・ぶどうや，インドで開かれた仏教などが中国に伝わった。

2 (1)大和政権（ヤマト王権）は，各地の豪族《ごうぞく》を従えながら，5世紀後半には九州地方から東北地方南部までを勢力下に置いた。

(2)聖徳太子は，十七条の憲法を定めたほか，家《いえ》柄《がら》にとらわれず優れた人物を役人に取り立てるため，**冠位十二階**《かんいじゅうにかい》の制度も定めた。

(4)藤原氏《ふじわらし》は，天皇が幼いときは摂政《せっしょう》，成人したのちは関白《かんぱく》という天皇を補佐《ほさ》する役職について政治の実権を握《にぎ》った。このような藤原氏の政治を**摂関政治**《せっかん》という。

4日目 歴史② 平安時代末～江戸時代

Step-1 >>> | 基本を確かめる | ▶ 66ページ

解答

1 (1)院政《いんせい》　(2)平清盛《たいらのきよもり》　(3)源頼朝《みなもとのよりとも》　(4)承久《じょうきゅう》

(5)フビライ＝ハン

2 (1)建武《けんむ》の新政　(2)足利尊氏《あしかがたかうじ》

(3)①足利義政《よしまさ》　②応仁《おうにん》

(4)①織田信長《おだのぶなが》　②楽市《らくいち》・楽座《らくざ》

(5)豊臣秀吉《とよとみひでよし》

3 (1)徳川家康《とくがわいえやす》　(2)武家諸法度《ぶけしょはっと》　(3)朝鮮通信使《ちょうせんつうしんし》

(4)徳川綱吉《つなよし》　(5)享保《きょうほう》の改革　(6)寛政《かんせい》の改革

(7)①元禄《げんろく》　②化政《かせい》

Step-2 >>> | 実力をつける | ▶ 67ページ

解答

1 (1)御成敗式目《ごせいばいしきもく》（貞永《じょうえい》式目）

(2)(例)正式な貿易船と倭寇《わこう》を区別するため。

(3)琉球《りゅうきゅう》王国　(4)ウ

2 (1)(例)大名が1年おきに領地と江戸《えど》を往復する制度。　(2)蔵屋敷《くらやしき》　(3)ア　(4)ウ

解説

1 (1)北条泰時《ほうじょうやすとき》は，鎌倉幕府《かまくらばくふ》の第3代執権《しっけん》である。御成敗式目は初めての武家法で，のちの武士の法律の見本となった。

(2)日明《にちみん》貿易（勘合《かんごう》貿易）は，日本が明の皇帝に対してみつぎ物を送る朝貢《ちょうこう》の形をとって行われ，明から日本へ大量の銅銭《どうせん》や生糸《きいと》などがもたらされた。

(3)琉球王国は**中継**《なかつぎ》**貿易**で栄えた。

(4)**ア・イ**は室町《むろまち》時代の文化，**エ**は安土桃山《あづちももやま》時代の桃山文化に関係が深い。

2 (1)参勤交代《さんきんこうたい》による領地との往復や江戸での生活費は，各藩《はん》の財政にとって大きな負担となった。

(2)江戸時代，大阪は全国の商業の中心地となり，「**天下の台所**」と呼ばれた。

(3)田沼意次《たぬまおきつぐ》は，商人の経済力を積極的に活用して幕府の財政を立て直そうとした。**イ・エ**は寛政の改革，**ウ**は享保の改革の内容である。

(4)同じ時期に活躍《かつやく》した**歌川**《うたがわ》**（安藤**《あんどう》**）広重**《ひろしげ》は，「東海道五十三次《とうかいどうごじゅうさんつぎ》」などの作品を残した。

5日目 歴史③ 江戸時代末～現代

Step-1 >>> 基本を確かめる ▶ 68ページ

解答

1 (1)日米和親　(2)日米修好通商
(3)①徳川慶喜《とくがわよしのぶ》　②大政奉還《たいせいほうかん》　(4)地租改正《ちそかいせい》
(5)大日本帝国《ていこく》　(6)①下関《しものせき》　②ポーツマス

2 (1)二十一か条の要求　(2)普通《ふつう》選挙
(3)世界恐慌《きょうこう》　(4)太平洋《たいへいよう》

3 (1)農地改革　(2)朝鮮《ちょうせん》　(3)国際連合（国連）
(4)石油危機（オイル・ショック）

Step-2 >>> 実力をつける ▶ 69ページ

解答

1 (1)文明開化　(2)(例)日本が下関条約で手に入れた遼東《りょうとう》半島を清《しん》に返還《へんかん》するよう要求した。
(3)ウ　(4)原敬《はらたかし》

2 (1)ウ→イ→エ→ア　(2)(例)アメリカを中心とする資本主義国と，ソ連を中心とする社会主義国の直接戦火を交《まじ》えない対立。
(3)サンフランシスコ平和条約　(4)55年体制

解説

1 (1)文明開化の動きが広まったころ，**福沢《ふくざわ》諭吉《ゆきち》**が『学問のすゝ《す》め』を著《あらわ》し，人間の平等や民主主義などをわかりやすく紹介した。

(3)**ア**初代の内閣総理大臣で，大日本帝国憲法の草案を作成した。**イ** 1894年に領事裁判権の撤廃《てっぱい》に成功したときの外務大臣。**エ**国際連盟《れんめい》の事務次長に選ばれた。

(4)原敬は，1918年，陸軍・海軍・外務の3大臣以外は全て衆議院第一党の**立憲政友会**の党員である，本格的な政党内閣を組織した。

2 (1)**ウ**（1931年）→**イ**（1932年）→**エ**（1936年）→**ア**（1937年）の順である。

(2)第二次世界大戦後に始まった冷戦は，1989年の米ソ首脳による**マルタ会談**で終結が宣言された。なお，1991年にソ連は解体した。

(3)日本は，サンフランシスコ平和条約を結ぶと同時に，アメリカと**日米安全保障条約**（日米安保《あんぽ》条約）を結び，独立回復後も日本国内にアメリカ軍が駐留《ちゅうりゅう》することになった。

6日目 公民① 現代社会／政治のしくみ

Step-1 >>> 基本を確かめる ▶ 70ページ

解答

1 (1)グローバル　(2)核《かく》家族

2 (1)ワイマール　(2)公布
(3)①国民主権　②平和
(4)国民投票　(5)教育　(6)知る

3 (1)比例代表　(2)与《よ》党　(3)常会（通常国会）
(4)衆議院　(5)内閣総理大臣（首相）
(6)裁判員　(7)条例

Step-2 >>> 実力をつける ▶ 71ページ

解答

1 (1)情報リテラシー　(2)ウ　(3)非核三原則
(4)(例)患者《かんじゃ》が治療《ちりょう》方法などについて十分な説明を受けたうえで同意すること。

2 (1)秘密選挙　(2)解散
(3)(例)裁判を公正・慎重《しんちょう》に行うことでまちがった判決を防ぎ，人権を守るため。
(4)地方交付税交付金（地方交付税）

解説

1 (2)**ウ**最高裁判所長官の指名は内閣が行い，天皇はその指名に基づいて任命する。

(3)日本は，太平洋戦争で広島と長崎に原子爆弾《ばくだん》を投下され多くの犠牲者《ぎせいしゃ》が出た。戦争による唯一《ゆいいつ》の被爆《ひばく》国である日本は，非核三原則を国の方針としてかかげ，世界平和と核兵器廃絶《はいぜつ》を国際社会にうったえている。

2 (1)**普通《ふつう》選挙**とは，納税額などで制限せず，一定の年齢《ねんれい》に達したすべての者に選挙権を与《あた》える選挙のことであり，日本では満18歳《さい》以上の男女に選挙権を認めている。

(2)内閣が国会の信任のうえに成立し，国会に対し連帯して責任を負うしくみを**議院内閣制**という。なお，アメリカでは**大統領制**がとられている。

(3)三審制《さんしんせい》は民事裁判でも採用されている。

(4)地方交付税交付金の使いみちは指定されていない。国が使いみちを指定して地方公共団体に交付する**国庫支出金**としっかり区別する。

7日目 公民② 経済と財政／国際社会

Step-1 >>> **基本を確かめる** ▶72ページ

解答

1 (1)①財（モノ） ②サービス

(2)クーリング・オフ (3)製造物責任（PL）

(4)均衡《きんこう》 (5)①独占禁止《どくせんきんし》法

②公正取引委員会

(6)①インフレーション（インフレ） ②デフレーション（デフレ）

(7)日本銀行（日銀） (8)労働基準法

(9)累進課税《るいしんかぜい》 (10)公衆衛生《こうしゅうえいせい》

2 (1)主権 (2)地域主義（リージョナリズム，地域統合） (3)パリ (4)南北問題

(5)核《かく》拡散防止（核兵器不拡散）

Step-2 >>> **実力をつける** ▶73ページ

解答

1 (1)配当 (2)銀行の銀行

(3)(例)税金を納める人と負担する人が異なる税。

(4)ア

2 (1)エ (2)温室効果ガス

(3)テロリズム（テロ）

(4)(例)発展途上《とじょう》国でつくられた商品を公正な価格で取り引きするしくみ。

解説

1 (1)株式会社の株式を持っている人を株主といい，株主は，**株主総会**に出席して議決に参加する権利や，会社の利潤《りじゅん》の一部を配当として受け取る権利などをもっている。会社が倒産《とうさん》した場合は，株主は会社への出資金を失うが，それ以上の責任は負わない（**有限責任《ゆうげんせきにん》**）。

(2)日本銀行の役割には，**発券銀行**，**政府の銀行**，一般の銀行に対し資金の貸し出しや預金の受け入れなどを行う**銀行の銀行**，の3つがある。

(3)税金を納める人と負担する人が異なる税のことを**間接税**という。所得税や法人税などのように，税金を納める人と負担する人が同じ税は**直接税**という。

(4)現在，日本の歳出《さいしゅつ》で最も割合が高いのは社会保障関係費で，歳出全体の約3分の1を占《し》めている。なお，**イ**は国債《こくさい》費，**ウ**は地方交付税交付金，**エ**は公共事業関係費である。

2 (1)**ア**国連の本部はアメリカのニューヨークにある。**イ**安全保障理事会の常任理事国は，アメリカ，イギリス，フランス，ロシア，中国の5か国。**ウ**世界遺産《いさん》の登録や保護活動を行っているのはユネスコ（国連教育科学文化機関）である。**ユニセフ**（国連児童基金）は発展途上国の子どもたちの援助《えんじょ》などを行っている。

(2)2015年に採択《さいたく》された**パリ協定**は，発展途上国を含《ふく》むすべての国が対象。長期目標として今世紀後半に温室効果ガスの排出《はいしゅつ》量を実質ゼロにすることを定め，産業革命前からの気温上昇《じょうしょう》を地球全体で2度未満におさえるなどの目標が設定された。

(3)冷戦終結後は，民族問題や宗教問題などを原因とする**地域紛争《ふんそう》**が各地で起こり，2001年に起こったアメリカの同時多発テロのように，テロリズム（テロ）も多発している。

入試レベル問題 第1回

▶74ページ

❶(1)D　(2)多国籍企業《たこくせききぎょう》
(3)記号－C　国名－中国
(4)ウ

❷(1)イ→ア→ウ　(2)ア
(3)①ア　②イ　(4)ウ
(5)(例)キリスト教の布教を行わなかったから。

❸(1)(例)各議院の総議員の３分の２以上の賛成で国会が発議し，国民投票で過半数の賛成が必要。
(2)生存権　(3)エ　(4)民主主義

［解説］

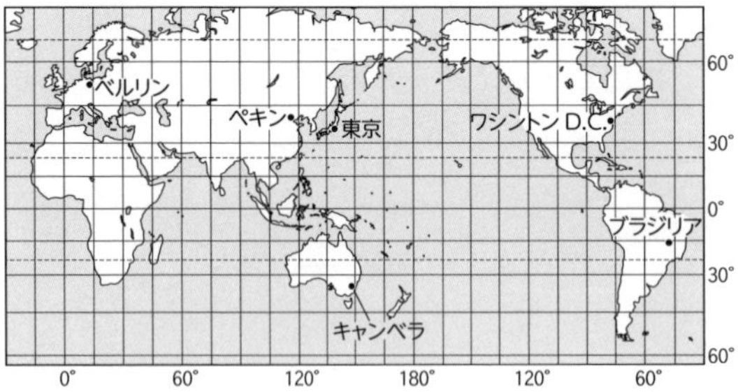

❶(1)熱帯は赤道付近に分布しているので，首都の緯度《いど》が赤道に最も近い南緯15°のDを選ぶ。ちなみに，Dはブラジルで首都はブラジリアである。

(2)経済大国であるアメリカ合衆国には**多国籍企業**が多い。大量生産・大量消費の考えのもと，コンビニエンスストアやファストフード店などがアメリカで誕生し，それらは多国籍企業によって世界中に広まった。

(3)急速な経済成長をとげて「世界の工場」と呼ばれるようになったのは中国である。首都の緯度がE（アメリカ合衆国）について日本に近く，また経度がB（オーストラリア）について日本に近いCが中国と判断できる。

(4)Eはアメリカ合衆国であり，その輸出相手国第１位は，国土が隣接《りんせつ》しているカナダである。アメリカ，カナダ，メキシコはUSMCA（米国・メキシコ・カナダ協定）を結んでおり，貿易面で強いつながりがある。

❷(1)**イ**の冠位《かんい》十二階の制度が定められたのは603年，**ア**の唐《とう》の建国は618年，**ウ**の大化《たいか》の改新が始まったのは645年である。

(2)**鑑真**《がんじん》は奈良《なら》時代に来日し，日本に正式な仏教の教えを伝え，唐招提寺《とうしょうだいじ》を開いた。あとの３人の僧は日本から中国に渡って仏教を学び，最澄《さいちょう》は**天台宗**《てんだいしゅう》，空海《くうかい》は**真言宗**《しんごんしゅう》，栄西《ようさい》《えいさい》は**臨済宗**《りんざいしゅう》をそれぞれ開いた。

(3)鎌倉《かまくら》時代，**守護**は国内の軍事・警察や御家人《ごけにん》の統率を担当し，土地の管理や年貢《ねんぐ》の取り立ては**地頭**《じとう》が行った。また，領地は分割相続で，女性にも相続権があった。

(4)**ア**は室町《むろまち》時代の文化，**イ**は江戸《えど》時代の**元禄文化**《げんろく》，**エ**は江戸時代の**化政文化**《かせい》について述べている。安土桃山《あづちももやま》時代には，大名や豪商《ごうしょう》の経済力を背景にした壮大で豪華《ごうか》な桃山《ももやま》文化が栄えた。

(5)島原《しまばら》・天草一揆《あまくさいっき》のあと，幕府はポルトガル船の来航を禁止し，キリスト教の布教を行わないオランダと中国に限って，長崎での貿易を認めた。

❸(1)国会の発議には，各議院の総議員の過半数ではなく，３分の２以上の賛成が必要なことを押さえる。なお，国民投票で有効投票の過半数の賛成が得られた後は，天皇が国民の名において公布する。

(2)**生存権**を国民に保障するため，国はさまざまな社会保障制度を整備している。

(3)**ア**は参議院のみ，**イ・ウ**は衆議院のみにあてはまる。なお，衆議院議員の任期は４年である。

(4)地方自治では，住民の意見をなるべく反映させるために住民の**直接請求**《せいきゅう》**権**が認められており，住民は，条例の制定・改廃《かいはい》の請求や，議会の解散請求，首長や議員の解職請求などを行うことができる。

入試レベル問題 第2回

▶76ページ

❶(1)エ→イ→ア→ウ
(2)全国水平社
(3)ウ　(4)エ

❷(1)①ア　②イ
(2)イ

❸(1)国内総生産（GDP）
(2)ウ　(3)エ
(4)(例)所得の高い人ほど，税率を高くする課税制度。

［解説］

❶(1)エの廃藩置県《はいはんちけん》の実施《じっし》は1871年，イの民撰《みんせん》議院設立の建白書の提出は1874年，アの国会期成同盟の結成は1880年，ウの内閣制度創設は1885年である。なお，1889年には大日本帝国《ていこく》憲法が発布され，1890年には第1回帝国議会が開かれた。

(2)大正《たいしょう》時代には社会運動がさかんになり，労働争議や小作争議もさかんに起こった。また，1920年には平塚《ひらつか》らいてう《(ちょう)》らが新婦人協会を設立し，女性の政治活動の自由や女子高等教育の拡充《かくじゅう》などを求める運動を行った。

(3)太平洋《たいへいよう》戦争が長期化する中，1943年から大学生が軍隊に召集《しょうしゅう》される学徒出陣《しゅつじん》が始まった。盧溝橋《ろこうきょう》事件は1937年，真珠湾《しんじゅわん》攻撃は1941年，ミッドウェー海戦は1942年，ポツダム宣言の受諾《じゅだく》は1945年，警察予備隊の創設は1950年のできごとである。

(4)アのサンフランシスコ平和条約の締結は1951年，イの日ソ共同宣言の調印は1956年，ウの朝鮮《ちょうせん》戦争の開始は1950年，エの石油危機は1973年のできごとであり，Cの時期（1947年から1964年の間）にあてはまらないのはエ。石油危機とは，1973年の第四次中東戦争をきっかけに石油価格が大幅に上昇《じょうしょう》したことで起こった世界的な経済の混乱のことである。この結果，先進国は深刻な不況《ふきょう》に陥《おちい》り，日本の高度経済成長は終わった。

❷(1)扇状地《せんじょうち》は，川が山地から平野や盆地《ぼんち》に流れ出たところ，三角州《さんかくす》は海や湖に川が流れ込むところにできる。

(2)地図中のXは鹿児島県である。最も農業産出額が多いアは北海道，米の産出額が最も多いウは新潟県，最も農業産出額が少ないエは都市部が広がる大阪府であり，鹿児島県は残ったイがあてはまる。

❸(1)GDPとはGross Domestic Productの略である。

(2)まず，図1中の①は需要《じゅよう》曲線，②は供給《きょうきゅう》曲線である。そして，図1と図2を見比べると，②から②'へと供給曲線が右へ移動していることが読み取れる。これは供給量が増えていることを表しており，ウの説明があてはまる。この場合，一般的に製品Aの価格は下がる。

(3)金融《きんゆう》政策を行うのは日本銀行である。問題文とは逆に，不景気のときには，日本銀行は国《こく》債《さい》を買い取って一般の金融機関の資金量を増やし，経済活動を活発にして景気を回復させようとする。

(4)所得税などでは累進課税《るいしんかぜい》のしくみがとられる一方，消費税では所得にかかわらず税率は同じのため，所得の低い人ほど所得に占《し》める税金の割合が高くなる逆進性という問題がある。

ては、逆に「生産力が高い（大きい）」としてまとめる。

(2)「生産効率」については、直後の段落で、具体的な数値を挙げて説明されている。ヨーロッパと日本について、「播《ま》いた種子の量」に対してどれくらいの「収量」が得られるかが書かれているので、この内容に注目して、「種子」「収量」という言葉を用いてまとめる。

(3)**エ**については、「小見出し」は付けてあるが、「起承転結《きしょうてんけつ》」の構成になってはいないので、不適切である。

❷

(2)「足袋《たび》」は熟字訓。特別な読み方として覚えておこう。

(4)「剝落《はくらく》」は、「剝《は》がれて落ちること」という意味。

入試レベル問題 第2回

▼79ページ

❶ (1)たんせい　(2)もうら　(3)ちゅうぞう　(4)うなが

(5)もう　(6)順序　(7)簡潔　(8)穀倉　(9)臨　(10)音

❷ (1)**ア**　(2)**エ**

❸ (1)かえりみ

(2)**イ**

(3)（例）油断せずに努力を継続すること。〈15字〉

解説

❶ (2)「網羅《もうら》」は「残すところなく取り入れること」という意味。

(5)「詣《もう》でる」は、神社や寺に参拝することを表す。

❷ (1)「起きる」は上一段活用で、**ア**「閉じる」も同じである。**イ**「帰る」は五段活用、**ウ**「眺《なが》める」は下一段活用、**エ**「来る」はカ行変格活用である。

(2)この「から」は動作・行動の起点・順序を示す。**エ**も同じ。**ア**は開始の時点、**イ**は材料、**ウ**は原因・理由を示す。

❸ (1)「へ」は語頭以外のハ行の音だから、「え」と読む。

(2)前後の文に注目する。前の文では、器用な者は覚えたつもりで深く問わず、いい加減だとある。後の文では、覚えていないことはうまくいくはずがないとある。したがって、これらを合わせた内容の**イ**が適切である。

(3)**古文の随筆《ずいひつ》では、筆者の言いたいことは、末尾《まつび》にあることが多い。**この文章でも、終わりの一文に注目すればよい。「退屈《たいくつ》なく（気力を失うことなく）精を出《いだ》したる」こと、つまり、努力の継続《けいぞく》の大切さを述べている。

〔現代語訳〕

昔の人は言う。器用である者は（自分の器用さを）あてにして必ず油断があるものだ。不器用である者は自分のことを気にかけ、（人に）遅《おく》れまいとして励《はげ》むので（いずれ器用な者を）追い越《こ》す。学問もこのようであると言える。器用な者は覚えたつもりで根本のところを深く問わず、いい加減である。覚えなければ追究しないことと同じである。心に染み入ってよく覚えたことでも忘れるのはよくあることで、どれほど賢《かしこ》く器用だとしても覚えていないことはうまくいくはずがない。不器用な者で、気力を失うことなく懸命《けんめい》に励んでいる者は修練によって身についた技能に行きなやむことなく、少しずつ（確実に）上達すると言える。

解説

1 **自立語の後に付いている語**を探す。
(1)「が」「を」「で」は助詞。「た」は助動詞。
(2)「に」「と」「は」は助詞。「ない」「そうだ」は助動詞。

2 (2)他の人（自分や話し手以外の人）の希望を表す。終止形は「たがる」。
(3)「～である」と断定する。断定の丁寧《ていねい》な言い方は「です」。

3 (1)「て」は、前の文節の終わりに付いて、後の補助的な文節「ください」に続ける働きをしている。

4 (1)「お～する」という言い方は謙譲語《けんじょうご》。
(2)「まし」の終止形は「ます」で、丁寧語。
(3)「くださる」は「くれる」の尊敬語。

Step 2 実力をつける

82ページ

解答

1 (1)ウ (2)イ (3)ア (4)エ
2 参加する
3 (1)ウ (2)ア (3)イ (4)エ
4 (1)召し上がって (2)おっしゃった (3)拝見する

解説

1 (1)「飛ばされる」は**受け身**の言い方。**ウ**「ほめられる」も受け身。**ア**は尊敬、**イ**は可能、**エ**は自発の意味。
(2)「開かぬ」と言い換《か》えられるので、「ない」は**否定（打ち消し）**の助動詞。**イ**も「進まぬ」と言い換えられる。**ア**は形容詞、**ウ**は補助形容詞、**エ**は、形容詞「情けない」の一部。
(3)「すでに～した」という**過去**。**ア**も「かつて～だった」という過去。**イ・エ**は、ある状態が続いていることを表す存続。**ウ**は「ちょうど～した」という完了《かんりょう》。
(4)「どうやら～らしい」という意味の**推定**。**エ**も推定。**ア**は、形容詞「かわいらしい」の一部。**イ・ウ**は、「いかにも～らしい」という意味の形容詞を作る接尾語《せつびご》。

2 様態は、「参加し（連用形）＋そうだ」となる。伝聞では、「参加する（終止形）＋そうだ」となる。

3 (1)「今～して間もない」という直後を表す。
(2)「～ほど」という、だいたいの程度を表す。
(3)「～だけ」という限定を表す。
(4)「欲を出した」ことが原因となって、「損をした」ということ。

4 (1)「飲む」「食べる」の尊敬語「召《め》し上がる」を使う。
(2)「言う」の尊敬語「おっしゃる」を使う。
(3)「見る」の謙譲語「拝見する」を使う。

入試レベル問題 第1回

81ページ

1 (1)（例）生産力が高い（大きい）〈6字か7字〉
(2)（例）播いた種子の量に対する収量〈13字〉
(3)エ

2 (1)は (2)たび (3)たいよ (4)はくらく

解説

1 (1)「これこそ」とは、日本の農村風景の様子を指している。「日本はごちゃごちゃしていて猥雑《わいざつ》」であるが、それが「すごさを物語っている」というのである。その「すごさ」の内容については、後の「一方、日本では……」以降で述べられている。「少ない農地でたくさんの人たちが食べていくための食糧《しょくりょう》を得ることが可能であった」とあり、また、日本と比較《ひかく》したヨーロッパの記述のところに「ヨーロッパは……生産力が小さい」とあるので、この部分を使って、日本につい

6日目 文法① 自立語

Step-1 基本を確かめる 85ページ

解答

1 (1)動詞 (2)形容詞 (3)形容動詞 (4)名詞 (5)副詞 (6)連体詞 (7)接続詞 (8)感動詞

2 (1)する (2)和やかだ (3)ない

3 (1)とても 大変な ことが 起こる。
(2)あの 鳴き声は、たぶん ひばりだ。
(3)少女が 両手を ぱっと 開く。
(4)雨だ。しかも、風も 出て きた。
(5)ああ、今日は いい 天気だなあ。

解説

1 品詞分類表は、上から順に、次のような手順で確認していくとよい。
1 **自立語か**？ **付属語か**？
2 **活用するか**？ **活用しないか**？
3 自立語の場合、**どんな文の成分**（主語・述語・修飾語《しゅうしょくご》・接続語・独立語）になっているか？
4 述語になる場合、**言い切りの形はどうなるか**？
5 修飾語になる場合、**どんな単語を修飾するか**？

2 (1)「し」は動詞の連用形。終止形は「する」。
(2)「和やかに」は形容動詞の連用形。終止形は「和やかだ」。
(3)「なけれ」は形容詞の仮定形。終止形は「ない」。

3 (1)「こと」は、本来の意味が薄《うす》れ、補助的・形式的に使われる名詞で、形式名詞という。
(2)「あの」は、名詞（体言）の「鳴き声」を含《ふく》む文節を修飾している。
(3)「ぱっと」は、動詞（用言）の「開く」という文節を修飾している。

Step-2 実力をつける 84ページ

解答

1 (1)オ (2)イ (3)キ (4)ウ (5)ク (6)エ (7)カ (8)ア

2 (1)笑っ (2)笑わ (3)笑い (4)笑う (5)笑え (6)笑お

3 (1)イ (2)ア (3)ウ (4)ア

解説

1 (1)「やがて」は**連用修飾語**だから、副詞。
(2)「青く」の終止形は「青い」だから、形容詞。
(4)「必要な」の終止形は「必要だ」だから、形容動詞。
(7)「いわゆる」は**連体修飾語**だから、連体詞。
(8)「買っ」の終止形は「買う」だから、動詞。

2 それぞれ□の直後の言葉に注目して、接続を確認する。

3 (1)「ずいぶん」は、どのくらい「寒い」かという、**程度**を表す。
(2)「のんびり」、(4)「ゴロゴロ」は、「どのように」という、**状態**を表す。
(3)「決して」のあとには、「ない」などの否定の語が続く。

7日目 文法② 付属語／敬語

Step-1 基本を確かめる 83ページ

解答

1 (1)子犬が 水を 飲んで いた。
(2)天気予報に よると、雨は 降らないそうだ。

2 (1)ウ (2)エ (3)イ

3 (1)イ (2)ア

4 (1)B (2)C (3)A

5日目 古文 歴史的仮名遣《かなづか》い／古文の特徴《とくちょう》

解答

Step-1 >>> 基本を確かめる 87ページ

1 **すえて**
2 **ウ**
3 **イ**

解説

1 「ゑ」は「え」と読む。

2 「こなた」は、ここでは、近い方角や場所を指し示す言葉で、「こちら」という意味。「こなた」の他の意味としては、「ここにいる人」「自分」「あなた」などがある。

3 係り結びに用いられる係りの助詞として、「**ぞ・なむ・や・か・こそ**」を覚えておこう。なお、ここでの「こそ」に対応する結びの言葉は「**をかしけれ**」である。

〈現代語訳〉

雪がとても高く降り積もっている夕暮れから、部屋の端《はし》に近い所で、気の合った人二、三人ほどが、丸い火鉢《ひばち》を真ん中に置いて、話などをするうちに、暗くなってしまったけれど、こちらには明かりの火もともさないのに、辺り一帯の雪の光が、たいそう白く見えているので、火箸で灰などを気の向くままにかき回して、しんみりしたこともおもしろいことも、語り合っているのはおもしろいことだ。

解答

Step-2 >>> 実力をつける 86ページ

1 (1) **もうしければ** (2) **エ**
(3) **ウ** (4) **か** (5) **イ**

解説

1 (1) 「**まう**」の「au」は「ô」となるから、「**もう**」と読む。

(2) ここでの「さらに」は、後に否定（打ち消し）の表現「なかり（けり）」を伴《ともな》って「**まったく……ない**」という意味になる。

(3) 直後の「皆人《みなひと》」の言葉「古くより……掘《ほ》り捨てられがたし」の内容から、上皇がどういうことを尋《たず》ねたのかを推し量る。

(4) 係りの助詞「**か**」の結びの言葉は「**べき**」である。

(5) 大臣《おとど》の言葉から、その考えの理由を読み取る。蛇《へび》の塚《つか》を掘《ほ》り起こしてもよいと言う、その根拠《こんきょ》をつかむ。蛇を、「王土（上皇が治める土地）にをらん蟲《むし》」と考えたことがポイントとなる。

〈現代語訳〉

（後嵯峨《ごさが》上皇が）亀山《かめやま》に御所《ごしょ》をお建てになろうとして、地ならしをなさったところ、大きな蛇が、数えきれないほど集まっている塚《つか》があった。（人々は、）この土地の神であると言って、事の次第を（上皇に）お知らせしたところ、「（蛇を）どのように扱《あつか》えばよいか」とお尋《たず》ねになったので、「古くからこの土地を居場所にしているものならば、むやみに掘《ほ》り起こしてお捨てになることは難しいです」と人々は皆返答申し上げたが、（亀山殿《どの》の建設の責任者である）この大臣一人（だけ）は、「上皇が治める土地にいる生き物が、皇居をお建てになるときに、何の災いももたらすはずがありません。（土地の）神様は道理に外れた行いはしません。（蛇は亀山殿を建てるのを）責めるはずがありません。ともかく全てを掘り起こして捨てるべきです」と進言なさったので、（人々は）塚を崩《くず》して、蛇を大井川《おおいがわ》に流してしまった。まったく災いは起こらなかった。

4日目 文章読解② 小説

Step-1 基本を確かめる ▼91ページ

解答

1 **Aトマト　Bハウス**
2 **エ**
3 **得意そうな口ぶり**
4 **イ**
5 **ウ**

解説

1 文章中から手がかりとなる言葉を拾っていこう。まず、――線部①の後に「閉ざされ守られたハウスの中で」とある。また、最後の一文に「整然と並ぶトマトの苗木《なえぎ》が目に入った」とあるので、この二つを組み合わせれば、場所が特定できる。□の前後の言葉に注目して、意味が通るように言葉を当てはめる。

2 「ハウスの中」で「羽音がかすかに響《ひび》く」という情景を押《お》さえる。また、夏実《なつみ》が「想《おも》いをはせ」ていることからは、穏《おだ》やかな雰囲気《ふんいき》が感じられる。これらのことから、最も合うのは、**エ**「静けさ」である。

3 隼人《はやと》が「おじいちゃんとおばあちゃん」について話したことと、そのときの様子に注目する。「洋食屋さん」（祖父母の家）のことを話す様子に「得意そうな口ぶり」とあり、尊敬や自慢《じまん》する気持ちが読み取れる。

4 「表情をひきしめ」「重大な秘密を告げるかのような、厳かな声音《こわね》」「真《しん》剣《けん》なまなざし」などから、将来、隼人がコックになることを強く希望していることがわかる。

5 隼人の「真剣なまなざしから逃《のが》れるように、……視線をすべらせた」のだから、目をそらしたのである。したがって、**ウ**「移した」が合う。

Step-2 実力をつける ▼89ページ

解答

1 (1) **（例）選挙には出ないこと〈9字〉**
(2) **形の上でだけ競う**
(3) **イ**
(4) **ウ**
(5) **A1年でやめて正解　B居場所がない感じ**

解説

1 (1)文章全体を読んで、華《はな》が生徒会室でしてきたことをつかむ。「県立みらい西高校の生徒会は……」以下に、華の生徒会での立場が描《えが》かれ、少し後に「『選挙には出ません』と伝えた」とある。

(2) Y の直後の「バカらしい」が手がかりとなる。文章中に同じような表現を探すと、――線部②の6〜5行前に「そんなのはバカらしすぎる」とある。「そんなの」が指す言葉を確認すればよい。

(3)「みんなが納得していること」を「混ぜっ返してしまう」こと、そんな自分を「面倒《めんどう》くさい性格だ」と言っていることから考える。**ア**「自分の意見を通してしまう」とは限らない。**ウ**「みんなの機嫌《きげん》を損ねてしまう」かどうかは読み取れない。**エ**「投げ出してしまう」わけではない。

(4)直前の「でも、これからは……」以降の部分に着目し、ここの内容に合う、華の「気分」を捉《とら》える。**ウ**「どんよりした」は、すっきりせず、暗く沈《しず》んだ「気分」を表す。

(5)Aには、生徒会に対して否定的な、華の行動を表す言葉が入る。Bは、Bの後の「その心細さが小学校低学年の頃《ころ》に感じた気持ちと同じ」に注目すると、文章中の、「こんなに心細いのは」の「こんな」が指す具体的な内容を捉《とら》えればよいとわかる。

3日目 文章読解① 説明文・論説文

Step-1 基本を確かめる ▼95ページ

解答

1 イ
2 エ
3 A離乳食　B永久歯
4 ア

解説

1 「コミュニティ」での人間関係を表す内容を指している。直前の二文の内容をつかむ。[2]段落の冒頭《ぼうとう》に「一方」とあるので、前の[1]段落との比《ひ》較《かく》で考えるとわかりやすい。直後の「互酬《ごしゅう》（的）」は「交換《こうかん》し合うこと、お返しすること」という意味で、「それ」の指示内容を短く言い換《か》えた表現となっている。

2 □の前後の関係をつかむ。一つ目の□の前後では、「類人猿《るいじんえん》の赤ちゃん」が何歳《さい》ごろまで母乳で育つかを、並べて説明している。また、二つ目の□の前後は、母乳で育ち、乳離《ちばな》れをした後どうするかを順に付け加えて述べている。どちらも並立・累加《るいか》のエ「そして」が入る。

3 直後の[6]段落は「ほかの霊長類《れいちょうるい》」の説明、[7]段落が「人間」についての説明である。Aは「～を食べて」、Bは「～が生える」に続く言葉を捉《とら》える。

4 [4]段落で、「人類は……家族と共同体という二つの集団の両立を成功させました」と話題を挙げて、[5]～[7]段落で、オランウータンなどの「ほかの霊長類」と比較させ、具体的に説明している。また、[8]段落では、「人類は進化の過程の中で家族を生み、共同体を生み出した」と、[4]段落の内容を繰《く》り返している。

Step-2 実力をつける ▼93ページ

解答

1 (1)ア
(2)交渉・交流（順不同）
(3)そもそも（子どもに）～うことか（ことか、）
(4)ウ
(5)[3]
(6)真理の追求

解説

1 (1) □の前が「日常生活で行われなくなっている」、後が「日常生活の中にも、思ったよりもたくさんある」という関係だから、逆接のア「だが」が入る。

(2) この文章では、「会話」の中の、「対話」と他の二つのものを比較《ひかく》して述べている。「対話」とは「真理を求める会話」である。これとは異なる「会話」として、[2]段落に二つ挙げられている。

(3) 筆者が「家族で話し合う必要」があると考えているものを指す。直前の「……か、……か」という例示を並べる言い方に注目する。

(4) 二つ前の文「そうした難しい議論は頭のいい人たちに任せて、……楽しめばいいのだ。」に注目する。アは、全体が不適切。イは、「社会が抱《かか》える難しい問題」に「向き合おうとする態度」ではないので、誤り。エは、「地域などの身近な問題に取り組み、……」が、明らかに誤り。

(5) [1]・[2]段落は序論に当たり、筆者が考える「対話」の説明、[3]段落で「……ではないだろうか」と問題提示をし、本論に入っている。

(6) 「対話」は何を「目的とする」ものかをつかむ。[2]段落の終わりの一文に注目する。

国語

1日目 漢字 同音異義語／同訓異字

Step-1 基本を確かめる ▼99ページ

解答

1 (1)①支持 ②指示 (2)①起床 ②気性 (3)①構成 ②厚生 ③更生 (4)①保障 ②保証 ③補償

2 (1)①備 ②供 (2)①放 ②離 (3)①建 ②絶 ③断 (4)①計（測） ②測（計） ③図

Step-2 実力をつける ▼98ページ

解答

1 (1)**ア** (2)**ウ** (3)**イ** (4)**ウ** (5)**ウ** (6)**イ** (7)**ア** (8)**イ**

2 (1)①進 ②勧 ③薦 (2)①咲 ②裂 ③割

3 (1)責 (2)痛 (3)解 (4)掘

解説

1 (2)**ウ**「平衡《へいこう》」は「釣《つ》り合いがとれて安定していること」という意味。「平衡感覚」という使い方を覚えておこう。

(3)**イ**「過程」は「経過の道筋」という意味で、文意に合う。

(5)**ウ**「用量」は「用いる分量」という意味で、文意に合う。

(6)**イ**「喚起《かんき》」は「ある気持ちを呼び起こすこと」という意味で、文意に合う。**ウ**「換気」は「空気を入れ換《か》えること」という意味。

2 (1)②「勧誘《かんゆう》する」という意味なので、「勧」を使う。③「推薦《すいせん》する」という意味なので、「薦」を使う。

3 (1)「せめる」(2)「イタむ」(3)「トく」(4)「ホる」と読む。それぞれ、文意に合うように、同訓の他の漢字を考える。

2日目 語句 四字熟語／慣用句／ことわざ

Step-1 基本を確かめる ▼97ページ

解答

1 (1)**ウ** (2)**オ** (3)**エ** (4)**ア** (5)**イ**

2 (1)足 (2)顔 (3)肩

3 (1)たすき (2)説法 (3)年

Step-2 実力をつける ▼96ページ

解答

1 (1)死・生 (2)縦・無 (3)行・誤 (4)付（附）・雷

2 (1)一 (2)心 (3)半 (4)自 (5)暴 (6)往

3 (1)矢 (2)非 (3)島 (4)美

4 (1)**エ** (2)**ア** (3)**ウ** (4)**イ**

解説

1 (3)「試行」は「試しに行うこと」、「錯誤《さくご》」は「間違《まちが》い」という意味。

(4)「付和《ふわ》」は「調子を合わせる」という意味。「不和」としないこと。

2 (1)「一期《いちご》」は「一生」、「一会《いちえ》」は「一度だけの出会い」という意味。

(4)「自画自賛《じがじさん》」と同様の「自□自□」という形の四字熟語は、他に「自《じ》由自在《ゆうじざい》」「自問自答《じもんじとう》」「自給自足《じきゅうじそく》」「自業自得《じごうじとく》」などがある。

3 (3)「取り付く島もない」は「無愛想で話しかけるすきがない」という意味。

(4)「有終の美」は「最後までやり通して、立派な成果をあげること」という意味。「有終の美を飾《かざ》る」という言い方を覚えておこう。

4 (2)「まかぬ種は生えぬ」は「原因があるからこそ結果が生じる」という意味。**ア**「棚《たな》からぼた餅」は「（これといった原因もなく、）意外な幸運にあうこと」という意味。